U0624905

名师名校名校长

凝聚名师共识
回应名师关怀
打造名师品牌
培育名师群体

程红兵题写

高中数学问题链教学模式的研究与实践

杨文佳 ◆ 著

辽宁大学出版社
Liaoning University Press

图书在版编目（CIP）数据

高中数学问题链教学模式的研究与实践/杨文佳著
. －沈阳：辽宁大学出版社，2022.12
ISBN 978-7-5698-1057-8

Ⅰ.①高…　Ⅱ.①杨…　Ⅲ.①中学数学课－教学研究
－高中　Ⅳ.①G633.602

中国版本图书馆 CIP 数据核字（2022）第 246661 号

高中数学问题链教学模式的研究与实践
GAOZHONG SHUXUE WENTI LIAN JIAOXUE MOSHI DE YANJIU YU SHIJIAN

出 版 者：辽宁大学出版社有限责任公司
　　　　　（地址：沈阳市皇姑区崇山中路 66 号　　邮政编码：110036）
印 刷 者：沈阳海世达印务有限公司
发 行 者：辽宁大学出版社有限责任公司
幅面尺寸：170mm×240mm
印　　张：16.75
字　　数：270 千字
出版时间：2022 年 12 月第 1 版
印刷时间：2022 年 12 月第 1 次印刷
责任编辑：李珊珊
封面设计：高梦琦
责任校对：郭宇涵

书　　号：ISBN 978-7-5698-1057-8
定　　价：58.00 元

联系电话：024-86864613
邮购热线：024-86830665
网　　址：http://press.lnu.edu.cn
电子邮件：lnupress@vip.163.com

　　数学是科学研究的基础学科，学好数学是培养高端科技人才的关键．高中数学教育应注重核心素养的培养，提升学生的数学思维能力，让学生会用数学眼光观察世界，会用数学思维思考世界，会用数学语言表达世界；让学生学会从数学的角度去思考问题、分析问题、解决问题．激发学生学习数学的兴趣，让学生掌握学习数学的方法和技巧，形成良好的数学学习习惯，最终达到数学学科核心素养的培养目标，是当前高中数学教学工作中的首要任务，也是数学教育的追求．

　　长期以来，课堂教学的形式基本上是"满堂灌""一言堂"，缺少真正意义上的师生互动，谈不上文化渗透、挖掘潜能、启迪智慧，这与"学生为主体，教师为主导"相违背．在倡导培养学生的学科核心素养的今天，还有许多数学课堂教学仍然采用以传授知识、强化技巧为主的教学方式，表现为：课堂教学以教师的传授、讲解为主，除了回答问题或课堂练习之外，学生几乎没有独立思考、自主探索、合作交流的机会；教学中师生之间的交流形式单调，就是教师问，学生答，教师牵着学生鼻子走．

　　我们不得不反思，这样的教学方式是否符合新课程标准理念？新课程标准告诉我们，教师应是课堂教学的组织者、引导者、促进者和参与者；教师要不断探索和创新教学方式，不仅要重视教，更要重视学，引导学生学会学数学，养成良好的学习习惯；教学过程是师生交往共同发展的互动过程，要引导学生积极主动地学习，培养学生掌握和运用知识的能力，要关注每个学生，使每个学生都得到充分发展．体现素质教育思想、培养学生核心素养的课堂教学不仅要使学生掌握基础知识，发展基本的数学能力，还要让学生在数学活动参与过程中培养应有的态度与行为，从而形成从事未来社会活动所必需的思维品质、思维方式以及应用、创新意识. 显然，目前的课堂教学现状不能满足这种多方位的素质教育要求.

根据《普通高中数学课程标准》（2017 年版 2020 年修订）的要求，数学教学活动应结合教学任务及其蕴含的数学学科核心素养设计合适的情境和问题；引导学生用数学的眼光观察现象、发现问题，使用恰当的数学语言描述问题，用数学的思想方法解决问题；在问题解决的过程中，理解数学内容的本质，促进学生数学学科核心素养的形成和发展. 可见，新课程标准理念下的数学教育不仅关注学生的数学学科素养水平，更关注学生成长和发展的过程. 因此，数学课堂应是充满激情、具有生命活力的课堂，应是让学生通过学习数学知识，充分展现数学思维的课堂，应是让学生的智慧火花得到互相碰撞的课堂，应是学生自主探究、合作交流的课堂，是学生充分展现自我的舞台.

《高中数学问题链教学模式的研究与实践》旨在追寻一条符合目前高中数学的教学方式，使更多的教师少走弯路.

本书介绍的问题链教学模式是一种比较高效的教学模式，符合新课标理念，它通过问题链方式构建学习情境，让学生在问题解决的过程中去学习、掌握、领悟数学知识和方法，最终实现数学思维与数学素养的提升. 问题链教学模式是问题教学模式的深化、拓展. 问题教学是国外著名数学家波利亚、马赫穆托夫等提出的，他们根据数学教育的特点，结合个体认知的心理特点，认为在数学教育中，教师要确定一个或者一系列问题，然后制订设计一个解决问题的计划，让学生在解决问题之后进行回顾反思，从而在问题解决过程中实现成长与发展. 在高中数学教学实践中，通过设置问题、学生回答问题的方式进行教学互动是常用的教学方法，然后有意识地把一系列问题用穿成问题链来构建问题情境，引导学生去思考探索，实现数学知识的成长与发展，将可能有意想不到的效果.

本书共分为六章，第一章是绪论，主要是对高中数学新课标的解读、对中学数学思想方法及高中数学几种典型教学模式的介绍；第二至四章主要是围绕问题链教学模式的提出、理论基础、问题链设计的原则、形式等进行论述和介绍，旨在使读者清楚问题链教学模式的架构以及如何设计问题链；第五章是问题链教学的案例，是笔者选取教学实践中一些典型的案例，真实反映问题链教学的课堂情境，希望达到抛砖引玉的作用；第六章是问题链教学模式的反思及展望，主要是结合教学中存在的问题及思考，期待能更好地完善问题链教学模式.

由于笔者能力有限及受研究范围影响，书中的一些观点及认识难免有不足之处，敬请各位专家、同人批评指正. 在此，我还要感谢工作室杨邦彬、邱懿汕、李思敏、徐曼曼、廖庚衍等老师的通力合作！

杨文佳

2022 年 9 月于广东揭阳

第一章 绪 论

第二章 问题链教学模式

第三章 问题链设计的原则

第四章　问题链设计的形式

第五章　问题链教学的案例

第六章　问题链教学模式的反思及展望

第 一 章

绪　论

　　数学是一门研究数量关系与空间形式的科学，也是一门基础学科，具有高度的抽象性和严密的逻辑性．感悟数学思想方法，改善思维品质是学习数学的要旨所在．对数学的学习，能提升个人思维的品质和层次，正如培根所说，数学是思维的体操．由于高中数学教学目标之一是提高学生从数学角度发现和提出问题的能力、分析和解决问题的能力，即培养学生应用数学知识解决问题的能力．因此，问题解决是高中数学教学的重点．实际上，寻求问题解决的过程就是数学学习的过程，就是感悟数学思想方法、提高思维品质的过程．在数学教学中，采用合适的教学方法，对于提高教学质量、培养学生解决问题的能力是很有效果的．问题链教学模式是以问题为核心，以问题链为载体，围绕教学核心内容进行问题链教学设计的教学模式，它使教学方式更加灵活，教学效果更加高效，对教学改革有积极的推动作用，对高中数学教学工作的开展有较高的参考价值，值得认真探索与思考．

第一节　新课程标准对数学教学要求的解读

高中数学教育教学活动开展最重要的指导性文件就是课程标准．最新版本是《普通高中数学课程标准（2017 年版 2020 年修订）》，它为高中阶段开展数学教学活动提供了具体且科学的指导．

一、对《普通高中数学课程标准（2017 年版 2020 年修订）》的解读

2020 年修订的数学新课程标准与 2017 年的版本相比，主体内容与思想没有太多变化，只是部分内容有所调整．不过与 2017 年之前的课程标准相比，则变化相对较大．数学课程标准出现一些调整变化是因为社会经济不断发展和教育教学认知不断深入，尤其是新的高考改革，也要求数学课程标准做出一定的调整．

（一）关于课程性质的解读

课程性质是一个基础定义，它确定了课程的范围和核心内容．

关于数学是什么，新课程标准用了一句简单的话进行概括：数学是研究数量关系和空间形式的科学．这句话道出了数学的本质．不管数学教师还是学生，要学习和研究数学，都必须对这句话有深刻理解．尤其是高中生，虽然从小学到高中，学了不少数学，但是他们中的相当一部分人还真不知道该如何来回答"数学是什么"这个问题．从定义可以看出，数学的本质是科学，这门科学是研究什么的，是研究数量关系与空间形式的．或许在未来，数学的定义还可能进

一步丰富和变化，但是在目前的情况下，这个定义还是比较合适的，也基本概括了数学教学的主要内容．

在课程性质部分，新课程标准还重点谈了一个问题，那就是学习数学有什么作用（价值）．新课程标准主要是从学生的成长来谈数学的价值，并引入了数学学科核心素养的概念，指出数学学科核心素养的具体维度内涵．数学能够促进学生理性思维、科学精神以及个体智力的发展，同时，学习数学能够培养人的创造性，有助于学生正确的人生观、价值观、世界观等观念的形成．

上述这些特点与我国基础教育承载着立德树人的根本任务、发展素质教育的功能的育人导向是深度契合的．

（二）关于课程理念的解读

课程理念中最重要的变化就是确定了"数学学科核心素养"的核心地位．要求学生在数学学习中真正加强能力素养培养，这意味着数学教学不再单纯地追求数学知识本身，也注重学生数学思维与能力的培养与发展，与现实生活产生更多更密切的联系，从而让数学教学具有更高的应用价值．

核心素养的提出，强调学生须提高与学科知识相融合的核心关键能力，这意味着数学教学必须真正重视能力素养导向，真正培养学生的实际应用能力．

在倡导培养学生核心素养的前提下，数学教学强调四个基础，也就是基础知识、基本技能、基本思想与基本活动经验，这四个基础主要是为了夯实学生的基础思维与能力．因为在数学学习中，根基不稳，则学生难以真正触摸到数学的门槛，也就难以在数学学习中走得更远，学得更深．在高中数学教学中，四个基础能力既是最低要求，也是最核心的要求．之所以这样说是因为不同层次的学生对于基础能力的认知和标准是存在差异的．同样一个数学基本概念，有的学生把简单记住和理解视为基础，但有的学生则把能够深刻领悟其中的数学思维与数学逻辑视为基础，这就是差异．即便是最复杂的数学题目，也都是采用最基础的数学概念与数学方法来进行解答的．因此，夯实学生的数学基础知识是必然的，也是必要的．

同时，数学教育强调学生的问题意识，即学生应具备运用所学的数学知识

"发现、提出、分析和解决问题的能力"，这种能力导向特征非常明显．在问题意识下，学生能够发现问题，说明其已经在思考，而不是被动地接受数学知识；能够提出问题，说明其已经具有一定的数学素养，能够用数学的眼光去观察分析世界，并能够将现实中的问题转化为数学问题．分析问题自然是数学知识的综合运用，是高中生必备的素养，能够分析问题，说明学生已经具备一定的数学素养与能力，能够从数学逻辑与思维方面来剖析问题；解决问题是最终结果，前面三者做好了，解决问题就是水到渠成的事情了．

在课程内容方面，新课程标准首先要求重视数学文化，包括弘扬传统文化以及前沿数学科技文化等，体现了"文化育人"的理念与要求，这也是对传统数学教学过于重视知识技能的一种调节．首先，数学文化的渗透有利于让学生更好地了解数学，增强对数学学习的兴趣，也能够理解数学的价值．其次，新课程标准强调过程与结果的关系，既要求正确的结果，也要重视数学思维过程，因为真正的数学逻辑是通过过程来展示的．

（三）关于数学课程目标的解读

在数学课程目标的解读上，新课程标准总的表述为"会用数学眼光观察世界，会用数学思维思考世界，会用数学语言表达世界"．根据这一表述可知，数学教学，最重要的是让学生真正学会用数学的眼光、思维和语言去观察、分析、思考和表达．数学知识与现实世界有着密切的联系，数学学习不能局限于书本教材，也不能局限于数学本身，而是要与现实生活产生一种互动．实际上，这对高中数学教学也有一定的借鉴意义．

当然，新课程标准还对每一个教育阶段的数学学习总目标以及每个学段的细化课程目标也有对应要求．整体特征是学段目标更加细化，教学目标更加清楚和具体，有利于教师更好地把握．

在课程目标的解读中，对于不同阶段的数学核心素养，新课程标准也做了详细的论述，方便教师在教学中更好地据此设定教学方案与教学目标．

在学生成长方面新课程标准强调了发展性与成长性，这是一个新的趋势，也是我国数学教育开始向优秀顶尖人才培养的一个转型．高中数学教学也要对此做出积极的回应.

（四）关于数学课程实施的解读

课程实施是新数学课程标准落实贯彻的关键，实际上也就是展示"教什么""如何教""教到什么程度"以及"如何考查和评价"的内容.

在"教什么""如何教""教到什么程度"方面，新课程标准有更具体和明确的要求.尤其是高中数学教学内容分为必修课、选择性必修课和选修课三种类型，这意味着学生需要做出选择，这对于课程实施是有现实意义的.

在考查方面，新课程标准中考查对于命题的规划有着非常清晰而具体的要求，并且展示了部分命题示范，呈现出与实际应用相结合，与学科相融合的态势，教师在教学中可以更好地按照要求来具体进行.

在评价方面，新课程标准强调的是多元评价，这已经形成了一种广泛的共识，不过在具体实施中，还需要不断完善和总结经验.真正做到多元评价并不容易，但是趋势并不会改变.

二、《普通高中数学课程标准（2017 年版 2020 年修订）》新变化

2020 年，《普通高中数学课程标准（2017 年版 2020 年修订）》正式发布，在 2017 年版的基础上，呈现出了一些新的变化，更契合时代特色.了解和把握数学课程标准的变化，对于更好地开展数学教学工作是必要的，也是有益的.

修订后的课程标准的主要变化如下.

（一）育人导向

新课程标准将党和国家的教育方针具体细化为本课程应着力培养的核心素养，体现正确价值观、必备品格和关键能力的培养要求.从义务教育阶段开始，就需要强化教育的育人导向.这是因为在现实中，不少学校和教师过于重视学生的成绩，即唯分数论，却忽视了教育最重要也是最本质的东西，那就是对人的培养.党的十八大提出立德树人为教育的根本任务，凸显了育人的核心价值与地位，因此 2020 年修订的课程标准自然也会体现出对应的特点与要求.在数学教育领域，也要重视正确的价值观引导，让学生成为一个合格的、具有良好

品德的人，同时，要有数学思维与数学能力，能够用数学知识去分析和解决现实中的问题．

育人导向既是新特征，也融入了新的内涵，强调数学思维与核心素养的能力培养，以及让学生具备数学文化素养．

（二）优化课程内容结构

新课程标准指出，以习近平新时代中国特色社会主义思想为统领，基于核心素养发展要求，遴选重要观念、主题内容和基础知识，设计课程内容，增强内容与育人目标的联系，优化内容组织形式；设立跨学科主题学习活动，加强学科间相互关联，带动课程综合化实施，强化实践性要求．核心素养的提出，尤其是数学学科核心素养的提出，让数学的关键能力培养导向变得更加清晰，这对于我国基础教育领域数学教育质量的提升是有促进作用的．同时，在核心素养的引导下，对课程内容结构进行调整，可以更好地践行数学教育的育人目标．数学学习不能完全局限于书本，而是要与现实生活相结合，并主动与其余学科产生一种联动渗透，让数学真正体现其价值．

（三）制定完善学业质量标准

新课程标准根据核心素养发展水平，结合课程内容，整体刻画不同学段学生学业成就的具体表现特征，形成学业质量标准，引导和帮助教师把握教学深度与广度，为教材编写、教学实施和考试评价等提供依据．在我国基础教育改革与发展的背景下，基础教育的规模已经上去了，学生的基础知识与能力也有了很大的改善，这都是义务教育取得的成就．在高中数学教学中，学生掌握基础数学知识与技能并不难，但是要想真正形成核心素养，提高数学实际应用能力，还需要不断努力．为了更好地推动高中数学教学工作发展，2020 年的数学新课程标准非常重视学业质量标准的制定．有了学业质量标准，教师和学生就可以更清楚地评价与衡量自身的教学质量．同时，学业质量标准不仅是评价学生进步与成长的标准体系之一，也是评估教师教学质量的标准体系之一．这个标准的提出意味着中学阶段的数学教学开始注重品质，加强质量方面的推进与改善．

（四）指导特征突出

新课程标准针对"内容要求"提出"学业要求""教学提示"，细化了评价与考试命题建议，注重实现"教—学—评"一致性，增加了教学、评价案例，不仅明确了"为什么教""教什么""教到什么程度"，而且强化了"怎么教"的具体指导，做到好用、管用．随着教育事业的发展，以及教学经验的不断总结，2020 年版的新课程标准在指导性方面更加细致，更加具体，这对于教师开展数学教学工作是有利的．课程标准本来就对教师教学工作的开展具有指导作用，在具体指导性方面也是根据时代发展不断完善与进步的．以学业质量检测评估为例，新课程标准不仅将"学什么""教什么"以及"考什么"阐释得非常明白，而且对命题与评价提供了统一的标准，如此能够规范学校与教师的命题，提高学业质量检测水平．这有利于教学工作的规范开展，也有利于引导教师更加轻松地进行工作，因为一切都有规范要求．

这一点变化对于数学教师开展教学工作是极为有利的．

（五）加强了学段衔接

原来的数学教学体系虽然也强调学段衔接，在教材内容编写方面也有相关的考虑，然而在小学升初中、初中升高中时，学生都会明显感觉到数学知识变难了．这种情况的存在，对于学生学习数学的积极性会产生一种负面影响，甚至会使有的学生感到学习困难，从而影响其学习信心．2020 年版的数学新课程标准更加注重和强调学段衔接，这实际上是符合学生学习循序渐进原则的，也是符合建构理论的．在学段衔接的意识下，新课程标准对部分内容进行调整，让学生能够更好地适应不同学段数学知识的变化，从而更愿意主动学习数学．例如，把原不做考试要求的选学内容的一元二次方程的根与系数的关系（韦达定理）升级为必学内容，有效衔接了初高中数学知识．通过学段衔接的重视和调整，学生能够更好地应对学段变化带来的数学知识的变化，树立学好数学的信心．

（六）重视教研与教师培训

在当代教育教学工作中，教师的角色也变得更加丰富．尤其是在知识获取途径变得更加多样化，以及教学内容不断丰富拓展的情况下，教师需要具有更强的教研能力．教育改革在深入，教学方法持续改变，学生的学习情况也在不断变化，面对各种层出不穷的教育教学现实问题，教师需要具有一定的教科研能力，才能够更好地面对和解决其中的问题．让教师更好地适应时代发展的要求，教师培训就显得很有必要了．比如：翻转课堂教学模式、微课教学模式，对于教师应用信息技术的能力要求比较高，教师需要通过专业的培训，才能够做好相关工作．不管教学研究，还是教师培训，从本质上来讲都是为了教师的专业发展，引导他们更好地适应时代要求，适应数学改革要求．

　　教研能力培养与教师培训关系到教师的专业成长，这对于提高教师的整体能力与水平是极为重要的，毕竟教师才是教学工作的核心队伍．

第二节　中学数学思想方法介绍

对于中学生来说，掌握了数学思想方法，就等于掌握了开启数学智慧之门的钥匙．在数学教学中，教师的教学目标并不只是让学生掌握数学知识，还要让学生掌握数学思想方法．中学数学思想方法有很多，常见的主要有数学建模思想、数形结合思想、函数与方程思想、分类讨论思想、转化与化归思想等．

一、中学生数学思维的培养

相对于小学初中数学，高中数学课程内容更多，难度更大，对数学知识的掌握、理解和运用都有更高要求，特别是对其体现的数学思维能力，如空间想象能力、抽象思维能力、逻辑推理能力、数据处理能力等都有较高的要求．中学生要想学好数学，真正能掌握和灵活运用数学知识，就应高度重视数学思维能力的培养．教师在课堂教学时，要重视对学生的数学思维能力进行针对性的培养．有了这些能力，学生学习数学知识就会更快、更牢固，而且能学以致用，快速和灵活地解决问题．

数学知识的海洋是无限的，只有掌握对应的数学思维方法，才能够不迷失方向，才能在数学知识的海洋中自由地遨游．从生理和心理的角度讲，中学生已经具备一定的独立思维和抽象思维能力，是能够学好中学数学的．然而，在现实教学中，却有很多中学生感到数学很难学、学不好，经常面对一道道数学题不知从何下手，连题目都理解不了，更谈不上解答出来了．之所以会这样，就是因为他们没有形成良好的数学思维习惯，没有掌握数学方法．数学思维能力的高低直接影响和决定着学生数学成绩的高低.

（一）以数学思想为本，培养学生数学思维

数学思想是数学文化和思维的主脉络，掌握了数学思想，就相当于掌握了开启数学知识殿堂的金钥匙. 考虑到中学生的数学知识基础和思维能力水平，要他们了解数学思想的体系和内容，明确意识到数学基础的重要性并且给予足够重视显然不太现实. 这就需要教师将数学思想融入日常教学，并予以巧妙引导，逐步形成学生的数学思想意识.

作为数学教师，要认识到数学思想的重要性. 掌握数学思想对中学生以后学习数学有极大帮助，能让学生形成良好的思维习惯和灵活的思维方式，让他们可以更好、更快、更深入地学习数学知识. 教师要对数学思想进行系统性学习和研究，既能够让自己对数学思想的认识更加深刻，又有助于提升数学教学能力. 虽然中学生心中没有明确的数学思想的概念，但是数学教师应该有，这是教师的专业素养所要求的. 中学数学教材的内容安排从具体的层面体现了诸多的数学思想，如函数与方程思想、数形结合思想等，而数学思想就是解答一道道数学题目的"战略"指导思想，有了这种"战略"指导思想，接下来的解题思路和过程就会变得清晰.

（二）在数学方法的具体学习和运用中培养数学思想

如果说数学思想是高屋建瓴的指导，那么数学方法就是具体层面的执行. 对中学生来说，数学思想可能过于抽象，难以建立直观的印象，但是数学方法，理解起来则相对容易. 在中学数学中，解题是考查的主要形式，在解题的过程中，除了需要了解基本的数学知识之外，还需要运用相应的数学解题方法. 在中学数学中经常用到的数学解题方法大致可以分为以下三类：

其一，逻辑学中的方法，如分析法、综合法、反证法、归纳法、穷举法等.

其二，数学中的一般方法，如建模法、消元法、降次法、代入法、图像法、比较法、放缩法、向量法、数学归纳法等.

其三，数学中的特殊方法，如配方法、待定系数法、消元法、公式法、换元法、拆项补项法、因式分解法、平移法、翻折法等.

对数学解题方法有效运用程度的高低，体现了一学生对数学知识的理解、掌握的程度，体现了其数学思想的层次，也反映了其数学思维能力的高低，直接决定着其数学学习成绩的高低．教师在平时教学中，除要重视学生数学知识的学习外，还要重视对学生数学解题方法的学习和运用能力的培养，提升学生数学思想的层次．

（三）以数学文化为手段熏陶和培养数学思维

数学内容往往会涉及一些较为抽象的知识，或许不如人文学科那般直观有趣，但数学本身是理性的、严谨的，有其独特的美，当然也是有趣的，不然，历史上不会有那么多杰出的数学家被数学之美吸引，为数学事业奉献一生．中学数学教学考虑到中学生的思维特点和年龄特点，应该多渗透数学文化来培养学生的数学思维．相对于传统数学题型，数学文化的范围更广，更有直观性，更能提高学生的学习兴趣，激发学生的学习热情，活跃课堂气氛，提高教学效果．

教师平时要多阅读和收集一些数学或者数学家的小故事，或者与现实生活联系紧密的典型案例，然后在课堂教学中，将这些材料巧妙地穿插进去，一方面可以活跃课堂气氛，激活学生学习数学的兴趣；另一方面可以让学生了解丰富多彩的数学文化，有利于其数学思维的形成和提高数学文化自信．

在高中数学教育教学中，教师应该明白，对数学思维能力的培养和提升，需要一个长期、持续的过程．不管课堂教学中，还是作业练习的讲解过程中，抑或是师生对话的过程中，教师都应尽量有意识地从数学文化、数学思想及方法等多个角度来培养学生的思维能力．这种能力一旦形成，学生的数学成绩将会提高，数学能力也会提升，数学的教学质量自然而然就会提高．

二、数学建模思想

建模是沟通数学知识与现实应用最重要的一个途径，也是打通数学知识和其余学科知识之间联系的重要渠道．随着教育教学越来越重视素质与能力的培养，数学建模在高中数学教学中的地位也更加突出．基于高中教学实际，我们可以从注重建模意识的培养、基本建模方法的学习与掌握以及跨学科建模的探索等方面来培养高中生的数学建模思维和能力.

（一）数学建模思想的概念与内涵

数学模型的历史可以追溯到人类开始使用数字的时代. 随着数字的使用，人类不断地建立各种数学模型，以解决各种各样的实际问题. 中学生的综合素质测评、教师的绩效考核、某楼盘销售、投资、购物等日常活动，都可以建立数学模型，确立一个最佳方案. 建立数学模型是沟通实际生活问题与数学知识之间联系的一座必不可少的桥梁.

通俗地讲，数学建模就是把数学的理论应用到实际问题解决当中. 数学建模很多时候是直接涉及一些工程领域、实际问题，其基本思想是基于数学理论以及其他知识，如机械、化工、土木，抽象得到一个或一系列的数学结论. 数学建模属于一门应用数学，学习这门课要求学生学会将实际问题经过分析、简化转化为一个数学问题，然后用适当的数学方法去解决.

从本质上来讲，数学建模是一种数学思考方法，即运用数学的语言和方法，通过抽象、简化建立能够近似刻画并解决实际问题的一种强有力的数学手段. 在解决现实问题或者研究数学问题时，为了使描述更具科学性、逻辑性、客观性和可重复性，人们采用一种普遍认为比较严格的语言来描述各种现象，这种语言就是数学，使用数学语言描述的事物就称为数学模型.

（二）数学建模思想的培养

要想培养高中生的建模思维和能力，首先就必须注重培养他们的建模意识. 建模是为了什么？建模是为了将现实中遇到的问题转化为具体的数学模型，将现实问题进行数据量化并代入，然后以一个逻辑清晰的数学模型来探讨问题的解决方案. 在高考数学试题中，涉及建模知识，可以采用建模方式来解答的题目比例逐渐增加，这是符合教育要求学生学以致用的一种必然趋势. 下面是一个具体案例.

【案例】某分公司经销某种品牌的产品，每件产品的成本为 3 元，并且每件产品需向总公司交 a 元（$3 \leqslant a \leqslant 5$）的管理费，预计当每件产品的售价为 x 元（$9 \leqslant x \leqslant 11$）时，一年的销售量为 $(12-x)^2$ 万件.

（1）求分公司一年的利润 L（万元）与每件产品的售价 x 的函数关系式.

（2）当每件产品的售价为多少元时，分公司一年的利润 L 最大？求出 L 的最大值 Q（a）.

解：

（1）因为分公司总利润＝每一件的利润×销售量＝（每一件的售价－成本－管理费）×销售量，所以分公司一年的利润 L（万元）与售价 x 的函数关系式为：

$L = (x-3-a)(12-x)^2, x \in [9, 11]$.

（2）

$$L'(x) = (12-x)^2 - 2(x-3-a)(12-x)$$
$$= (12-x)(18+2a-3x).$$

令 $L'(x) = 0$，得 $x = 6 + \dfrac{2}{3}a$ 或 $x = 12$（不合题意，舍去）.

∵ $3 \leqslant a \leqslant 5$

∴ $8 \leqslant 6 + \dfrac{2}{3}a \leqslant \dfrac{28}{3}$.

在 $x = 6 + \dfrac{2}{3}a$ 两侧 $L'(x)$ 的值由正变负

所以

① 当 $8 \leqslant 6 + \dfrac{2}{3}a < 9$，即 $3 \leqslant a < \dfrac{9}{2}$ 时，$L(x)$ 在 $[9, 11]$ 上单调递减

$L(x)_{\max} = L(9) = (9-3-a)(12-9)^2 = 9(6-a)$.

② 当 $9 \leqslant 6 + \dfrac{2}{3}a \leqslant \dfrac{28}{3}$，即 $\dfrac{9}{2} \leqslant a \leqslant 5$ 时，$L(x)$ 在 $\left[9, 6 + \dfrac{2}{3}a\right]$ 上单调递增，在 $\left[6 + \dfrac{2a}{3}, 11\right]$ 上单调递减

$$L(x)_{\max} = L\left(6 + \dfrac{2}{3}a\right)$$
$$= \left(6 + \dfrac{2}{3}a - 3 - a\right)\left[12 - \left(6 + \dfrac{2}{3}a\right)\right]^2$$

$$= 4\left(3 - \frac{1}{3}a\right)^3.$$

所以

$$Q(a) = \begin{cases} 9\,(6-a)\,, & 3 \leqslant a < \dfrac{9}{2} \\[3mm] 4\left(3 - \dfrac{1}{3}a\right)^3, & \dfrac{9}{2} \leqslant a \leqslant 5. \end{cases}$$

答：若 $3 \leqslant a < \dfrac{9}{2}$，则当每件售价为 9 元时，分公司一年的利润 L 最大，最大值 $Q(a) = 9\,(6-a)$（万元）；若 $\dfrac{9}{2} \leqslant a \leqslant 5$，则当每件售价为 $\left(6 + \dfrac{2}{3}a\right)$ 元时，分公司一年的利润 L 最大，最大值 $Q(a) = 4\left(3 - \dfrac{1}{3}a\right)^3$（万元）．

从这道题目可以看出，准确获取题目中的信息、组建数学模型是解决问题的关键，本题直接转化为函数模型，然后进行分段讨论，这样解答出来，思路清晰，结果明了．

建模能力也是重点考核的能力之一，擅长采用建模方式来解决数学应用问题的学生通常更容易取得好成绩．此外，在我们的日常生活中，有许许多多现实的问题，都可以采用数学建模的方式让问题变得清晰，而且能够找出最优配置．比如，常见的金融理财、投资都可通过建构数学模型来评估风险与收益，然后选择一种风险与收益相对平衡的金融理财方式．

作为高中数学教师，应该注重培养学生的建模意识，让学生逐渐习惯用建模的方法去解决很多现实生活中遇到的问题．这种意识一旦建立，就会让他们感受到原来数学与生活联系如此紧密，很多生活中的问题都可以转化为具体的数学模型来解答．当建模意识变成一种习惯，学生就会对数学学习更有兴趣，而且能够真正将数学知识转化为应用能力．

（三）基本建模方法的培养

建模方法的培养主要是让学生习惯从建模的角度去思考数学问题，然而仅有建模意识还不够，还需要从现实角度去教会学生一些基本方法．在教材中有许许多多经典的数学建模范例，如指数模型、数列模型、几何模型、函数模型、方程模型等；还有具体建模方法，高中数学涉及的建模方法通常不会很复杂，一般建议采用"提出问题—选择建模范例—推导模型公式—模型求解—回答问题"的五步建模法．建模没有固定统一的方法，需要学生根据实际情况灵活选用．选择一个合适的建模方法，是经验与技巧的结合，需要学生对常见经典模型的熟悉以及建模思维的灵活运用．

对于高中生来说，教材是最基本的建模方法学习的资源库，里面有基本的数学模型范例和建模方法等．千万不要小瞧这些基本的建模知识，它们就是学生学习和应用建模方法的根基．学生应该在教师的指点下，反复阅读这些建模的基础知识，然后予以扩展．如果学生对建模比较感兴趣，可以在教师的指点下通过互联网收集更多涉及高中数学知识的建模案例和方法，从中学习一些建模技巧．当然，作为高中数学教师，也应该一方面结合教材内容在课堂教学中渗透一些常见的数学模型建模方法，引导学生学习和掌握数学建模的基础知识和体验；另一方面可以整理出一些实用的建模方法，包括建模案例，根据教学安排巧妙穿插在课堂教学中．总之，建模基础方法的学习和掌握是学生能够真正将建模应用于学习和实践的关键．

（四）跨学科建模的探索

对于高中生来说，学习数学建模知识，不仅对于数学学习有帮助，而且对于物理、化学、生物等学科的学习也有帮助．以物理为例，历史上很多著名的物理学家都是数学家，这就说明物理和数学有着密切的联系，尤其是与数学建模有着密切的联系．数学家可以通过"万有引力"建立数学模型，计算推导出海王星的存在，这就是数学建模结合其他学科知识的价值和意义的体现．在现实中，数学与金融学融合建模，可以获得更好的投资收益，或者实现更精准的风险控制等．

比如，数学与生物学科的跨学科建模，可以采用数学中的排列与组合模型来对减数分裂过程配子的基因组成进行具体分析，也可以采用概率模型来计算遗传病的遗传概率等．这些跨学科的建模既可以解答一些问题，也可以培养学生进行相关研究的基础能力．当学生毕业进入高等院校深造，或者以后从事相关研究应用工作的时候，这种能力将会让他们获得更大的优势．

跨学科建模的探索还会对学生创新能力和创造精神的培养有很大的促进．当今教育强调培养学生的创新精神，那么跨学科的建模探索就是培养学生这种精神的一种很好的方式，而且对于他们以后进行更深层次的研究或者社会实践都有很大的帮助．尤其是随着大数据时代的到来，数据本身是没有价值的，但是通过建模之后的数据分析，就具有了极高的应用价值，这就需要学生具备跨学科建模的思维和能力．

在高中数学教学中，建模思维和能力具有非常高的教学价值和意义．然而现实中，许多高中数学教师并没有真正意识到这一点，或者说意识到了但是由于某种原因而没有将其作为教学重点，导致学生的建模思维和能力没有得到发展．实际上，学生如果具有建模意识，掌握了建模方法，那么对于他们的学习成绩以及能力的提升都是有着显著的促进作用的．

三、数形结合思想

数形结合就是使抽象的数学语言与直观图形相结合，使抽象思维与形象思维相结合．"数缺形时少直观，形缺数时难入微"．数形结合既是一种重要的数学思想，也是一种常用的解题方法．

（一）数学结合思想的内涵

数形结合是一种数学思想方法，是数学研究和学习的重要思想，也是解决数学问题的有效方法．以形助数可以使复杂问题简单化、抽象问题具体化，能够把抽象的数学语言变为直观的图形语言，把抽象的数学思维变为直观的形象思维；以数助形有助于把握数学问题的本质．

"数"和"形"是数学研究的两个基本对象．通俗地讲，"数"一般指文字语言、数学符号语言、代数式等，"形"一般指图形语言、函数图像、代数式的几何意义等．既能用"数"表示，又能用"形"表示的问题就可以用数形结合思想解决．

新课程标准对于数学的定义也体现了数形结合思想：数学是研究数量关系

（数）与空间形式（形）的科学.

数形结合的思想方法是数学教学内容的主线之一，贯穿高中数学各部分内容，师生都应重视数形结合思想的培养.

（二）以形助数，抽象问题具体化

和抽象的数学语言相比，数学图形具有较强的直观性，对于一些复杂的、运用代数方法难以解决的、抽象的问题，有时可以利用数学结合思想将数转化为形，然后利用图形的几何性质及几何意义来对问题进行求解. 这样可以有效锻炼学生的观察能力和思维能力，提高学生的解题效率.

比如，函数方程求根的问题，若是采用代数方式解答，虽然也可以解答出来，但是有时会比较麻烦，而采用数形结合思想来解决会方便很多. 教师通过引导学生对图形的转化，启发学生产生解题思路，便能使学生快速地解题.

【案例】已知方程 $|x^2 - 4x + 3| = m$ 有 4 个根，求实数 m 的取值范围.

分析：此题并不涉及方程根的具体值，只涉及根的个数，而涉及方程的根的个数问题可以转化为求两条曲线的交点个数的问题来解决. 这就是数形结合思想的体现，以图形助数学问题解答，抽象问题简单化，让题目解答变得更直观.

解：方程 $|x^2 - 4x + 3| = m$ 根的个数问题就是函数 $y = |x^2 - 4x + 3|$ 与函数 $y = m$ 图像的交点个数的问题.

作出抛物线 $y = x^2 - 4x + 3 = (x-2)^2 - 1$ 的图像，将 x 轴下方的图像沿 x 轴翻折上去，得到 $y = |x^2 - 4x + 3|$ 的图像，再作直线 $y = m$，如图 $1-1$ 所示.

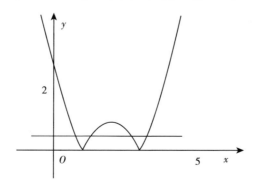

图 $1-1$

由图像可以看出，当 $0 < m < 1$ 时，两函数图像有 4 个交点，故 m 的取值范围是 $(0, 1)$.

（三）以数解形，图形问题代数化

图形虽然具有形象、直观等优势，但是不具备精确的数量关系和逻辑性. 当解决图形问题需要进行定量分析时，就需要借助数形结合的思想，通过仔细观察图形中的几何性质和运动特点，用代数问题来表述图形问题，然后利用所学公式或代数定理来求解问题.

在几何学习中，当对图形中某个参数进行定量分析时，我们无法利用图形来进行求解，而需要根据题目中所给出的条件，采用数形结合思想进行全面的考虑，这样才能确保答案的正确性和完整性.

【案例】若 $P(m, n)$ 为圆 $x^2 + (y-1)^2 = 1$ 上任意一点，$m + n + c \geq 0$ 恒成立，则 c 的取值范围是（   ）

A. $-1 - \sqrt{2} \leq c \leq \sqrt{2} - 1$

B. $\sqrt{2} - 1 \leq c \leq \sqrt{2} + 1$

C. $c \leq -\sqrt{2} - 1$

D. $c \geq \sqrt{2} - 1$

分析：这个题目是根据几何图形为圆来设计的，而求的却是值的范围，因此直接按照几何方法解题有点困难，将其转化为代数问题，以代数方法解答几何问题，更加直接方便.

解：根据 $m + n + c \geq 0$，可以看作点 $P(m, n)$ 在直线 $x + y + c = 0$ 的右侧，而点 $P(m, n)$ 在圆 $x^2 + (y-1)^2 = 1$ 上，实际上相当于 $x^2 + (y-1)^2 = 1$ 在直线的右侧并与它相离或相切，由此可得

$$\begin{cases} 0 + 1 + c > 0, \\ \dfrac{|0 + 1 + c|}{\sqrt{1^2 + 1^2}} \geq 1, \end{cases}$$

解得 $c \geq \sqrt{2} - 1$.

（四）数形互变，提高解题能力

在求解数学问题的过程中，以数解形和以形助数都有着其各自的奇特功效，但不能完全解决所有问题．有时在一个数学题目中可能同时需要结合这两种方法，需要以数解形的逻辑性、精准性和严密性，也需要以形助数的直观性．在解决此类问题时，需要对题目中的数、形及隐含条件进行认真分析，通过两者的运用，确保求解结果的准确性和全面性．

【案例】 求函数 $y = x\,|x| - |2x|$ 的单调区间．

解：$y = x\,|x| - 2\,|x| = \begin{cases} x^2 - 2x, & x \geqslant 0 \\ -x^2 + 2x, & x < 0 \end{cases}$

画出函数对应的图形，由图 $1-2$ 可知，函数的单调递增区间为 $(-\infty, 0]$，$[1, +\infty)$，单调递减区间为 $[0, 1]$．

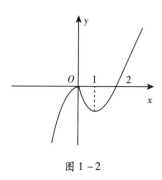

图 $1-2$

运用数形结合思想，不仅实现了抽象知识和形象知识的有效转换，拓宽了学生的解题思路，也避免了复杂的数学计算及推理，大大简化了解题过程，对于学生数学思维能力和核心素养的提高具有积极的促进作用．

四、函数与方程思想

函数与方程思想是数学教育学习中常见的思想方法之一．尤其是在涉及变量关系以及未知数求解时，函数与方程思想是迅速解决问题的有效方法．

（一）函数与方程思想的概念内涵

函数研究变量之间的对应关系，函数思想就是用变化的观点分析和研究数学问题，通过已知的数量特征及关系建立函数表达式，然后用函数知识去解决问题的方法．函数思想的关键就是构造函数，学生要熟练掌握一次函数、二次函数、指数函数、对数函数等初等函数的具体特性，主要体现为函数的单调性、奇偶性、最大值和最小值等．

方程思想是研究已知量和未知量之间的等量关系，通过设未知数列方程，然后求值从而解决问题的方法．方程思想常用于几何动点类问题的解决：将变化的量设为未知数，从而达到动中有静、静中有动、以静制动的效果．

函数与方程是两个不同的概念，但它们之间有着密切的联系．若一个函数有解析表达式，那么这个表达式就可看作一个方程，这样许多函数问题就可以用方程的方法来解决了．也就是说，对应函数式可转化为方程；反过来，也可以把方程转化为函数式．函数与方程这种相互转化的关系十分重要，它们之间互相渗透：很多方程的问题需要用函数的知识和方法去解决，很多函数问题也需要方程的知识和方法的协助．函数与方程之间的辩证关系形成了函数与方程思想，函数与方程思想就是用函数、方程的观点和方法来处理变量与未知数之间的关系，从而解决问题的一种思维方式，是很重要的数学思想方法．

（二）函数与方程思想的培养路径

1. 对学生进行利用函数与方程思想解题的训练

高中数学教学必须提升学生利用函数与方程思想解题的数学思维灵活性，提高学生解决问题的能力．方程与函数思想贯穿高中数学教育教学的始终，既能提升学生的解题效率，也能加深学生对于相关数学知识的理解，还能激发学生的学习兴趣．

代数问题是学生所必须掌握的问题，但是这一部分知识点、计算量过大，对于学生的计算能力、思维能力要求都很高，一旦出现错误就会导致一整道题的失分．为此，教师必须教导学生以最快速的方式、最清晰的思路解决代数问题．现阶段很多学生在解决相关问题的过程中还是采用传统计算方式，这样有时会导致学生在计算的过程中浪费大量时间．不仅如此，计算烦琐很可能会让学生解题思路中断，进而导致整个答题的思维不连贯．因此，教师一定要注意到这一问题的严重性,必须纠正学生解题方法,让学生采用函数与方程思想进行解题训练.这不仅能提升学生的解题效率,让学生有清晰解题思路,还能提高其解题质量.

【案例】已知不等式 $2x-1>m(x^2-1)$ 对于 $|m|\leq2$ 的所有实数 m 恒成立,求 x 的取值范围.

这一道例题是高中时期学习过程中具有代表性的题目,通常教师在对这一类例题进行讲解的过程中,都是按照固定的模式进行剖析,为此学生习惯了教师的固定思维,也就一直按照常规思路进行解答.这样会降低学生做题的效率.不仅如此,在高中阶段的代数问题是灵活性较强的一类问题,一旦代数过程中的任何一个数值发生变化,都会使整体的解题方式和解题过程发生相应的改变.如果针对这一部分知识点,学生只掌握最基础固化的解题模式,那么一旦出现该试题的变形,学生就很难理解透彻了,在考试压力大、时间紧的情况下,学生更容易出现计算上的失误,如此就会造成学生成绩的不理想.教师需要有意识地引导学生采用函数与方程思维进行解答.针对本题,笔者就有意识地引导学生在解题时灵活地采用了函数与方程思想,解题如下:

将原式变为 (x^2-1) $m-(2x-1)$ <0

通过分析可知,该不等式在区间 $[-2,2]$ 上恒成立,这时就可以将方程转化为函数 $f(m)=(x^2-1)$ $m-(2x-1)$.这样的解题模式就将这一道题转变成了函数问题,提高了解题效率,还降低了学生的失误率.

2. 认真有效地备课,在教学中将函数与方程思想讲明白

在高中数学教材并没有明显地将相关的数学结论中所涉及的隐含的数学思想方法以及相关数学思维活动的过程完全体现出来.如果教师没有在课前对教材的具体内容、涉及的数学思想以及适合讲授的教学方法进行熟悉与准备,那么在讲课时也就不能够在课堂上将函数与方程思想讲解清楚.数学的教学对教师的逻辑分析思维能力有较高的要求:不应该仅传授教材上的数学基础知识与技能,而是要对教材进行更进一步的研究,对相关知识点进行深入透彻的研究,创造性地使用教材,挖掘隐含在教材中的数学思想方法,尤其是针对学生函数与方案思想建立的引导以及培养．教师课前备课要将问题讲解清楚、明白，务必深入钻研教材，精准掌握每个章节的重点和难点，并且根据章节概况来选定授课方式，做到认真严谨备课．课堂上，教师要讲解清晰，层次分明，采用科学、合理的教学方法，灵活地找出适合本节课、本知识点的教学方法，有效提高教学效率；课堂上授课生动有活力，富有艺术性，有效调动学生的积极性，有效应对各种情境，对于学生的提问，要引导他们独立思考、自己解决．同时，教师要查缺补漏，做到及时、正确地引导，帮助学生解答．这要求教师拥有扎实的知识基础．

函数与方程思想能帮助学生从本质上理解和学习处理数学问题，并能丰富学生用一定的逻辑思维解决问题的思路．教师可以以教材中函数和方程的内容为立足点，引导学生学习和了解积极运用函数和方程的内容解决数学问题，在解题训练过程中深化函数和方程的思想，促进学生数学综合应用能力的提高，达到培养学生数学核心素养的目的．

3. 引导学生养成利用函数与方程思想解决问题的习惯

数学是一门逻辑性很强的学科，培养学生良好的解题习惯十分重要．学生有良好的解决问题的习惯，这在一定程度上可以避免犯一些低级错误，从而提高解决问题的能力．

函数和方程的相关内容在解决数学问题和实际生活的问题中都有广泛的应用，但是很多学生不能快速地找到数学问题中所包含的函数和方程的内涵，因为他们不能将自己的知识串联起来．因此，在讲解习题时，教师需要帮助学生总结函数与方程可以解决的问题类型，引导学生积极运用函数与方程思想解决数学问题．例如，在总结复习阶段，教师为学生提供一些贴近实际生活的应用题进行实践，启发学生学会根据实际问题建立函数模型，感受函数建模的概念，通过函数的性质来解决实际问题，让学生尽可能地认识到数学知识在实际生活中的实用价值，扭转数学在学生思想中的无用观念，让学生感受数学知识在推动社会变革和进步中的巨大作用．

五、分类讨论思想

分类讨论思想既是解决问题的一般思想方法，适合各种科学的研究，也是数学领域解决问题较常用的思想方法．新课程标准要求学生有条理地思考，这种有条理的思考就是一种有顺序的、有层次的、全面的、有逻辑性的思考，分类讨论就是具有这些特性的思考方法．因此，分类讨论思想是培养学生有条理地思考和良好数学思维品质的一种重要而有效的方法．

（一）分类讨论思想的概念

人们面对比较复杂的问题，有时无法通过统一研究或者整体研究解决，需要把研究的对象按照一定的标准实行分类并逐类进行讨论，再把每一类的结论加以综合，使问题得到解决，这种解决问题的思想方法就是分类讨论的思想方法．其实质是把问题"分而治之、各个击破、综合归纳"．其分类规则和解题步骤是：

一是根据研究的需要确定同一分类标准．

二是恰当地对研究对象实行分类，分类后的所有子项之间既不能"交叉"，也不能"从属"，而且所有子项的外延之和必须与被分类的对象的外延相等，通俗地说，就是要做到"既不重复又不遗漏"．

三是逐类逐级实行讨论．

四是综合概括、归纳得出最后结论．

（二）分类讨论思想的培养

在高中数学问题中，运用分类讨论思想可以有效提升学生分析问题、解决问题的能力．在具体内容教学时，教师要引导学生对参数（变量）进行分类讨论，要讲清楚为什么要分类、怎样分类、分类的标准是什么等，并要求学生进行实践练习，巩固基础知识．日常的练习与实践，不仅能够丰富学生的解题经验，还可以提升学生的解题效率，对学生分析问题、解决问题能力的培养具有重要作用．

【**案例**】已知：$A = \{x \mid x^2 + 4x = 0\}$，$B = \{x \mid x^2 + 2(a+1)x + a^2 - 1 = 0\}$．

①若 $A\cap B=B$，求 a 的值；②若 $A\cup B=B$，求 a 的值.

解决这一问题，可以利用分类讨论的思想方法.

解：①若 $A\cap B=B$，说明 $A\subseteq B$. 又因为 $A=\{x\mid x^2+4x=0\}=\{-4,0\}$，$B$ 中 $b^2-4ac=8a+8a+1<0$ 时，B 为空集，是任何集合的子集. 当 $a+1=0$ 时，$a=-1$，解出 $B=\{0\}$，所以 $A\subseteq B$. 当 $a+1>0$ 时，B 有两个不同的根，A 也有两个不同的根，如果 $A\subseteq B$，那么 $B=A$，就是两个方程相同，那么 $2(a+1)=4$，$a^2-1=0$，得到 $a=1$. 所以答案是 $a<-1$，或 $a=-1$ 或 $a=1$.
②若 $A\cup B=B$，那么 $B\subseteq A$，而 $A=\{-4,0\}$，所以 $B=\{-4,0\}$，根据第①题解得 $a=1$.

通过分类讨论的方式保证问题分析的全面性，使学生在解题的过程中形成多角度思考问题的意识，以此提升解题的准确性.

高中数学教学中渗透分类讨论思想，要循序渐进，将分类讨论思想一点一点地引入，并将其一点一点地融入学生的认知，这样学生才能有效地形成分类讨论思想，并且在解决问题的时候可以熟练地使用分类讨论的思想.

例如，在讲解"直线和圆位置的关系"这一知识点的时候，教师可以进行提问：圆和直线有哪些位置关系？学生通常在回答的时候都是有相交、相离和相切这三种关系. 然后教师就可以继续提问：对圆和直线这三种位置关系如何去判断和分辨？学生则会回答：可以将直线方程和圆形方程联合起来进行求解，也就是将 $ax+by+c=0$ 和 $x^2+y^2+dx+f=0$ 联合起来，在求解的过程中，根据求出的结果可以准确地判断出圆和直线的位置关系：如果两个实数解不一样，那么圆和直线就是相交的位置关系；如果两个实数解一样，那么圆和直线就是相切的位置关系；如果得不出实数解，那么圆和直线就是相离的位置关系. 此外，学生在判断位置关系的时候也可以利用圆的半径 r 和直线的距离 d 进行：如果 $r<d$，那么位置关系是相交；如果 $r>d$，那么位置关系是相离；如果 $r=d$，那么位置关系是相切. 这个时候，需要数学教师将这两种方法进行分类和总结，引导学生根据问题的类型进行讨论，进而使得最终得出的结果更加准确，并且使得学生建立分类讨论思想.

（三）分类讨论思想需要注意的问题

1. 缺乏分类意识，造成漏解、错解

在平常教学中，经常遇到这样的情况：已知 $a \in \mathbf{R}$，$ax^2 + ax + 1 > 0$ 恒成立，求 a 的范围．很多学生会遗漏 $a = 0$ 这种情况．为什么会出现这种情况呢？主要原因在于学生平常没有形成良好的思维习惯，审题不仔细，被题目的表面现象迷惑，认为这就是一个一般的一元二次不等式，完全没有想到还有其他可能，根本没想到要对 a 进行分类，结果造成了漏解．针对这种情况，教师可以设问的方式启发、引导学生，如问学生：这是一元二次不等式吗？学生往往回答"是"．教师接着问"若 $a = 0$ 呢？"这样学生就开始反思了．在平常的教学中，教师要不断地像这样启发、引导学生，强化学生的分类意识，培养学生解题的严密性．

那么，哪些问题涉及分类呢？可以归纳为以下几点：

（1）涉及的数学概念是分类进行定义的，如绝对值，就要对绝对值内的部分按" >0 "" <0 "" $=0$ "进行分类，才能去掉绝对值符号：排列组合问题首先要搞清是分类还是分步，是先分类还是先分步．

（2）涉及的定理、公式、运算法则是分类的，如等比数列的前 n 项和公式需要对公比进行分类；指数函数与对数函数，在讨论函数的单调性时，就必须对底数进行讨论．

（3）由图形的不确定性引起的分类讨论，如解析几何中对直线的斜率要分存在与不存在两种情况；圆锥曲线中焦点在哪一坐标轴上要根据题中条件进行讨论．

（4）方程或不等式求解有多种情况或多种可能时．

（5）问题中含有参变量，通常要分类讨论，如 $(m+1)x^2 + 4x + 1 < 0$ 需对二次项系数 $m+1$ 进行分类讨论．

当然一道题目是否需要分类讨论，什么时候分类讨论并不是仅看题目中是否含有参数，而是应看它是否影响继续解题．有些题目一开始就要进行分类讨论，有些题目则是在解题过程中进行分类讨论，有些题目甚至可以回避分类讨论．

2. 缺乏科学分类的方法

学生缺乏科学分类的方法主要表现为对分类对象不明确，对分类标准不确定，经常出现重、漏现象．针对这种情况，教师要引导学生解决好三方面的问题：

（1）分类对象的确定性．对哪个参数进行讨论，这是分类的前提．分类时先要确定分类对象的全体是一个怎样的集合，这个集合的元素是什么．

（2）分类标准的同一性．按什么标准分类，这是分类的关键，分类标准一经确定，必然突出了对象总体在此标准下的差异，而掩盖了在其他标准下的差异．同一层分类过程，必须按同一标准进行分类．

（3）分类过程的逐级性．分成几类讨论，这是分类的终结．例如，已知 $a \in \mathbf{R}$，解不等式 $ax^2 + 2x + 1 < 0$. 怎样引导学生对这一类问题进行分类呢？首先要找到影响解答这类题的因素．通过分析，可以发现有两点因素影响解题：①x 的系数影响解的结构形式；②方程的根的大小直接影响结果．从这两方面入手，首先令 x 的系数等于 0 得到 $a = 0$，然后令判别式等于 0，又得到 $a = 1$，从而可以分成这几类来讨论：$a < 0$；$a = 0$；$0 < a < 1$；$a = 1$；$a > 1$. 每一类都可以将解集结构形式及根的大小确定下来．

由上可见，分类讨论思想应用的一般步骤是先确定标准再恰当分类，然后逐类讨论，最后归纳结论．

六、化归与转化思想

化归与转化思想是一切数学思想方法的核心．数形结合思想体现了数与形的转化，函数与方程思想体现了函数、方程、不等式之间的相互转化，分类讨论思想体现了局部与整体的相互转化．因此，以上三种思想也是化归与转化思想的具体呈现．

（一）化归与转化

1. 化归与转化思想的含义

化归与转化思想是指在解决问题时，采用某种手段将问题进行转化，进而使问题得到解决的一种解题策略．化归与转化思想的核心是把"生题"转化为

"熟题"，将复杂问题转化为简单问题，将较难问题转化为较易问题，将未解决的问题化归为已解决的问题．事实上，解题的过程就是一个缩小已知与未知的差异的过程，是求解系统趋近于目标系统的过程，是未知向已知转化的过程．

化归与转化思想是实现问题的规范化、模式化以便应用已知的理论、方法和技巧，实现问题的解决的思想方法．转化具有多样性、层次性和重复性的特点，为了实施有效转化，既可以变更问题的条件，也可以变更问题的结论；既可以变换问题的内部结构，又可以变换问题的外部形式．这就是多样性．转化原则既可以应用于沟通数学与各分支学科的联系，从宏观上实现学科间的转化，又能调动各种方法与技术，从微观上解决多种具体问题，这是转化的层次．而解决问题时可以多次地使用转化，使问题逐次达到规范化，这是转化原则应用的重复性．

2. 化归与转化思想的主要类型

（1）等与不等的相互转化：将一个等式转化成不等式，是求变量取值范围的重要方法，通常利用函数的单调性解答此类问题，或者利用基本不等式解答这类问题．

（2）正与反的相互转化：在解答问题时，正难则反是转化的一种有效手段，但一定要搞清楚问题的反面是什么．常见的有反证法．

（3）常量与变量的相互转化：在解答这类问题时，往往通过变换主元的方式，转换思维角度使问题的解答变得简洁、明快、有效．

（4）特殊与一般的相互转化：对于那些结论不明或解题思路不易发现的问题，可先用特殊情形探求解题思路或命题结论，再借鉴特殊情况下的思路或方法对一般情况进行处理．

（5）整体与局部的相互转化：整体由各个局部构成，研究某些问题可以从局部开始，当各个局部问题被解决时，整体问题就被解决，如分类讨论、分段函数等．

（6）高维与低维的相互转化：对问题的认识往往遵循从低维向高维的发展规律．因此，降维转化通常能把问题从一个领域转换到另一个领域，从而使问题得以解决. 这种转化在立体几何、向量的解题中较常见.

（7）数与形的相互转化：通过挖掘已知条件的内涵，发现某些代数形式的几何意义，利用几何图形的直观性解决问题，使问题简化；或者通过某些几何图形建立起相应的方程或函数，通过代数方法进行研究，解决相关问题. 这种转化方法在数学学科中普遍存在.

（8）函数与方程的转化：函数与方程是相互依存、紧密联系的，函数给人以动态的想象，方程给人以静态的感觉，它们之间是可相互转化、相互支持，如函数的零点、三个"二次"等问题.

3. 化归与转化思想遵循的原则

（1）熟悉化原则：将陌生的问题转化为熟悉的问题，以利于我们运用熟知的知识、经验和问题来解决.

（2）简单化原则：将复杂的问题化归为简单问题，通过对简单问题的解决，达到解决复杂问题的目的，或获得某种解题的启示和依据.

（3）和谐化原则：化归问题的条件或结论使其表现形式更符合数与形内部所表示的和谐的形式，或者转化命题，使其推演有利于运用某种数学方法或其方法符合人们的思维规律.

（4）直观化原则：将比较抽象的问题转化为比较直观的问题来解决.

（5）正难则反原则：当问题正面讨论遇到困难时，可考虑问题的反面，设法从问题的反面去探求，使问题获解.

（二）化归与转化思想的培养

1. 引导学生归纳化归与转化的常用思路

在解决问题时，特别是较复杂的问题，通常会用某些方式将问题进行转化，以使问题得到解决. 其核心是化难为易、化生为熟、化繁为简，尽量是等价转化. 常见的转化类型：等与不等、正与反、常量与变量、特殊与一般、整体与局部的、高维与低维、数与形、函数与方程等. 教师在日常教与学的过程中，要引导学生熟悉掌握转化的这些原则以及常见的类型. 另外，教师在教学中要经常性地讲解、展示体现化归与转化思想的习题，让学生形成分析研究其题目中隐藏的转化技巧的习惯．这样才能使学生更加熟练地运用化归与转化思想．

2. 在教学中重视学生化归与转化思想的培养

在教学中，对于需要用到化归与转化思想的问题，教师一定要精心组织教学，做好知识的铺垫，针对相关知识点的呈现和推导过程要做好引导、展示，然后带领学生一同转化，探究数学知识点的相互联系，体验知识之间相互转化的魅力．这样学生对于知识的理解也就得到了加深．若能常态化，学生的能力一定能得到充分提高．

例如，在"两条平行直线间的距离"的教学中，教师可以引导学生一起探索．首先，把两条平行直线间的距离转化为其中一条直线上的一点到另一条直线间的距离；接着，将点 $P(x_0, y_0)$ 到直线 $Ax + By + C = 0$ 的距离 d 转化为代数式 $\dfrac{|Ax_0 + By_0 + C|}{\sqrt{A^2 + B^2}}$ 表示，即 $d = \dfrac{|Ax_0 + By_0 + C|}{\sqrt{A^2 + B^2}}$，然后引导学生思考探索两条平行直线 $Ax + By + C_1 = 0$ 与 $Ax + By + C_2 = 0$ 之间的距离，最终得出 $d = \dfrac{|Ax_0 + By_0 + C|}{\sqrt{A^2 + B^2}}$．教师要强调本节教学中多次用到化归与转化思想，这样处理将新知识的学习理解转化成学生接受并可以有效理解的学习过程，可以使学生有效理解基础知识内容，使其感受到知识的转化作用，有助于学生逻辑推理和转化能力等素养的提高．

3. 在解题教学中培养学生化归与转化思想

化归与转化思想是解决数学问题的一种最基本的数学思想．特别是数形结合、函数与方程、分类讨论三种解题思想都是建立在转化和化归思想的基础之上的，而数学问题通常是考查学生对定义、定理、公式和法则的转化应用和灵活运用，可以说化归与转化思想是学生高效解题的基础和保障．数学解题常用的化归与转化的方法有直接转化法、换元法、数形结合、等价转化等，教师要根据具体的问题有针对性地应用．

例如，函数 $y = ax^2 + (a-1)x + 1$，当 $-1 \le a \le 0$ 时，函数 y 取正值，求 x 的取值范围．这道题需要采用转换主元的方法来解决，可以把原来的函数转化

为关于 a 的函数 $y = f(a) = a(x^2 + 1) + 1 - x$, 因为它是关于 a 的一次函数, 根据一次函数的单调性, 只需保证 $f(-1) > 0$, $f(0) > 0$, 最后便可以求出 x 的取值范围.

再如, 有一些问题, 可采用正难(繁)则反的方式处理, 如函数 $f(x) = x^2 - ax + 1$ 在 $\left(\dfrac{1}{2}, 4\right)$ 上有零点, 求实数 a 的取值范围. 如果学生直接正面解题, 就会存在一定的难度或比较烦琐. 这时, 教师可以引导学生从反方向来考虑, 也就是找出它没有零点时 a 的取值范围, 然后求本题中 a 的取值范围.

又如, 函数的零点问题可转化为方程的根的问题, 利用数形结合的方法, 可快速准确解决.

【案例】已知函数 $f(x) = \begin{cases} e^x, & x \leq 0 \\ \ln x, & x > 0 \end{cases}$ $g(x) = f(x) + x + a$. 若 $g(x)$ 存在 2 个零点, 则 a 的取值范围是_____.

分析: 函数 $g(x) = f(x) + x + a$ 存在 2 个零点, 即关于 x 的方程 $f(x) = -x - a$ 有 2 个不同的实根, 即函数 $y = f(x)$ 的图像与直线 $y = -x - a$ 有 2 个交点, 作出直线 $y = -x - a$ 与函数 $f(x)$ 的图像, 如图 1-3 所示, 由图可知, $-a \leq 1$, 解得 $a \geq -1$.

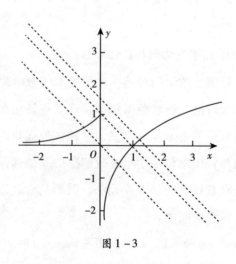

图 1-3

　　教师的教学必须重视对学生转化与化归思想的培养，引导学生学会破解题目的关键环节，特别是较复杂的问题．转化与化归思想通常就是把一个数学问题转化为另一个数学问题，而新转化的问题往往是熟悉的或难度降低的问题．这样学生在解题时就能更加方便快捷，解决起来就不会那么困难了．

第三节　高中数学教学的几种典型模式

在高中数学教学中，教学方法模式有很多，不同的教学模式有不同的特点．教师在具体教学活动开展的过程中，应根据实际需要，根据教学内容、学生学情等情况，选择合适的教学模式，力求达到更好的教学效果．下面介绍一些常见的、比较典型的高中数学教学模式．

一、启发讲授模式

苏联教育家凯洛夫提倡的是讲授模式，并进一步演变成了五环节教学，即组织教学、复习旧课、新课教学、巩固练习、布置作业．以前，很多学校要求教师做到教学五认真，就是对这五个环节要认真．这种教学模式有助于学生在较短的时间内系统地学习基础知识和基本技能，但没有突出对学生智力的开发和能力的培养，因此逐步转变为以启发为主的启发讲授模式．

启发讲授模式是当前教学中采用的主要模式，其特点是突出了教师在课堂上的主导作用，体现了学生在课堂中的主体地位．简要地说，启发讲授模式就是教师不直接把现成的知识传授给学生，而是引导学生自己独立地去发现相应的结果的教学模式．它的基本程序是复习讲授→启发理解→练习巩固→检查反馈．

启发讲授模式的启发方式通常有归纳启发式、演绎启发式、类比启发式、实验启发式．不论采取何种启发方式，教师都应当引导与协同学生把启发所得到的结果组织成一个可理解的、有用的结论，并通过应用把它与有关信息结合起来，纳入学生的原认知结构，而且应使学生体会到获得成功的愉悦感.

二、自主探究教学模式

自主探究教学模式具有两个关键词："自主"和"探究".自主强调的是独立和自律，即培养学生独立的学习能力，引导他们形成一种自律主动的学习习惯；探究强调的是学生不要局限于教师所教授的内容，而要不断深入挖掘探索，掌握更多的知识.自主探究教学模式是一种非常有价值的教学模式，它是一种引导学生自主积极探索知识的学习方式，通过创建学生自主学习的问题情境，引导学生通过实践、探索、交流获得知识，形成技能，发展思维，学会学习.

高中生已经具备一定的独立学习能力，他们既有一定的数学知识基础，也有一定的自我学习规划能力，两者结合起来，他们即具备了独立学习能力.然而在现实中，不少学生还是习惯于跟着教师的教学节奏走，这是我国基础教育的一个弊病，即缺乏学习主动性.学生跟着教师的节奏走，则他们的学习思维很容易被局限，一旦在某一个知识点环节被卡住了，就意味着他们的学习可能陷入困境.具有自主探究学习能力，学生就会自己去寻找解决问题的路径，从而实现个人数学思维能力的提升，并最终找到解决问题的方法.

在高中数学教学中，每一节课的知识点都有所偏重，而且大部分知识点都有一定的拓展与提高要求，对于知识的掌握层次也更高.很多高中生对于数学都有这样一种印象：看教材感觉知识点掌握得差不多了，然而一到考查的时候，发现很多题目依然不知道该从哪里入手.之所以会这样，是因为学生只是跟着教师教学的节奏，简单了解了基础知识，没有自主探究其中的逻辑.而高中数学题型灵活多变，尤其很多题目都有开放性与研究性的特征，虽然可以用高中的数学知识来解答，但是要求学生必须了解其中的数学逻辑，并需要灵活运用数学知识才能够解决.若是学生只是听教师讲课，然后了解一些基础知识，并没有掌握内在逻辑，也没有去探究具体分析与应用技巧，则他们是难以真正学好高中数学的.

在高中数学自主探究教学中，首先教师要处理好教与学的互动问题，在教与学互动的过程中给予学生更多的学习自主权,视学生为教学主体,然后通过设计一系列问题,引导学生去探究数学规律,促进学生数学思维的发展. 高中生随着年龄增长,注意力、思维能力等都有较大的进步,他们是具备独立思考与探索能力的,因此教师提出问题,学生自己去探究解答方法,这对于学生的成长与进步是极为有利的. 当然更重要的是,学生在自主探究的过程中将会真正深度理解数学逻辑以及知识的运用. 如此,他们在面对数学题目或者现实数学问题时,能够基于自己的理解去选定合适的数学方法. 这是一项很重要的技能,数学解题方法与思路的确定,对于最终问题的解决是有利的.

自主探究教学模式的探究方式通常有情境探究、类比探究、猜想探究、引导探究.

在高中数学教学中,自主探究教学模式更适用于数学基础相对较好的学生群体,因为他们的自主探究学习能力相对比较强,也有良好的学习习惯. 总体来说,自主探究学习有利于学生进入深度学习状态,真正形成数学思维,提高数学能力,这是高中数学教育教学未来发展的一个重要趋势.

三、学习小组教学模式

学习小组教学模式有时候也称为合作教学模式. 与自主探究教学不同,学习小组教学模式强调的是若干个学生组成一个学习小组,然后在学习过程中互相探讨,最终实现整体的进步与发展.

学习小组教学模式应用并不是很广泛,然而很有价值. 实际上,在小学、初中阶段以及大学阶段,都非常重视学习小组教学模式,高中因为升学压力大,课程学业任务重,加之上课节奏快,很多时候都不太推崇学习小组教学模式. 然而,在高中数学教学中,它是很有价值和意义的一种教学模式,因为通过学习小组的建立,不同能力层次与观点的学生组成一个学习小组,然后针对一个知识点或者一道题目进行探讨学习. 学习基础相对较好的学生可以负责讲清楚思路(这个过程实际上也是对他们自身能力的一个锻炼与提升的过程);学习基础较差的学生,面对的是同学、同龄人,因此也敢于提问和咨询,可以很好地进步．

尤其是在课堂讨论中，临时组建的学习小组，往往比个体思考能够取得更好的教学效果．一般来说，学习小组的成员三到五人比较合适．当然，学习小组教学模式不仅适合于课堂讨论，也适合学生课后的讨论．在学习小组教学模式下，有人负责组织，也会对学生平时的学习形成一种约束，从而对于教学成绩改善也会产生一定的作用．

从长远角度来看，学习小组教学模式也有助于培养学生的合作意识，这对于他们以后的成长与发展也是颇有价值的．

四、发现式教学模式

发现式教学模式也称问题解决教学模式，是按照美国教育学家布鲁纳针对学生好奇、好问、好动的心理特点提出的教学理论而创立的教学模式．

这种教学模式的特点是有利于学生独立思考和收集、处理有关信息能力的培养，有利于体现学生的主体地位及研究问题的方法，有利于激发学生学习数学的兴趣．发现式教学模式的基本程序是创设情境→分析研究→猜测归纳→验证反思→运用结论．

发现式教学模式主要包括三个环节：

一是提出问题及背景．明确要求教师向学生出示教学问题后，重点讲解教学问题提出的理论或实际背景，帮助学生了解教学问题的学习意义，明确学习目的和要求，进入学习状态．

二是出示问题系列．教师向学生出示围绕教学问题的解决所设计的问题系列，让学生明确问题的条件和问题解决的数学思想方法，然后借助教材，通过观察、联想、发现、解决的学习过程，逐个解决问题系列中的问题．

三是总结解决过程．要求教师根据学生对问题系列解决的情况，总结问题系列解决过程中的经验教训，理顺问题解决的思维通道，并要求学生做出教学问题的学习总结．学生通过总结，系统强化认识过程，形成新的数学认知结构．

发现式教学模式的教学要求：①知识与解题策略准备．授予学生基本知识和基本方法，并通过不断地应用加以强化，注重其中的相互区别与联系，形成一个良好的知识结构；同时，加强教学解题思维策略的训练，考虑基本的解题策略，选择典型的可以被学生接受的例题，进行相应的解题策略的训练．②创设问题情境．精心选择问题，从学生已有的经验出发提出问题，引起学生对结论迫切追求的愿望，将学生置于一种主动参与的位置．③注重教学探究活动．引导学生从整体上把握问题，鼓励学生大胆猜想和运用直觉去寻求解题策略，以及广泛地应用分析、综合、一般化、特殊化、演绎、归纳、类比、联想等各种思维方法，与同学们共同讨论各种成功的解法．④注重培养学生的数学素养．在解题教学中，通过不断揭示数学的简单性、对称性和统一性等美的特征，提高学生对数学解题的兴趣，注重对学生注意力、意志力、灵活性、动机、态度等心理品质的培养．

总而言之，在高中数学教学中，教学模式有很多，教学方法也很丰富，此不再一一赘述．在高中数学课程的教育教学活动中，教师可以根据自己的特点来选择教学模式，甚至在一堂课中同时融合两种及以上的教学模式．只要有利于学生的数学思维与数学能力成长，只要有利于改善课堂教学效果，提高课堂教学效率，使用何种教学方法可由教师灵活掌握．

第 二 章

问题链教学模式

　　问题链教学模式是通过一系列问题来构建一种问题情境的教学模式，让学生在问题情境中去思考、去探索，在学习探究过程中得到发展与进步．在问题链教学模式的提出过程中，波利亚、马赫穆托夫等知名教育学家和心理学家都做出了积极的贡献．波利亚提出了问题解决的四个步骤，即确定问题链→拟订解决问题计划→执行计划→回顾检验；马赫穆托夫则认为问题链教学方式的关键在于创设问题情境，并提出了一系列问题情境的创设方法．实际上，在高中数学的教学探索中，问题链模式是一种常见的模式，它能够引导学生思考，培养学生的思维习惯和思考方式，启发学生智慧．问题链教学模式将一系列问题有机结合起来，使教学内容重难点更加突出，教学目的更加清晰，学生以问题链为线索开展学习、探究，教学主线更加明显，效果更加高效．对问题链教学模式的实践研究可以推动高中数学问题链教学模式不断完善，提高数学教学质量，同时，对其逐步使用与推广具有一定的价值与意义．

第一节 研究背景

问题链教学模式的提出一方面与基础教育的改革背景有关，另一方面与数学本身的学科特点有关.

一、基础教育的改革与发展

重视教育是我国的一种优良传统，特别是基础教育. 从国家和社会层面来讲，教育的目的是培养人，培养社会主义的建设者和接班人，提高国民的整体文化素养和认知水平；从家庭层面来讲，教育是为了孩子的成长，是为了让他们能够明事理、有知识，能够适应社会发展，并成为合格的社会公民.

改革开放以来，中国教育事业虽然取得了巨大成就（已建立了规模庞大的制度、完善的基础教育体系，确保几乎所有的适龄儿童青少年都能够接受正规的基础教育）. 但是，也存在一些不足，如忽视了学生的思维和能力的培养，从而在高素质人才培养方面存在一定的不足. 在世界顶尖人才的培养上，我国与世界发达国家还有一定的差距，因此，钱学森先生才会发出"钱学森之问".

新课程标准的实施推动了基础教育从"知识导向"转型为"素养导向"和"能力导向"，强调以学生发展为本，教育的根本任务是立德树人，重视学科核心素养培养，学生能力思维培养已经成为新课程标准的一项关键内容. 只有真正把教育事业的重心从"育分"转向"育人"，重视学生能力培养，高素质人才的培养目标才会逐步实现，中华民族在世界上的竞争力才会更强.

二、数学学科自身所具有的特点

数学是一门逻辑学科，而逻辑学科最重要的就是推理．通过推理方式来解决现实问题是数学的价值之一．在数学发展历史上，不少数学理论的产生最初都是为了解决现实的问题．例如，平面几何是为了解决长度测量、建筑工程等问题而产生的．很多数学问题和猜想中既有与现实问题相关的，也有纯粹的数学理论问题与猜想．当某个问题或猜想提出来之后，数学家就开始研究探索，围绕问题展开深入的思考，甚至因此创立了各种各样的数学理论体系．因此，从某种意义上来讲，问题意识推动了数学的发展．

问题链教学模式以问题链的方式来推动数学教学，与数学学科的逻辑本质是相符的．实际上，任何数学知识的学习，往往都可以转化为具体的问题；同时，在数学知识的运用上，最终都指向问题的具体解决．

问题在数学、科学中的重要地位是毋庸置疑的，除了数学家哈尔莫斯那句耳熟能详的名言"问题是数学的心脏"外，还有哲学家波普尔的"正是怀疑、问题激发我们去学习，去发展知识，去实践，去观察"．陶行知也说过"创造始于问题，有了问题才会思考，有了思考才有解决问题的方法"等．许多数学家、科学家都提出过类似的观点，此处不再赘述．

因此，如何在数学课堂教学中设置与应用问题，提高教学的有效性就成了数学教学改革与研究中一个十分重要的问题．《普通高中数学课程标准(2017 年版)》颁布实施以来，数学核心素养如何落地生根成为基础教育课程改革的重要命题，这使上述问题的研究更具现实意义．核心素养的培养，需要对基础教育中的学科观、学科教育观、学科学习观进行全面更新．从学科观角度来说，数学学科不仅是数学概念、定理等组成的知识体系，还包括数学学科的研究对象、研究问题、研究方法和思维方式，以及更深层的数学学科所具有的精神．也正是基于这样的学科观，数学学科教育不能仅满足于对现有知识体系的准确传递，还需要以学科知识为载体，让学生看到数学作为一门学科的发展过程以及学科活动的运作方式，感受到支撑起这种运作方式的数学思维与数学精神，以此培养学生的数学关键能力与必备品格．从学生学习的角度来看，仅依靠认真听讲、多做练习题的学习方式显然已无法满足核心素养培养的要求．换言之，核心素养的培养需要学生沉浸式地经历与体悟数学的发生、发展过程，通过问题解决活动感受数学在人类文化发展过程中所起到的重要作用．课堂教学中所设置的问题是学生思考的起点，而问题与问题之间的内在关联则给学生提供了数学思考的基本脉络．事实上，问题驱动的数学教学观念已被我国中小学数学教师广为接受，也经常会采用精讲问题、师生问答等方式开展教学．无论从数学本身还是从教学的相关理论来看，以问题驱动数学教学和学习是有理论依据的，而且其实践也是卓有成效的．但通过对高中数学课堂的调研发现，不少课堂教学中存在给学生留出主动思考的时间过少、问题间跨度过小、提问时机不合适、提问方向欠妥等问题．因此，在这种情况下，推动问题链教学模式不断发展完善就成为一种必要的选择，也是符合数学学科发展要求的．

第二节　概念的界定

在数学问题链教学模式中，问题、问题链以及问题链教学是三个密切相关又容易混淆的概念．因此，对它们的概念与内涵进行界定，有利于推动问题链教学模式的发展与完善．

一、问题的界定

"问题"是一个人们非常熟悉的名词，其一般概念为：现实生活中或者文化科技中遭遇困境时所形成的疑惑与不解，一般问题要求解释或者解决．任何领域都可能存在问题．在教育与学科教学领域，问题是指基于情境设计的，要求做出解答和解释的，且有一定含义与针对性的题目．

数学问题是指数学领域的问题．在数学课堂教学中，数学问题作为一种常见的题目，一般要求学生运用所学习的知识来解答和解释．从某种意义上来讲，问题是数学学习中最为常见的内容．

数学问题可以是与现实场景相关联的问题，也可以是纯粹的数学理论问题．问题既可以是单个的，也可以是一系列相互联系的问题．

对于问题的认知和解决，一般遵循"发现并提出问题—分析和探索问题—总结和解决问题"的逻辑，其中的逻辑是递进的，最终形成一个问题的闭环．

在高中数学教学中，发现和提出问题一般会有专门设计好的问题，学生主要分析和解决问题．当然，在探索和解决问题的过程中，也会呈现出新的问题，这就要求教师对其进行有针对性的分析和解决.

二、问题链的界定

所谓问题链,是教师基于教学目标,根据学生已有的知识或经验,针对学生学习过程中将要产生或可能产生的困惑,将教材知识转换为层次鲜明、具有系统性的一连串教学问题,是一组有重点、有序列、相对独立又相互关联的问题.

问题链也有具体的特点与要求:

首先,问题链必须是一系列问题.这是基本要求,一个问题很难形成问题链,一般至少要两个及两个以上的问题才能够形成问题链.当然,一般都是多个问题才能够形成问题链.

其次,问题链必须有内在的逻辑关系或者外在的形式关联.毫不相关的多个问题放在一起,很难形成问题链.问题链之间必须有一种关联,一般是内在逻辑与外在形式的关联.

最后,问题链通常会呈现一种递进、推进的特征.问题链通常不会在同一个点或者一个层面上反复提出问题,而是会呈现一种递进、推进的特征,从而引导问题的探索不断持续深入.

(一)问题链设计的要求

问题链设计要科学合理,还要注重因材施教,更要有利于问题情境的构建.

1. 设置的问题要科学合理

问题链教学的关键在于问题的设置,如果问题设置恰当,整个教学过程就基本上成功了一半.科学合理的问题设置能够使教学内容合理铺排,衔接得当,能引导学生快速建构知识,吸引学生的注意力,提高学生对课堂学习的兴趣.问题的提出绝不是盲目的、随意的,而是教师在深思熟虑之后,结合学生的实际情况综合分析后提出的.首先,选取的问题要有关联性,要与教材的内容相匹配.这就要求教师熟悉教材内容,明确教学的目的,围绕教学重点、难点,紧扣疑点来选取问题.其次,设置问题要有指向性.教师要在理解知识的基础上把教学内容转化为问题，并以问题的形式呈现给学生．学生在教师的引导下，通过对问题进行分析、思考、讨论、学习，最终把问题解决，也学到问题所承载的相应知识．最后，设置问题要实际化．教师要考虑学生的学习能力，知识跨度、难度不能过大，要让学生"跳一跳"能摘到"桃子"，一定要围绕教学中心内容设置问题且方便学生得到正确的解答．总的来说，要保障教学的质量，教师设置教学问题时就要充分考虑问题的难易程度，要结合学生的情况，合理安排顺序，以达到高质量教学的要求．

2. 因材施教，设计差异化的问题

由于学生在学习基础、学习能力、接受能力等方面存在着很大的差异，因此教师在教学的过程中不能采取"一刀切"的教学方法，而要根据学生的实际情况开展差异化教学．在教学中设计差异化的问题，能够实现因材施教，让每个学生都能获得适合自己的学习方法和学习内容，促进学生的共同进步．教师要从学生"学"的角度来设计差异化的问题，让学生在数学学习的过程中形成有梯度的连续思维活动，灵活地掌握数学知识，发展数学思维．教师在设计数学问题时要坚持层次性原则，由易到难地设计课堂问题，让优等生可以施展自己的聪明才智，让中等生能够得到锻炼，让学困生能够夯实基础．这样，每个学生都能成为课堂参与者，并在问题分析和解决的过程中收获更多的知识，形成一套适合自己的学习方法，提升课堂的学习效率．

3. 创设问题情境，调动学生参与热情

创设教学情境是问题链教学中重要的环节，它可以有效地调动起学生的学习热情，提高学生的课堂学习效率从而提高教学质量．在日常教学中，问题情境创设要有助于学生实现在原有认知的基础上接受新知识，使个体认知结构得到补充和完善，同时，促进学生的心理发展．教师要结合教学内容和学生的学习需求，恰当地创设问题情境，将数学问题置于真实、生动、直观的教学情境中，如此，更容易激发起学生课堂学习的参与热情和探究兴趣．问题情境通常可从两个方面思考：一是从学生的生活环境和生活经验出发，创设生活化的问题情境，将抽象的数学问题转化为生活问题，降低学生的理解难度，让学生在熟悉的情境中自主思考、自主探索；二是高中数学是一门系统性很强的学科，数学知识间有着紧密的联系，很多新知识的学习都是建立在旧知识的基础之上的，教师可以通过复习旧知识来引入新知识，利用旧知识问题对学生进行引导和启发，让学生在回答与旧知识相关问题的过程中过渡到新知识的学习理解，实现新旧知识的完美衔接.

（二）问题链设计的技巧

问题链的设计要讲究技巧，要与知识点、与教学密切相关.

1. 问题链的设计应放在知识传授的"支撑点"上

课堂教学要注重基础知识和基本技能（"支撑点"）的传授，更应该关注学生的学习能力，超越这些"支撑点"，就收不到应有的教学效果. 因此，问题链的设计要目的明确，符合大多数学生的学习能力；整个问题链的层次要分明，有广度、难度、深度，使不同层次的学生在自己的"最近发展区"都能学到数学知识，更使学生能"跳一跳，就摘到桃子". 问题链能使学生带着高涨的、激动的、愉悦的心情投入学习中，对激发学生积极思考、提升学生的学习兴趣、使学生巩固并掌握所学的数学知识有很大的帮助，使数学的学习更加有效.

2. 问题链的设计应放在知识学习的"疑难点"上

现阶段针对很多学生在课堂上"听听觉得都会，做做经常出错"这一现象，通过把学生的数学活动放在知识的"疑难点"上，通过问题链的针对性设计，使学生体验"疑难点"，引起学生的认知冲突，使学生能更准确地认识"疑难点"，激发学生深入思考，使学生不断产生思维的火花、智慧的灵感，突破"疑难点"带来的数学学习上的瓶颈，从而使学生掌握数学的内涵和解决问题的一般方法，课堂教学才会真正有效，课堂才会成为学习的乐园，课堂教学才会收到事半功倍的效果.

3. 问题链的设计应放在知识理解的"模糊点"上

学生在解决数学问题的过程中，容易出现的错误有审题不仔细、概念不清晰、主观臆断等. 因此，问题链的设计要结合学生学习中存在的问题，有意识地在这些方面进行"陷阱"设计，让学生在"跌倒"中成长.

4. 问题链的设计应放在知识转化的"发散点"上

布鲁纳指出，掌握基本数学思想和方法能使学生更易理解和记忆，从而领会数学的基本思想和方法就是通过迁移，通过恰当且适量的"一题多解""多题同解"等发散思维的训练，进行多角度的解题思路分析．问题链有助于学生巩固基础知识，形成知识网络，发展学生的逻辑思维能力，更有助于学生建立数学模型．

（三）问题链设计的常见思路

在高中数学教学中采取问题链提问的方式可以为师生构建一个良好的沟通平台．它对课堂教学目标的实现起着重要的作用，并且可以活跃课堂气氛，在思考中提升学生发现问题、解决问题的能力．

问题链设计常见思路如下．

1. 运用类比思维设计问题链

高中数学解题过程都有较强的逻辑性，知识与知识之间也存在着紧密的联系．在数学教学中应用类比思维设计问题链，能够增强前后知识的联系，将知识进行整合，系统化地呈现给学生．学生在类比思想指导下学习，有利于理解掌握知识．教师应对学生进行合理指导，结合知识的相似性，设计应用类比型问题链，指导学生用已学知识思考和获得未知问题的答案，帮助学生构建知识体系，从而建立知识与知识之间的联系，培养学生的知识迁移能力．

例如，在人教版选择性必修第一册《空间向量与立体几何》教学时，空间向量的定义、坐标、数量积、基本定理等，都可以运用平面向量与空间向量学习过程的相似性类比设计相关问题链．这样，既使学生回顾了之前所学内容，又指导学生对新知识进行了探索，培养学生类比学习的思维品质，对其数学迁移能力的提升也有积极影响．类比型问题链的应用符合现代教育的理念，能够有效促进学生数学思维的发展．

2. 运用逆向思维设计问题链

逆向思维作为数学学习的重要思维方式，也可以与问题链相结合，设计逆向型问题链．笔者发现，学生在解题时采用正向思维解决问题，根据题目中的已知条件，按部就班地解题．这导致学生的数学解题思路单一，遇到以前没见过的问题往往无从下手．很多时候逆向思维比正向思维更有优势．为丰富学生的数学学习经验，教师可以在高中数学课堂教学中为学生设置需要运用逆向思维才能进行解答的问题，培养学生的逆向思维能力，深化学生对知识的理解掌握，进而提升学生的数学核心素养．一般来讲，题型开放是逆向思维题的关键特点，这种题型对学生思维能力的提升具有重要作用．这类题目的开放主要是结论的开放，也就是没有唯一的定论，这就导致了解题策略的开放，可以从多个角度进行解答．教师应对学生进行适当指导，制定、把握好逆向型问题链的设计原则与策略，促进学生思维能力的发展，并提高学生自主探究问题的能力．

【案例】过抛物线 $y^2 = 2px$（$p > 0$）的焦点作一条直线，与抛物线相交于点 A（x_1，y_1），B（x_2，y_2），求证：$y_1 \cdot y_2 = -p^2$．

通过逆向思考可以设计如下问题链：

（1）若 A，B 是抛物线上的点，且 $y_1 \cdot y_2 = -p^2$，是否可以推断出直线过焦点？

（2）若 A，B 是抛物线上两点，是否有 $x_1 \cdot x_2 = \dfrac{p^2}{4}$ 一定等价于 $y_1 \cdot y_2 = -p^2$？

（3）若 A，B 是抛物线上两点，且 $x_1 \cdot x_2 = \dfrac{p^2}{4}$，直线是否仍然经过焦点？

逆向思维问题的提出，可以使学生从不同角度对题目进行思考，进而提升学生的创新思维．为实现这样的教学目标，教师要合理设计逆向型问题链，使学生既能深化对知识的理解和掌握，又能够自主解决一些创新问题．

3. 对拓展型问题链的探究

拓展型问题链指的是教师把对一类问题的思考进行拓展，改变题目已知条件，从而得到相似问题的一种方式，课堂常见表现形式为"一题多变"．教师在设计拓展型问题链时，应注重问题的逐步简化，将问题由复杂转为简单，从特殊问题转化为一般问题．拓展型问题链应用于函数问题是以变量的增减为主要方式的问题，应用于几何问题则主要表现为平面到立体的拓展延伸．高中数学有着较强的逻辑性，因此在进行解题指导时，教师应注重学生逻辑推理、数据分析、直观想象等核心素养的培养. 拓展型问题链既可以拓展学生的思考能力, 让学生构建完整的知识框架, 也能不断提高学生自身的归纳总结能力, 加深学生对数学思想方法的认识.

在核心素养培养要求下, 高中学生的学科综合能力提升已经成为教学的关注点, 问题链的设计应用, 能够调动学生进行思考, 促进学生思维品质的提升. 因此, 教师应发挥想象, 合理设计并制定优质的问题链, 探究其应用策略, 促使学生自觉思考, 乐于探索, 使学习真实发生, 使课堂真正有效.

三、问题链教学的界定

问题链教学是马赫穆托夫、马丘什金等人提出的一种发展性教学理论, 即问题教学. 这一理论体系通过一系列问题构建一个良好的问题情境, 从而激发学生的探究兴趣, 实现良好的教学成长目标. 马赫穆托夫在 1975 年出版了一部专著, 叫作《问题教学》, 其从某种意义上来说奠定了问题链教学模式的理论基础.

问题链教学是按教师为主导、学生为主体的原则, 教师基于教学目标, 根据学生已有知识或经验, 针对学生学习过程中将要产生或可能产生的困惑等形成问题链, 并以问题形式组织的教学.

问题链教学具体包括以下内涵: 问题链是由主干问题组成的; 问题链是有序的; 问题链的预设是多重的 (弹性的); 预设的问题是在师生交互下呈现的; 问题链教学倡导利用主干问题及其关系驱动学生冷静思考、充分表达, 体现学生的思维脉络. 问题链教学表现出目标指向的综合性与高阶性、问题设置的真实性与适切性、问题使用的灵活性与深刻性、学习评价的伴随性等基本特征.

(一) 问题链教学模式创设问题情境的方法

方法一: 通过问题的设置, 让学生直接去面对问题, 运用所学理论解释有关现象以及事实. 任何一个问题的提出都是为了一个问题的解释解决, 而不是没有目的的, 学生也会在问题情境中学会运用知识.

方法二：在实践过程中产生问题情境．学生学习知识的目的之一就是实践应用，实践应用也是对学生所学知识的一种训练与考查．学生在实践应用的过程中，可能会产生疑惑，这便是建构问题情境的一种契机．

方法三：设置问题性作业，即作业的设计本身就是一系列问题，学生需要自己去寻找对应的理论与方法来完成作业．在学习一个新的知识点时，这种问题创建方法运用比较常见．当然，教师也可以设计一些根据学生已有经验无法正确完成的作业，让其意识到自己想要完成作业，就需要去探索新的知识，这也是一种问题情境建构的方式．

方法四：冲突性问题情境．冲突性问题情境是指学生所知道的理论，或者学生的思维范式，与某些现象和概念产生冲突，因为冲突而出现问题，然后基于此问题创建的问题情境．比如，在学习某个数学知识时，学生新接触的知识点与原有认知之间产生了冲突，这就是一种问题情境创建的机会．例如，在平面几何教学中，两条直线的位置关系要么平行要么相交，非此即彼，然而到了立体几何中，两条线既不平行也不相交的情况也有，这就是一种认知冲突，就可以以此构建问题情境，引导学生学习新的知识．

方法五：犯错契机出现的问题建构情境．学生在学习中总会犯错，每一次犯错都有其原因，学生认识了错误，明白了原因，便是成长进步．因此，将犯错当成契机，把其转变为一个个具体的问题情境，则意味着学生能够通过问题情境进行思考，不断成长进步．

（二）问题链教学模式的教学方法

在问题链教学中，实际上存在两种模式的教学方法：第一种模式是"教与学"互动模式下的问题链教学．在该模式下，教师通过信息传递问题，然后基于问题进行师生之间的教学互动，在这个过程中促进学生的进步与发展．这种方法在课堂上比较常用，因为教师通过提出问题的方式，构建一个问题链教学情境，学生在思考回答问题的过程中，会与教师进行交流互动，学生的认知水平、素养能力自然也就得到了提升．实际上，在这个过程中，教师会收获一些益处：教师会更进一步了解学生，从而提升自己的教学能力与水平．

第二种模式就是独立思考与探索的方法．在该模式下，学生能够自己发现问题，然后自我进行探索．这种问题链教学模式强调的是个体思考与研究，如常见的启发式教学法、研究式教学方法都是这种模式．尤其是进入高中阶段后，对于某些基础较好的学生，他们的学习主动性和独立性比较强，因此他们会主动进行学习，然后去进行具体探索，最终实现自己的思维发展．比如，学生自主预习的过程中，发现某些知识点并不清楚，于是花时间将不懂的地方转化成问题，然后以问题为导向进行学习，最终理解掌握知识，并完善知识建构．

（三）问题链教模式的实际意义

首先，问题链教学符合学生的认知规律．建构主义认为，学习是一个主动建构的过程，知识是学习者经过同化、顺应机制而建构起来的经验体系，而认知发展的过程是一个内在结构连续不断的组织和再组织过程，在新水平上整合新、旧信息以形成新的结构．因此，要实现学生知识的主动构建，把学科内容转化成问题不失为一种较好的方法．这种方法可以引导学生主动参与到问题解决的过程中，激发他们独立思考和创新的意识．通过一系列问题，能够很好地激发学生的认知兴趣，从而对其自身认知结构体系产生影响，最终形成新的认知．

其次，问题链教学模式有利于激发学生的学习兴趣．人总是对自己未知的事物充满好奇．当学生对教师设置的问题产生好奇时，他们就会想方设法地提出种种猜想和质疑去寻求问题的答案．特别是一些富有趣味性、挑战性和启发性的数学问题更能极大地激发学生的学习兴趣和学习积极性．问题链是一连串相互关联的问题，它可以起到很好的兴趣激发与探索引导的作用，学生在探索问题的过程中会实现个体的成长与发展．

最后，问题教学模式有利于改变学生的学习方式．学习总是从问题开始的，问题总是与学习相伴的．问题链教学模式就是以问题为驱动，引导学生在开放的学习环境中，主动完成对知识的探索过程，真正做到了"独立思考、自主探究、合作交流"，变被动学习为主动学习，从根本上改变了学生的学习方式．在高中数学问题链教学中，学生在问题链的驱动下，改变学习方式，从被动变为主动，这是很有价值的．通过问题启发诱导，学生参与整个教学过程，在问题研究和问题解决中体会数学概念和数学规律的形成过程，加深对知识的理解，提炼出基本的数学思想和方法，感悟数学无穷的魅力．

第三节　现状分析

问题是数学的心脏，也是数学教与学的心脏．问题链教学是对问题式学习的聚焦式深化，也是对问题式学习的内涵式拓展．为了深入研究高中问题链教学，需要厘清问题式学习和问题链教学的关系，同时，对于问题链教学的研究，很多专家学者也有不少的观点值得思考与借鉴．

一、从问题式学习到问题链教学

从当前的研究来看，对问题式学习的认识包含了一些本质属性．

首先，问题式学习的目的不仅仅是使学生拥有知识基础，更要发展学生解决问题的能力和批判性思维等高阶思维能力以及终身学习、自主学习的意识与能力．

其次，问题式学习以问题为载体，让学生处于问题情境中，经历问题解决的全过程．

最后，问题式学习以个人独立与小组合作学习为途径，使学生投入问题的研究，并在这个过程中产生学习议题，开展自主学习，解决问题、建构新知．

基于此，问题式学习主要具备以下特征：

一是在学习假设上，强调让学生在面对问题时开展主体性思考，根据问题确立学习议题并展开学习，在解决问题的过程中建构知识．

二是在学习目标上，不仅强调对文化知识的学习，更强调发展高层次思维能力、自主学习能力及合作交流能力．

51

三是在学习载体上，强调为学生提供承载知识的问题，可以是有现实意义的、体现跨单元甚至跨学科的综合性问题和非良构性问题．

四是在学习过程中，强调问题驱动性、自主性、探究性与合作性．

受到数学学科特点以及我国以学科课程为主的课程组织形态等的影响，问题式学习在数学教学中也面临一些困难，需要做出适当的改变，尤其是以下三个方面：

首先，数学学科以逻辑严谨、结构清晰等特点著称．数学结构所体现的数学对象间的内在关联反映了数学学科的基本思维方法，而问题式学习则着眼于利用实际问题组织教学，将学科知识隐含于问题解决的过程中．要想处理好数学学科知识的系统性与问题式学习中利用实际问题组织教学而带来的随机性之间的矛盾，就需要在数学教学中设计体现数学思维脉络的问题，让学生有机会借助其逻辑，思考建构起知识体系．

其次，数学发展在很大程度上是由问题驱动的，但是并非总是由综合性、非良构性问题引发的．具体地，一些数学知识是在对相近问题的类比推理或者对具体问题的归纳推理中形成的．比如，将二维空间中的几何问题类比推广到三维空间中的几何问题；通过对多边形的分类，归纳抽象出某种几何对象的本质属性，进而形成概念．因此，数学学习中的问题不一定局限于综合性、非良构性问题．

最后，有些学者对问题式学习和问题式解决学习中的问题功能进行分析后指出，前者是知识发生性问题，而后者是知识延伸性问题，但是在数学学科中，这两者间的界限并不十分清晰．具体而言，数学研究往往通过解决问题建构新的知识，因此表现出知识发生性特点，但是问题解决的过程又是对已有知识应用的过程，因此又表现出知识延伸性特点．比如，通过研究解决"圆的一周有多长"这一问题，建构了圆的周长公式，产生了新的知识；同时，在解决这一问题的过程中，应用了极限思想、化归方法以及多边形周长的概念和计算公式等已有策略与知识，从而表现出对已有知识的应用．

数学问题链教学正是在上述思考的基础上提出的．也正是从这个角度看，数学问题链教学既是对问题式学习的聚焦式深化，即进一步聚焦问题间的关系以及思维脉络，又是对问题式学习的内涵式拓展，即重新认识良构性问题、延伸性问题在教学中的价值.

二、数学问题链教学的研究与内涵探索

对于数学问题链教学的内涵认知，目前，专家们有以下认识和观点：

有人认为，问题链是教师根据教学目标和学习情况，将教材知识转化为具有层次性和系统性的一组教学问题序列. 这种观点与思维强调的是问题链与教学的深度融合.

有人认为，问题串（与问题链相近的一个概念）是围绕同一主题且具备明确目标指向的问题系列，其中的每个问题都围绕目标发挥各自的功能，是思维链条的路标和思维方向的指引. 这种观点与思维则强调了目标指向性.

也有人认为，数学问题链是数学知识结构的表现形式，是对数学问题不断深化、推广，逐次引申、综合所形成的具有内在联系的若干问题，兼具收敛性和发散性的数学思想方法. 这种观点将问题链视为数学方法，从结构层面来谈问题链教学.

还有人认为，数学问题链是数学教学中围绕某一问题进行渐进式、全方位的设问而形成的一连串问题，具有指向明确、思路清晰、内在逻辑性强等特点. 这种观点则是强调问题链的递进性和整体性特征.

从以上观点可以看出，对数学问题链内涵的认识有一些基本共识：问题链是由多个问题所组成的；问题链中的问题是有联系的，而非散乱的；教学目标、学科思维以及学生认知是确立问题链的三大基点.

根据以上的观点，结合自己的思考，笔者认为：问题链教学是按教师为主导、学生为主体的原则，教师基于教学目标，根据学生已有知识或经验，针对学生学习过程中将要产生或可能产生的困惑等形成问题链，并以问题形式组织教学. 它利用问题链中的问题驱动学生深入思考、建构知识，在解决问题的过程中积累数学活动经验并体验数学的基本思维方法，在具体教学中倡导给学生

"冷静思考的时间"和"充分表达的机会",具体包括以下内涵:

第一,问题链是由主干问题组成的,即问题链中的问题是反映数学知识发生、发展以及问题解决过程的处于核心地位的关键问题. 比如,面对"运动员在10m跳台上跳水,请根据起跳时间与离水面的高度之间的函数关系图,判断运动员在不同时刻高度变化快慢"这一情境任务,可以设计如下问题:

(1) 如何刻画高度变化快慢?

(2) 以两个具体的时间段 $0 \leqslant t \leqslant 0.3$,$0 \leqslant t \leqslant 0.5$ 为例,怎样比较两个时间段高度变化快慢?

这里,问题(1)将情境任务转化为需要探究的关键问题,既为问题解决提供了方向,又为学生思考提供了空间,因此可以作为问题链中的主干问题. 而问题(2)则将情境任务转变为非常具体的问题,直接让学生去比较两个时间段的高度变化率,这就把学习重心转向了求解,而非探索问题解决的思路,因此不能作为问题链中的主干问题. 当然,在教学中,教师可以根据学生的情况对设计的问题链做适当的调整,在主干问题的基础上增加辅助问题(子问题). 比如,上面的问题(2)即可作为问题(1)的辅助问题.

第二,问题链是有序的,即问题与问题之间是有关联的,是整体性的,而非散乱的、碎片化的. 数学问题链教学试图为学生提供数学思考的基本脉络,使学生有机会模拟数学家的思考过程. 因此,这里的"序"以体现基本数学思维为目的.

第三,问题链是在课外预设的,但并非线性的. 预设性是学校教育的典型特征,因此主要用于课堂教学的问题链也是在课外预设的. 但为了给学生提供多维思考的空间,教师的预设往往是多重的(弹性的). 比如,高中阶段用类比思想研究等比数列时,可以提出一个问题:"等差数列是一个特殊的数列,从第二项起,每一项与它前一项的差都等于同一个常数. 类似地,你还能找出哪些特殊的数列?"面对这个问题,学生除了提出等比数列之外,还很可能提出等和数列、等积数列. 因此,在预设问题链时教师需要思考:如果学生提出等和数列、等积数列,该如何设置后续的问题? 所以,问题链在预设时,不能是完全线性的，而应尽可能地对有价值的思考方向及其问题做出预设．

第四，预设的问题是在师生交互下呈现的．这是指在课堂中，问题链的问题并不是原封不动地由教师逐个呈现给学生的，其呈现顺序、呈现跨度、呈现方式甚至呈现内容等都会因实际情况而做出调整．在问题链教学中，师生之间必须通过有效互动，才能够真正体现问题链教学的特点与本质．

第五，问题链教学倡导利用主干问题及其关系驱动学生冷静思考、充分表达，体现思维脉络．在课堂上如何设置数学问题以及如何利用数学问题推进教学过程，是数学教学需要研究的问题．师生问答是当前数学课堂中常见的教学行为．但需要注意的是，并不是课堂上有了数学问题或用了问答的教学方式，就能称为问题链教学．首先，问题链教学强调通过问题为学生提供数学思考的载体．数学学习需要沉思与体悟，缺乏冷静的独立思考的数学学习是浅层次的．当然，学生思考的结果往往是内隐的，有时甚至是混沌的，而表达是学生将思考所得、所悟外显的过程，也是进一步梳理思维的过程．能够引发学生思考并且需要学生表达的数学问题往往不是一目了然的，而是具有一定深度和启发性．因此，问题链教学倡导的并不是小部分的师生问答，而是利用"大问题"驱动学生的冷静思考、充分表达．其次，问题链教学试图通过"链"为学生提供数学思考的脉络，使学生在脉络化的思考中体验并学会基本的数学思维框架与思维方法．因此，问题链教学倡导的并不是简单地设置多个问题，而是通过多个问题体现一定的思维脉络．

三、数学问题链教学的基本特征

（一）目标指向的综合性与高阶性

数学问题链教学不仅关注基础知识与基本技能的掌握，更关注数学知识结构的深度理解、数学基本思想方法的领悟、数学基本活动经验的积累，由此形成用数学眼光看待世界、用数学思维思考世界、用数学语言描述世界的数学能力．也有研究将这样具有丰富性、综合性与高阶性的目标概括为学会"像数学家一样思考问题"．我们认为，"像数学家一样思考问题"的教育意蕴不在于数学知识的精深程度，而在于对数学知识的深刻理解以及数学家思考问题时的角度、方法、思维品质及其背后的数学精神两大方面：

一方面，对数学知识的深刻理解反映到数学学习中，即要求学生对数学知识的理解不是"掐头去尾留中段"的，而是知道数学知识的来龙去脉，明白数学知识的源与流．只有这样理解知识，才能学到"活"的知识、可以灵活运用的知识，也才能认识到一个个知识是数学发展过程中的一个个节点，认识到知识与知识之间是有内在的发展脉络的．因此，数学知识理解的过程是学生构建认知的过程，而理解的结果则是学生认知构建的意义．

另一方面，在数学教育中，要让学生感受学科的数学精神及其背后探寻知识的科学研究精神．正如日本著名数学家米山国藏所指出的，应将应用化、扩张化与一般化、组织化与系统化、研究与发明、统一建设以及严密化等六方面的数学精神，以及由精神产生的数学基本思想和为实现思想形成的数学基本方法，铭刻于学生头脑中，并使之活跃于学生的日常学习中，这才是真正的教育旨趣．

（二）问题设置的真实性与适切性

在问题链教学中，问题是核心要素，启动了学生的学习；而问题与问题之间形成的链是一种思维链，为学生的数学思考提供了基本的脉络．因此，问题链中的问题设置是否合理成为问题链教学是否有效的关键因素．从问题链教学的目标来看，一个好的问题至少需要具备真实性与适切性两个方面的特征．

问题的真实性表现在情境的真实性上．当然，情境真实性的表现是多方面的，既指情境本身来自真实世界，也指情境反映了数学发展过程中的真实脉络．数学教学尤其需要关注后者的价值．因为随着数学的发展，其抽象性越来越强，构造性越来越明显，与现实世界的联系也变得更加疏远，但这体现了数学的本质特征在于充分的思考自由．比如，虚数尽管在当今有着广泛的应用，但在最初是为了解决有些方程无实数根的问题而构造出来的．在教学虚数时，教师也可以创设类似的情境，让学生模拟数学发展的过程．这样的数学发展脉络，尽管并非来自现实世界，但对于数学本身的发展来说是真实的．

问题的真实性还表现在情境的相关性上．一方面，问题源于情境，即问题是在情境中自然产生的，而非人为植入的．另一方面，问题解决需要借助情境信息，而对有关信息进行适当处理，以便问题解决．例如："某病人第一天服 5 滴药，以后每天增加 5 滴药；当剂量达到一天 40 滴药时，坚持 3 天；然后每天减少 5 滴药，最后一天服 5 滴药．如果每瓶药 20 mL，也就是 200 滴药，那么该病人应该买几瓶药？"

问题的适切性是指问题适合学生的思维水平，能驱动学生的思考．这一方面要求问题能让学生"够得着"，使数学思考得以展开．问题链教学试图让学生像数学家一样思考数学问题，但并非让学生思考数学家思考的问题，对数学思考的问题需要做教学的转化，使之适合学生的思维水平．另一方面则要求主干问题之间有思维跨度，使学生有自主思考的空间．因此，问题链教学需要教师根据学生的学习情况预测学生的"最近发展区"，据此设计主干问题．也正因如此，一节课的主干问题不宜过多，辅助问题的设置更不能过于琐碎，否则会压缩学生思考的时间、空间．

问题的适切性还指问题适用于引领学生感悟基本的数学思维方法．"数学教学的本质是数学思维活动的教学……从学生的思维出发，引导学生积极地思考，让学生沉浸其中，体验过程，享受数学思考的乐趣，达到对数学内容的深刻理解．"因此，问题链教学需要通过问题之间的关系反映基本的数学思维方法，让学生在一个个有序的问题解决过程中感受基本的数学思维方法，学会用它提出新的问题．

（三）问题使用的灵活性与深刻性

在问题链教学中，问题使用表现出灵活性与深刻性两个特征．

问题使用的灵活性具体表现在问题呈现的内容、方式以及顺序等方面．问题设计时，教师会尽可能地利用基本的数学思维方法对原有问题进行延伸、拓展，并根据教育价值尤其是教学目标做出选择．而问题使用中，则应让学生在一个问题研究的基础上，利用基本的数学思维方法提出新的问题，从而使学生有机会经历数学问题的延伸与拓展过程．也正因如此，教师设计的问题链与学生课堂上的真实反应常会出现差异．比如，预设问题的顺序及其体现的思维与课堂的真实情况不相符、预设问题的挑战程度与学生的认知水平不匹配等．这就需要教师对问题内容、方式以及顺序等做出灵活的调整．其实，这与问题链的预设强调多重性的思路是一致的．

问题使用的深刻性是指问题要被充分使用，要给学生提供深入思考的时间与空间．一方面，教师要为每个问题的思考留出足够的时间，引发学生的深层思维；另一方面，教师要为学生的思考提供充分交流的机会，使他们对问题的探索更为全面、深入．

（四）学习评价的伴随性

在问题链教学中，教学从问题开始，由问题推动，以问题结束．在问题的解决过程中，应用旧知拓展建构新知；又在问题的进一步拓展中，应用新知识．而在不断提出问题、解决问题的过程中，又不断评估学生的学习状况．因此，学习评价的伴随性是数学问题链教学的另一特征．

综上所述，数学问题链教学作为一种教学模式，其目标取向和过程认知等都为学生数学核心素养的培养提供了路径．未来，我们还需围绕数学核心素养培养这一新要求，在理论与实践两个层面做出进一步的探索．

第四节　理论基础

在问题链教学模式中，其理论基础主要是建构主义、"最近发展区"和信息加工等理论．对于问题链教学，了解其理论基础，有助于更好地在教学中应用这一模式．

一、建构主义理论

建构主义理论又称认知建构理论，它是现代教育的基础理论之一，代表人物有皮亚杰等．建构主义理论认为，学生的学习过程并非被动地接受知识，而是基于自身的认知去了解和建构知识，最终实现自身知识建构的过程．

在建构主义理论体系中，个体认知存在"平衡—不平衡—平衡"的状态．学生在平时的状态下，自身认识体系是处于平衡状态的；当他们接触到新知识时，原有的认知平衡被打破，个体认知体系呈现不平衡的状态，经过对知识的学习和掌握，又重新回到一个平衡的状态．个体的知识建构实际上就是"平衡—不平衡—平衡"的不断循环，让个体的知识体系不断得到丰富．

在建构主义理论中，学生要想实现知识的建构，必须基于自身主动的思考与探索，而不是直接接受外界信息．从这一角度出发，学习是一种主动行为，而不是一种被动行为．如此就可以解释在现实中，有的教师教得很累，然而学生学习兴趣不浓、学习效果不好的现象了．因为教师"教"的过程实际上是一种信息输入，它能够给学生提供一种新的认知信息刺激，打破学生的认知体系平衡．在这个过程中，学生暂时并没有启动自身思维，因此也就没有实现对知识的建构．只有学生接收到信息之后，通过思考对信息进行加工，然后了解信息，将其纳入自身的认知体系，才算是完成了认知建构，从而建构起一轮新的平衡．学生通过思维加工建构信息的过程是认知建构的关键，只有通过这一过程，知识才能真正变成学生的认知与能力，从而真正推动其认知能力的发展．

以高中数学为例，学生在学习导数之前是没有相关知识背景的，因此在个体的认知建构中是没有这方面内容的．当学生刚接触导数教学内容时，它已有的认知建构体系是无法了解导数知识体系的，因此原有的认知平衡体系被打破．然而学生通过一系列的学习，掌握了导数的概念、特点以及应用技巧等，这就是一个认知建构过程．经过这个认知建构过程，导数知识也就被纳入了学生的认知体系，学生的认知体系也就重新建立起了一种平衡状态．

在认知建构过程中，存在顺应和同化两种具体方式．同化是认知结构不发生改变，外界刺激直接纳入原有的认知结构，是量变；顺应是当我们不能解释这个现象时，从而改变认知结构接受知识，是质变．顺应属于知识体系建构的内容丰富，而同化则属于知识体系建构的领域拓展．比如，在高中数学学习"解三角形"部分的内容时，学生在初中阶段就已经学过部分三角形的知识，了解了部分特殊三角形的边角计算方式，若是讲解的知识点依旧转化成特殊三角形，则学生可以通过同化的方式，让自身已有的关于三角形的知识体系建构进一步丰富；然而到了高中阶段的"解三角形"，则强调的是一种普遍性的计算方法，因此对于学生来说则是新的模式，使用已有的认知建构体系是没有办法对其进行建构和认知的，这就需要采用顺应方式，重新在认知体系中补充相关知识内容，最终建立起与之相关的内容认知体系．

在数学教学中，高中生认知体系的建构与三个因素相关：一是已有的知识文化基础．一般来说，学生的知识文化基础越牢固，越丰富，也就越意味着已有的认知体系越充实，学生在进行新的知识建构时，也会越轻松、越高效．二是学生的思维能力．每个学生的思维能力与水平是有差别的，思维能力越高，建构处理信息的能力也就越强，最终完成认知建构的速度与效率也就越高．三是学习的态度．这一点很容易被忽视，实际上很重要，若是学生愿意主动进行知识建构，则知识建构的丰富程度也会更好．在数学教学现实中表现出来的情况为：学生的学习基础越好，数学思维能力越强，或者学习数学的兴趣越浓，主动性越强，他们一般在数学学习中会有越好的表现．

建构主义理论是问题链教学模式的基础理论之一，教师采用问题链的设计，实际上就是为了给学生提供信息刺激，打破学生已有的认知建构体系的平衡；学生根据问题链的引导，主动进行问题的研究与探索，这就是在尝试拓展自身认知体系，从而追求一种新的平衡．比如，教师提出如下问题链：什么是对数函数和指数函数？对数函数与指数函数有什么特点？两者在现实中有什么具体应用案例？两者之间的关系是什么？通过一系列问题，学生意识到这是一个新的知识领域，自己原有的认知体系中并没有相关的知识，于是就从概念定义开始学习，然后想办法了解其特点，找出两者之间的关系，并且通过一些案例题目去探索两者在现实中的具体应用．在一系列问题的引导下，学生最终完成了关于对数函数与指数函数的认知建构，在个体认知体系中就有相关的内容了，以后遇到类似的数学题目，就可以运用已有的认知体系对其进行进一步分析．当然，对数函数与指数函数的内容很多，学生在学习中会接触到很多相关的题目，因此学生相关的认知体系也会不断丰富充盈，最终对其理解越来越深，解析起来也越来越得心应手．

实际上，学生认知体系的建构不仅是知识本身的建构，也是思维方法的建构．不少高中生之所以数学能力强，不仅因为他们基础知识牢固，而且因为他们掌握了比较多的数学方法．在遇到数学问题时，他们能够随时基于对题目的解析，从自己的认知体系中选择合适的数学方法对其进行解答．在现实中，很多数学问题学生都是没有见过的，但是相关类型的题目见过，相关的数学方法见过，学生就可以根据已有的知识对其进行分析解答，这就是建构主义同化过程的体现．只有在学习新知识与新方法的时候，才会更多体现顺应的过程与价值．

二、"最近发展区"理论

"最近发展区"理论是著名心理学家、教育学家维果茨基提出的一个理论．

他认为在学习的过程中，存在一个"最近发展区"．"最近发展区"位于学生当前的学习能力水平与未来能够达到的学习水平之间的区域．

任何一个个体的"最近发展区"都是不一样的，作为教师，发现和确定学生的"最近发展区"是有效开展教学活动的一项基本要求．在教学活动中，若是教师把教学追求定位在培养学生当前的学习能力水平上，那么学生虽然可以很好地完成教学任务，但是却没有实现成长；在教学活动中，若是教师的教学追求定位远远超过了学生的"最近发展区"，则学生会感觉很难，从而可能会选择放弃成长．"最近发展区"是学生通过努力可以达到的近期目标，然而其最终指向则是学生发展的远期目标．每一个学生的"最近发展区"并不一样，因此找准学生的"最近发展区"也是教师因材施教的一个基本前提．

对于"最近发展区"理论，有一个比较形象生动的说法，那就是"跳一跳能够摘到桃子"，其中，"桃子"意味着学习目标，"跳一跳"意味着学习活动，只有"跳一跳能够摘到的桃子"，学生才有信心与兴趣去摘，若是"桃子"长得过高，也就是预期目标定得过高，学生跳起来也摘不到，这就是目标定得不合理了；若是不用跳就可以摘到"桃子"，学生根本就不跳，也就意味着学生没有学习活动的开展，自然也就不会进步了．对于学生来说，在自己的"最近发展区"，有一种看得见的努力，也容易产生一种成就感．

"最近发展区"是不断变化的，当学生学好了一个知识点之后，这个知识点领域就成为学前具备的学习能力区域，然后教师就要进一步推动学生进入下一个"最近发展区"，这是一个步步推进的方法和原则．

在问题链教学模式中，问题链设计遵循一个循序渐进的递进原则，体现出一定的层次性特征，这与"最近发展区"的教育理念是深度契合的．每一个问题的提出都引导和推动学生朝着"最近发展区"进步．

比如，在学习数列的知识点时，在刚接触的时候，学生需要了解的是什么？是数列这个概念，以及数列有什么特点，因此相关的问题链设计也就围绕这一情况展开．在学习了解了数列基础知识之后，就开始学习数列的类型，如等差数列、等比数列，以及这两种数列的性质特征．再进一步，就需要对数列进行求和了，这些知识与其余的内容相结合，最终变成一些有难度且比较复杂的题目，这就要求学生重视对数列解题技巧的学习和探索．

三、信息加工理论

信息加工理论是著名心理学家加涅提出的．这个理论具有很强的综合性特征，融合了行为主义、认知主义，乃至人本主义等．

根据信息加工理论，人的学习过程实际上就是信息加工的过程．

信息加工分为三个阶段：信息刺激—信息编码—信息存储与提取．当个体接收到外界的信息刺激之后，就会在内部启动信息编码机制，判断所接收的信息刺激是否能够被个体已有的体系解析．若是能够被解析，则可以顺利进入编码程序；若是不能被顺利解析，就需要重新进行编码．经过编码之后，意味着信息已经融入了个体的认知体系，最终存储下来，成为个体的认知．个体在需要解释某些问题的时候，或者说在接收到下一次信息刺激的时候，就会根据信息刺激的内容与方式，来提取相关的编码内容对其进行解析，又重新开启一轮信息加工过程．

在信息加工理论中，个体被视为一种具有加工机制的实体，学习认知过程是对信息的一种具体加工过程．将这个理论与问题链方式相结合，提出问题实际上就是提供一种信息刺激，激活学生的信息加工机制；分析、探讨问题则是对信息进行编码，即个体运用所学的知识，或者运用自己的思维对信息进行加工；最后就是将问题探索中所得的结论、所培养的思维存储在个体认知体系中，在遇到对应的问题刺激时，再一次发挥作用．

问题链是逐渐推进和递进的，加工信息理论也具有类似的特征．

第五节　问题链驱动下的高中数学深度学习

为了更好地引导学生进行深度学习，落实核心素养培养，中学数学教师可以基于问题链教学模式引导学生进行探索思考，让学生在问题链的引导下，逐步深入探究数学问题，最终达到深度学习的目的．

一、问题链驱动与深度教学

（一）问题链驱动

问题链侧重情境的完整性、结构的逻辑性和衔接的关联性．数学知识需要转化成教育形态的问题链，以演绎知识建构到重构的关键环节和智慧路径，驱动学生理解知识的本质，并最终超越具体知识，内化为关键能力，丰盈理性精神．教师在教学中引导学生经历知识的"再创造"过程，激发学生用"火热的思考"去理解数学知识的问题与意义，这是知识的教育形态，即注重个性建构和数学化．

问题链驱动下的数学教学路径，即将零散的、模糊的和机械的问题点有机整合成相对系统的、清晰的和灵动的问题链，通过点的有效突破、层层递进和建构完善，驱动学生经历知识生长的全过程，这从设计的层面为知识的重构做好了铺垫．对于转化过程遵循的原则，不但要做到情境的完整性、结构的逻辑性和衔接的关联性，还要做到情境设置服务学习内容，结构编排遵循认知规律，衔接紧扣知识生长节奏，这些从策略层面为知识的重构保驾护航．转化的效果从如下方面进行评估：从学的角度看，主要观察学生是否经历心动想学、生动表征和灵动内化的过程；从教的角度看，主要考量教师所处的教学境界：第一种是简单地将教材中的知识搬运给学生，教学出于传授的本能；第二种是针对知识本身，引入媒体手段、方法技巧和资料补充等，教学展现解惑的本领；第三种是基于知识的本质理解，教学演绎知识建构到重构的关键环节和智慧路径，并最终超越具体知识，驱动学生内化关键能力和丰盈理性精神．

课堂教学中的问题驱动是教师设计一系列环环相扣的数学问题来驱动课堂教学，分层次地驱动学生进行数学知识学习，使学生的思维经历具体到抽象、再抽象的过程，从而使学生运用知识时不但"知其然"也"知其所以然"，让学生在好奇心的驱使下逐步逼近数学的本质．

（二）问题链驱动下的深度学习

深度学习属于一种新兴的教育模式，近些年来得到了广泛应用．当下，国内外学者对深度学习的理论内涵至今没有得出一个统一的结论．黎家厚教授说：深度学习指的就是学生在对自身所学的知识完全理解之后，对新的知识、思想进行批判性的学习，然后将其纳入自己的知识结构，针对问题做出相应的决策，让其得到有效的解决．安富海教授说：深度学习是在理解的基础上进行的学习，学习者在整个学习的过程当中，把解决实际的问题当作基本目标，对知识中所包含的内容进行具体整合，对新的知识和思想开展积极的、主动的、批判性的学习．深度学习就其整体而言就是学习者在对知识理解的基础之上，开展的深度学习的一个过程，在学习方面属于一种全新的模式．在课堂教学中问题链教学模式就是教师在实际教学的过程当中，通过问题来驱动学生在学习时进行深度思考．

在问题链驱动下进行深度学习，应注意如下两点：

第一，在问题链驱动教学中，核心问题的准确提炼和"再加工"．首先，如果我们对核心问题的提炼不够准确，即集中到某些枝节问题或次要环节，真正的重点与关键就不可能得到凸显，相关的教学也就必定是一种"浅度教学"；其次，在确定了核心问题后，我们应由单纯的"教什么"转向"怎么教"，即应当进一步去思考如何能够通过"核心问题"的再加工更好地激发学生的好奇心和探究欲望，这正是数学学习的根本动力．更一般地说，教学中我们应很好地处理预设与生成之间的关系，包括提出这样一个更高的要求：不应满足于由教师提出问题，还应努力提升学生在这方面的自觉性，并使其逐步养成提出问题的习惯与能力．

第二，问题引领与驱动不仅应当体现于课堂教学的开始部分，也应落实于其他各个环节，不同环节应有不同的重点．具体地说，课堂教学中，我们应聚焦于核心问题的提炼与"再加工"；在中间环节，除去核心问题的明朗化与"再聚焦"，我们应特别重视如何能够通过追问、反问与提出新的问题促进学生更深入地进行思考，包括引导学生从"元认知"的角度做出新的分析和思考等；同时，要设置适当的问题引导学生在课后继续思考，也要重视引导学生对学习过程进行总结与反思，从而很好地体现教学的开放性．

由此可见，在高中数学教学中，问题链驱动能够促进深度教学的发展．

二、问题链教学模式推动高中数学深度学习的发展

（一）依托问题链，引导学生深度探索数学的本质

在数学课堂上，问题是加强师生互动的重要媒介．对数学问题的设计，不能是孤立的，而应该具有鲜明的目的性．深度学习能促进学生数学高阶思维的发展，与问题链教学使思维"浅入深出"理念相契合．以数学概念探究为例，教师可从概念的抽象性引入问题驱动，帮助学生挖掘概念的内涵与外延，从而促进学生对数学概念的深度学习．

例如，在"椭圆及其标准方程"的椭圆定义的教学中，我们可以按以下顺序设计问题链：第一，回顾圆的定义及其标准方程．第二，探究把"到定点的距离等于定长"变为"到两个定点的距离之和等于定长"时，符合条件的点的轨迹是什么？第三，引导学生做实验，探索点的轨迹．第四，探究当两个定点的距离恰好等于定长时点的轨迹．第五，探究当两个定点的距离小于定长的点的轨迹．结合前面的问题引领，让学生从圆的轨迹，回顾满足圆的条件，再通过拓展学生数学思维，让学生思考椭圆的定义．学生从圆的定义联想到椭圆，

从其条件变化自主探索椭圆的定义，再次变换两定点距离与定长的关系，使学生更加深刻地认识椭圆的轨迹，对其定义也有更好的认识. 可见，问题链的设计，将相互关联的问题组合在一起，顺应学生的数学认知规律，并能够很好地启发学生自主探究，深入思考数学概念及其成立的条件.

（二）注重问题链的层次性，推动数学深度思维培养

设置有效的问题链，将会促进学生进行思维发散，理解数学的本质，从而达到深度学习的目的. 面对数学课堂教学中的重难点问题，设置层次性问题链，可以加强师生互动，化解学生学习的困惑，深化学生对知识的认识. 所谓的层次性问题链，就是将问题以分层方式来逐级呈现，有助于降低学习难度，又能紧扣重难点，让学生逐步深入地进行数学认知，实现数学深度思维的培养.

例如，在《二项式定理》的复习中，我们按照基础类、方法类、能力类等层次来设计问题链.

【案例】

基础类：

1. $\left(x^2 + \dfrac{1}{x}\right)^6$ 的展开式中 x^3 的系数为_____（用数字作答）.

2. 若 $\left(ax^2 + \dfrac{1}{x}\right)^6$ 的展开式中 x^3 的系数为 20，则实数 a 的值为_____.

方法类：

3. $(x-1) - (x-1)^2 + (x-1)^3 - (x-1)^4 + (x-1)^5 - (x-1)^6$ 的展开式中 x^3 的系数为_____.

4. $\left(x + \dfrac{a}{x}\right)\left(2x - \dfrac{1}{x}\right)^5$ 的展开式中各项系数之和为 2，则展开式中常数项的值是_____.

能力类：

5. 已知 $(1 + 2x)^4 = a_0 + a_1 x + a_2 x^2 + a_3 x^3 + a_4 x^4$，则 $a_0 + a_2 + a_4 =$ _____.

6. 已知 $(1 + 2x)^4 = a_0 + a_1 x + a_2 x^2 + a_3 x^3 + a_4 x^4$，则 $a_1 - 2a_2 + 3a_3 - 4a_4$

$= \underline{\hspace{3cm}}$.

我们在问题链设计上，将层次性问题进行衔接，让学生从简单的问题入手，逐步深入推进，由浅入深地对二项式定理进行全面的理解和认识，从而提高学习效率.

利用深度学习的理念去指导高中数学教学，需要教师认识到数学知识建构的复杂性，认识到需要尊重学生的认知规律. 从核心素养培养目标来看，数学课堂深度学习要从对数学知识的理解转换为对数学技能的灵活运用. 分层性问题链的设计遵循学生数学认知螺旋上升的思维规律，便于在问题链中加强学生自主学习、合作探究，让学生体悟数学中的思想.

（三）优化问题链，深度发展学生数学解题思维

问题链的设计与应用在问题选择、承接上要兼顾与数学思维的融合，让学生能够从思维梯度上抓住解题要点，拓展数学思维，提高解题能力. 对于问题链中的问题，要具有启发性. 当学生的认知发生冲突时，教师要善于点拨，引导学生从困惑中反思，去发现解题的症结，增强学生自主纠错能力. 问题链的设计，其重要目标在于对深度教学的达成. 深度教学要让学生深刻理解数学知识，把握数学知识的结构性、整体性. 教师应通过问题链，引领学生从已知探索新知，鼓励学生大胆猜想，积极探索，灵活运用数学思想来解决数学问题.

例如，在学习函数最值的问题时，有一类"存在""任意"的问题，学生很难理解掌握，经常分不清，无从下手. 教师可以通过一系列相似的问题，引导学生区分问题，理解、掌握解决问题的方法. 笔者设计的问题链情境及相关的问题是这样的：

【案例】

1. 已知函数 $f(x) = x + \dfrac{4}{x}$，$g(x) = 2^x + a$，若 $\forall x_1 \in \left[\dfrac{1}{2}, 3\right]$，$\exists x_2 \in [2, 3]$ 使得 $f(x_1) \geqslant g(x_2)$，求实数 a 的取值范围. $[f(x)_{\min} \geqslant g(x)_{\min}$，解得 $a \leqslant 0]$

2. 已知函数 $f(x) = x + \dfrac{4}{x}$，$g(x) = 2^x + a$，若 $\forall x_1 \in \left[\dfrac{1}{2}, 3\right]$，$\forall x_2 \in [2, 3]$ 使得 $f(x_1) \geqslant g(x_2)$，求实数 a 的取值范围. （$f(x)_{\min} \geqslant g(x)_{\max}$，解得

$a \leqslant -4$)

3. 已知函数 $f(x) = x + \dfrac{4}{x}$，$g(x) = 2^x + a$，若 $\exists x_1 \in \left[\dfrac{1}{2}, 3\right]$，$\forall x_2 \in [2, 3]$

使得 $f(x_1) \geqslant g(x_2)$，求实数 a 的取值范围. $\left(f(x)_{\max} \geqslant g(x)_{\max}，解得 a \leqslant \dfrac{1}{2}\right)$

4. 已知函数 $f(x) = x + \dfrac{4}{x}$，$g(x) = 2^x + a$，若 $\exists x_1 \in \left[\dfrac{1}{2}, 3\right]$，$\exists x_2 \in [2, 3]$

使得 $f(x_1) \geqslant g(x_2)$，求实数 a 的取值范围. $\left(f(x)_{\max} \geqslant g(x)_{\min}，解得 a \leqslant \dfrac{9}{2}\right)$

　　问题链驱动是课堂深度教学的一种重要的方式，它可促进学生充分认识、建构概念，在解题过程中形成清晰的解决问题的思路，可以激发学生的探究热情，深化学生对数学知识的理解和认识，提高学生的数学解题能力.

第 三 章

问题链设计的原则

　　在高中数学问题链教学模式中，问题链的设计应遵循如下原则：第一，趣味性原则，目的是吸引学生的注意力．第二，发展性原则，目的是拓展学生数学思维空间与数学能力发展空间．第三，层次性原则，目的是从易到难推进，起到更好的引导作用．第四，整体性原则，目的是使整个问题链围绕核心主题完成，不至于偏离，并且呈现整体思维格局．第五，主体性原则，目的是让整个问题链之间以及问题本身都围绕学生是学习主体这一基本要求展开．第六，开放性原则，目的是培养学生的发散思维和研究精神．

第一节　趣味性原则

趣味性原则是指在问题链教学中，渗透趣味意识，设计一些带有趣味性特点的问题，激发学生的学习兴趣，让学生更容易进入学习状态，并对数学知识的学习产生一种探索动机．

一、缺乏趣味是数学教学之痛点

数学是一门逻辑性非常强的学科，尤其是高中数学，已经具有非常明显的抽象性特征．然而并非所有学生都具有较强的抽象逻辑思维，因此让数学拥有一定的趣味性才能够更好地引导学生对数学产生兴趣，从而更愿意主动地学习．在高中生群体中，感觉数学难学，学不好的比例较高，而其中重要的原因之一就是所谓数学不仅难，而且无趣．

在数学学习过程中，若是学生无法感受到其中的趣味，就无法从内心产生一种兴趣与热爱，则意味着学习将会是被动的、低效的，甚至是痛苦的．我们在现实中看到的喜欢数学的学生，以及数学家，他们有一个共同的特点，即他们是真心喜欢数学，能够从数学学习中感受到乐趣与幸福，也能够体验到成就感与自豪感，能够感受到数学之美．这一切的开端都源于对数学感兴趣．爱因斯坦说过"兴趣是最好的老师"，兴趣是动力的源泉，是影响教学活动的重要因素．要让学生获得持久的学习动力，教师必须善于激发学生的学习兴趣．

缺乏趣味性是高中数学课堂教学的一个痛点，也是一个略显尴尬的现实．

造成这种现象的原因既有数学学科本身的特点，也与教学方式与教学心态有关．因此，在数学问题链教学模式中，增加问题的趣味性，根本目的还是提高学生的整体兴趣，促进更多学生爱上数学，主动学习数学．

　　为了更好地体现问题链的趣味性，教师需要平时有针对性地加强修炼，如用轻松且幽默的语言来阐述数学知识，也可以有意识地收集一些有关数学的小故事，在课堂教学时恰当地插入，从而让课堂教学氛围变得更加活跃．

二、趣味性原则在高中数学问题链教学中的体现

　　问题链是由各种方式组成的一连串问题，因此其中的趣味性原则的体现就存在于问题当中．在引入一个新的知识点时，教师可以在导入问题设计时注重趣味性；在教学数学知识的过程中，教师可以设计一连串有意思的问题，让学生感觉到问题是有趣的；当然也可以与现实生活相联系，设计出某些有意思的问题链，引导学生去探索思考．数学问题链教学中，趣味性原则的关键不在于趣味性本身，而在于它能够产生的影响和作用，让学生积极投入数学学习中，能够真正进入数学学习状态，或者感悟到数学的魅力．

　　比如，在学习双曲线时，教师可以将生活中的例子导入：许多建筑融入了数学元素，更具神韵，数学赋予了建筑活力，数学的美也被建筑表现得淋漓尽致．例如，已知如图3－1所示是单叶双曲面型（由双曲线绕虚轴旋转形成立体图形）建筑，如图3－2所示是其中截面最细处的部分图像，上、下底面与地面平行．现测得下底直径 AB $=20\sqrt{10}$ m，上底直径 $CD=20\sqrt{2}$ m，AB 与 CD 间的距离为80m，与上下底面等距离的 G 处的直径等于 CD，则最细部分的直径为_____米．

图 3 – 1

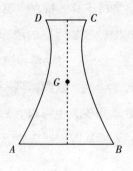

图 3 - 2

由于该问题导入设计与现实建筑联系起来了，容易激发学生的兴趣，提升他们学习新知识的积极性和好奇心．根据这个问题，教师可以设计如下问题链：如何建立坐标系？要注意什么问题？如何根据已知条件求该双曲线的方程？题中的双曲线方程解答的关键点在哪里？等等．学生在学习兴趣已经被激活的前提下，就会主动根据问题链进行思考，从而实现知识的学习．

此外，还有居民交纳水费的问题．例如，为了保护水资源，提倡节约用水，某城市对居民实行"阶梯水价"，计费方法如表 3 - 1 所示．

表 3 - 1

每户每月用水量	水价
不超过 $12m^3$ 的部分	3 元/m^3
超过 $12m^3$ 但不超过 $18m^3$ 的部分	6 元/m^3
超过 $18m^3$ 的部分	9 元/m^3

若某户居民本月交纳的水费为 54 元，则此户居民的用水量为_____ m^3.

这就是一个与现实生活有一定联系的趣味性数学问题情境，需要运用数学知识进行解答．结合该问题，可进行相关问题链设计：这类问题应该属于哪方面数学知识的问题？在解答过程中需要注意什么？请你设计一个模型，让这个问题成为一个普适性的公式并进行解答．

趣味性原则在高中数学问题链教学中的体现，它只是某一个环节的趣味性，毕竟趣味性并非数学教学的根本，而是一种手段与方式，让学生真正对数学产生兴趣的一个契机．真正要学好数学，关键在于学生被数学的趣味性吸引之后，真正领略到数学的逻辑之美与文化魅力，从而激发学生强烈的好奇心和求知欲，并转化为学习数学的动力和信心，这才是根本．

三、趣味性原则应用需要注意的问题

在高中数学问题链教学中，趣味性原则很重要，在设计趣味性问题或趣味性情境时，还需要注意以下几个问题．

首先，在高中数学问题链教学中，不能为了趣味而趣味．在高中数学问题链教学中增强问题的趣味性，最终目的是激发学生的学习兴趣，而不是趣味本身．尤其是高中生本身已经具备一定的抽象思维能力，学习数学的目的也是发展逻辑思维，因此，趣味性并非数学教学最根本的要求．趣味性问题的设计是一种引导与契机，而不是目的．若是在教学中为了趣味本身而设计趣味性问题，则偏离了数学教育的本质，是不可取的．

其次，趣味性问题设计要有技巧，要指向数学知识学习与问题解决．在高中数学问题链教学中，趣味性问题的作用要么是引导学生进入学习状态，要么是调节氛围，根本指向数学知识的学习与问题解决．从这个意义上来讲，趣味性问题具有的是一种工具或者媒介的作用，也可以将其视为一种激发学生学习积极性的手段与方法．因此趣味性问题设计要有技巧性，能够让其作用更好地发挥出来，这就要求教师对于高中生的心理特点、兴趣范围有一个了解．同时，在趣味性问题设计时，教师要引导学生到最终的知识学习上，否则其作用就难以发挥出来．

最后，趣味性原则并非适合所有的问题链教学模式．趣味性原则也有一定的适用范围，并非适用于所有的高中数学问题链教学情境．例如，学生本身具有较高的数学素养，他们本身就对数学兴趣比较浓，这个时候就不一定非要运用趣味性方式来设计教学问题，可能直接进入教学学生会更有兴趣．又如，有的老师不用趣味性原则也能够把问题讲得很透彻，引导学生迅速进入学习状态，在这种情况下，也不一定需要采用趣味性原则．在高中数学教学中，千万不要为了趣味而刻意在问题链教学中渗透趣味性原则，毕竟数学本身是一门严谨的、逻辑的、理性的学科，问题链设计时的趣味性更多是为了吸引学生的注意力，活跃课堂氛围．

　　总而言之，在高中数学问题链教学中，趣味性原则是一个可选用的原则，需要根据实际情况选用，让其产生更好的教学价值与教学作用．

第二节　发展性原则

发展性原则是指在高中数学问题链教学模式中，问题链的设计不能太过于局限，而要呈现一定的发展性，从而有利于拓展学生的思维空间，促使学生能够在更大范围内发展数学能力.

一、思维与能力发展是高中数学教学的根本追求

学生学习知识，其目的不只是学习知识本身，更是发展一种思维和能力，从而能够运用知识解决现实中类似或相关的问题，能够在未来学习与研究中有更大的进步与拓展. 在核心素养观念提出之后，这一特征显得更为明显.

高中数学教给学生的是逻辑规律，是数学思维. 学生综合运用相关数学知识，基于逻辑规律与数学思维来分析问题、探讨问题，并得出问题解决方案. 因此，在高中数学问题链教学中，问题链设计有必要遵循发展性原则，提出一系列问题的目的是引导学生一步步发展，实现思维与能力的发展，而不是局限于问题本身的解决. 比如，在正弦余弦定理的学习过程中，教学所追求的不仅仅是学生懂得什么是正弦定理和余弦定理，也不局限于正弦余弦定理的某些性质特点. 一般在经过学习之后，大部分学生都可以掌握这些基础知识. 然而在现实的数学学习过程中，存在这样一种现象，即教材上的知识学生一看就懂，而真到了解答数学问题的时候，就立刻懵了，不知道该从哪里下手. 之所以出现这种现象，就在于学生的思维能力仅停留在书本所教授的知识点上，而没有进行思维拓展与延伸，因此无法真正形成属于自己的认知与应用能力. 也就是

说，学生只是知道了"什么是什么"，形成了一种简单的概念认知，而不知道其中的逻辑与原理，所以当问题稍微变化，大部分学生就不知道该怎么办了．问题链教学要解决这个问题，就必须在问题的设计上体现出发展性的特点．也就是说，要通过设计问题的方式让学生知道知识点是什么，而且知道为什么、可以干什么、怎么干、有什么逻辑特点等一系列拓展性知识，从而实现能力与水平的发展．

发展性原则是问题链设计中的一个指向性原则，也就是指向学生的数学思维的发展与进步．基于发展性原则设计问题链，学生方能真正意识到数学的价值与意义所在，从而更愿意探索更深的数学世界．学生只有数学思维与数学能力得到发展之后，才能够在数学学习与研究道路上走得更远．对目前高中数学教学而言，发展性追求是一个容易被忽视的点，也是很多学生数学成绩与数学能力难以真正提升的原因之一．学生若是只学习教材内容，而不注重思维和能力的培养，则他们的数学思维层次是很难提升的．

二、发展性原则在高中数学问题链教学中的体现

在问题链教学中，发展性原则要求教师教学不仅关注当下学生的需求，更要引导他们掌握更丰富的知识，拓展数学认知深度，从而促进其数学思维能力发展．从学生成长的角度来讲，教师教给学生一个知识点，其目的不能停留于知识点本身，而应该从这个知识点拓展开来，从而对该领域的大部分问题都有所理解．问题链设计的发展性原则就是从某个核心知识点出发，促进学生在该领域的认知不断提升发展，最终实现思维能力的突破．

比如，在数学求极值的学习中，学生听教师讲题目，或者看一些例题，都感觉听明白了，也能够理解其中的思路，然而到了真正的题目训练时，却感觉到无从下手，根本原因就在于他们没有真正基于发展思路去学习思考．问题链设计之所以强调发展性，就是引发学生的思考与探索，让他们的能力得到发展．

很多学生觉得高中学习不容易，相当一部分原因就在于他们停留在知识本身的学习上，而没有注重发展性思维培养．学习数学时，一些学生只局限于教

材上所提到的概念与内容本身,而不去进一步思考,因此处于一种"似懂非懂"的状态,即看书能看懂,做题就不会,解决现实问题更不懂.这种现象背后的原因就是学生在学习时缺乏发展性.俗话说"举一反三,触类旁通",实际上就是一种发展性特征,问题链设计也是如此.学生学习一个知识点,探索一个数学问题时,不妨深入一步,多问几个更深一点的数学问题,从而让自己的数学思维与能力得到发展.

三、发展性原则须注意的问题

高中数学问题链教学毫无疑问是有利于教学品质改善与教学思维形成的,不过在具体实施时,也需要注意如下一些问题.

首先,在进行问题链设计时,发展性原则必须基于现有的基础,不能无限度拔高,那样反而会产生副作用.在教学中,有一个"最近发展区"理论,实际上也就是学生最有可能发展的一个能力与认知区域.比如,某个学生本身就基础较差,若是问题链设计最终拔高到了接近数学奥赛的水平,如此不仅无法对其数学学习产生积极的促进作用,反而可能打击他学习数学的积极性与自信心.发展性问题链的问题的难度一般要比学生熟练掌握的知识点的难度高一点,使学生能够通过分析、探索与思考获得问题的解决.在解决的过程中,学生的认知会丰富,同时,会对该知识点的理解更深刻,数学思维得到发展,这就是真正的发展性体现.从这个角度来看,发展性原则在问题链设计中的应用需要教师对学生的基础有一个相对客观清楚的了解,能够基于现实需求来设计问题链.

其次,基于发展性原则设计问题链,对于太容易或者难度太大的问题要保持谨慎.若是选取的问题太容易,则容易使学生觉得问题缺乏挑战性,难以激发他们的学习动机;若是选取的问题太难,使学生百思不得其解,则也无法带动学生参与学习,甚至打击学生的学习积极性.比如,在数学概念教学时,教师设计的问题是某某知识点的概念是什么.如此显得太简单,学生可能就会按照教材上的定义读出来,毕竟教材中的概念都不会太复杂.这样的问题,学生即便回答出来，也未必有成就感．实际上，任何一个数学概念都有着严谨的逻辑，以及丰富的内涵，所以教师不妨将问题链设计为：概念是什么？对于这个概念有什么关键字眼？应该怎样理解？对于这个概念，容易犯错的地方在哪里？具体问题链的设计中，可以根据概念教学的实际情况进行细化，此处仅提供一个问题链设计思路．如此处理，学生不仅记住了概念，更对概念进行了分析理解，这就很好地体现了发展性原则．

最后，发展性是一个动态的指标，它需要根据学生学情变化，以及课堂教学生成情况进行有针对性的调整．比如，在不等式的学习中，学生学会了一元二次不等式以及相关知识之后，教师就可以找出一些相对复杂一点的不等式，设计一系列发展性问题链，引导学生了解、学习和掌握更多的方法技巧，从而使学生在这一知识点的学习上获得更大的发展．再如，在课堂教学中，若是学生对某个问题表现出了浓厚的兴趣与良好的理解力，教师也可以进一步临时设计要求更高一点的问题，引导他们进入深度学习．

总而言之，高中数学教学中的问题链设计，发展性原则是一个指向性原则，它是有利于学生数学思维与能力深度发展的．

第三节 层次性原则

　　层次性是指问题链的设计要呈现一定的知识与思维难度递进的特征，因此层次性原则也可以称为递进性原则，它一方面是为了满足不同学习基础学生差异性学习的需求，另一方面体现了数学学习由易到难、循序渐进与持续发展的特点.

一、层次性原则符合教育教学认知规律

　　同一个班级，每一个学生的实际学习能力、思维水平以及知识基础都是不一样的，若是教师在问题链设计时，按照"一刀切"的原则，设计的问题偏容易或者偏难，就会只对部分学生的学习产生较高的引导价值，这不利于班级整体学习效果的改善. 基于不同学生之间存在的客观差异，教师可以依据层次性原则来设计问题链，让问题链中的不同问题适合不同学生学习成长的要求. 因此，为了班级所有学生都能够在数学问题链教学模式下取得更好的进步与发展，教师有必要在设计问题链时注意层次性原则，让问题呈现难易区别，能够满足不同基础学生的学习需求.

　　此外，根据认知建构主义理论，一个人在学习知识的时候，所接收的知识信息会与本身已有的知识建构产生互动，若是所学习的知识能够被自己的知识体系理解，则呈现同化状态的知识建构，也就是知识能够顺利纳入已有的知识体系，其主要是充盈和丰富认知体系；若是所学习的知识与已有的知识体系存在不相容不理解的状态，则需要通过顺应的方式来吸收新的知识，拓展认知版

图，构建新的认知体系．按照认知建构主义理论，数学新课程学习时，学生从较为简单的问题进入学习，这个过程有可能会从已有的概念进行引申，因此开始基于同化方式来丰富认知体系，然后在学习新的概念时，又开始从顺应的角度来构建新的体系．以高中数学空间几何知识的学习为例，它与初中数学平面几何有一定的联系，甚至部分知识点都有相通之处，然而其本身又属于另外一个知识体系，因此，教师在设计问题链的时候，可以从平面几何开始导入，然后一步步过渡到立体几何知识的学习．

数学知识难度不同，每个学生的学习水平不同，并且不同学生的学习目标与要求也不尽相同．基于这一情况，数学问题链教学中的问题链设计也需要体现层次性特征，逐步递进，既满足不同层次学生问题思考的需要，也满足同一个学生从容易到难的认知建构的要求．

二、层次性原则在高中数学问题链教学中的体现

问题链是一系列有内在关联或者内在逻辑的问题，它呈现出层次递进的特征，促使学生完成从知识认知到思维发展，再到能力形成的过程．这个过程并非一蹴而就的，而是循序渐进的，这是个体学习与成长的必然规律．因此，问题链设计体现出层次性原则是一项基本要求．

实际上，从数学教材的内容编排上也可以看出层次性特征．在学习一个新知识点时，教材都会尽量从学生已有的知识体系进行导入，一般是生活中常见的数学现象与数学问题，或者学生已经学过的数学知识，从而帮助学生初步建立一种认知．在设计问题链时，层次性原则是有必须遵循的．比如，在函数奇偶性的教学中，教材先研究偶函数，引导学生观察函数 $f(x) = x^2$ 和 $g(x) = 2 - |x|$ 的图像，学生层次高一点的，可让学生先画图再观察．问题 1：上述函数图像有什么特性？问题 2：怎样用符号语言刻画函数图像关于 y 轴对称？教学时，教师不要一步到位直接给出定义，要创造机会，培养学生的数形结合思想；要让学生将现在的探索与函数单调性的研究联系起来，将自己发现的图像特征进行"定量刻画"，进而寻找到"定量刻画"的方法，完成教材中的表格并进行

探究活动．教师要做好引导，"如何给定表格中自变量的取值""上述发现的结论是否具有一般性""如何说明上述结论具有一般性？"都是教学中要充分重视的问题．用符号语言刻画函数特征对学生来说既是重点也是难点，教师可根据学生层次，由学生自主完成或在教师引导下完成．问题3：偶函数的定义是什么？有什么特征？要着重强调"定义域关于原点对称"的问题．问题4：奇函数的定义是什么？有什么特征？启发学生用类比的方法得出奇函数的定义，此时，可放手让学生展开自主探究活动，教师只是巡视，观察学生情况，不时帮助个别理解有困难的学生．问题5：根据奇（偶）函数的定义，怎样判断一个函数的奇偶性？教师要结合教材给出的函数，引导学生从定义的角度去思考，同时，可引导学生从图像角度去帮助理解．

问题链设计具有层次性特征，因此也照顾到了不同学习基础与能力的学生的学习需求．有的学生本身基础较差，因此只需要掌握相对基础的概念和简单的应用即可，然后在此基础上逐渐提升；有的学生本身基础好，领悟力强，学习简单的数学知识还有余力，就可以探索更深一点的数学知识与问题．教师在设计问题链的时候，应该考虑这方面的实际情况与需求，从而让每一个学生都能够在自身现有的基础上得到发展与进步．

三、层次性原则应用须注意的问题

在高中数学问题链教学中，问题链设计应注意层次性，从而满足不同学生学习成长的需求，体现数学学习循序渐进的特点．不过在层次性原则具体应用过程中，还需要注意如下几个问题．

首先，层次性原则是建立在对学情的精准理解之上的，因此层次性并非千篇一律．不同学校、不同班级，学生的数学基础是不一样的，对应的层次性原则要求应该也不一样．例如，有的学校有实验班，整体水平较高，并且学生的自学意识与自学能力比较强，因此针对他们设计问题链的层次起点就比较高，即便是讲解最基本的概念，也会更加深入；有的学校的某些班级整体水平较低，大部分学生都处于中等偏下水平，因此在问题链设计的层次性体现上，不需要拔高到很高的水平，否则学生难以理解，反而不利于教学效果的提升.

其次，问题链设计中的层次性原则是基于同一个主题的.要在问题链教学模式中体现问题链设计的层次性，那么问题链必须围绕同一个主题或者同一个内容进行展开，如学习三角函数，则需要基于三角函数的定义、性质、函数图形、具体应用等进行层次性设计；也可以在具体题目设计上体现层次性，但是不能在三角函数的问题链教学中突然偏离到其他知识点提一些问题，那就不是体现层次性原则了，而是体现交叉性原则了.问题链设计的层次性一定要是同一个知识领域的层次推进，这样才能循序渐进地促进学生学习不断进步.

最后，问题链设计的层次性要体现针对性、差异性.高中数学有很多知识点，其中有的知识点可以拓展到很深.教学中，为了让学生更好地理解所学习的知识，问题链设计一定要有针对性，某一个问题针对的是哪一层次的认知，针对的是哪一个知识点，都必须是清楚的，如此方能更好地引导学生去积极思考问题.问题链设计的层次性体现了差异性，差异性是客观存在的.有的学生在学习时，以基本概念知识的学习与简单应用为较高层次要求；有的学生在学习时，则以问题解决与思考为较高层次要求.在不同层次问题的引导下，学生的能力与思维发展也会体现出层次差异性，这是一种正常的教学现象，因此问题链设计也需要遵循这一规律.

总而言之，在高中数学问题链设计中，层次性原则属于一个技巧性原则，也是符合教师教学认知与学生思维成长规律的原则，它能够推动学生持续不断地进步和发展.

第四节　整体性原则

　　数学问题链设计的整体性原则是指整个问题链设计呈现一个相互关联、相互影响的整体，在设计问题时，要有一种整体的思维，从而让整个数学问题链能围绕主要内容或核心问题进行展示，引导学生紧扣主题持续思考．

一、整体性原则是数学素养全面发展的要求

　　任何一个数学知识点的学习都不是独立的，它必然是由一系列相关的知识点组成的，并且知识点之间也是相互影响和关联的．在高中数学问题链教学模式中，问题链的设计要注重整体性，这是一个基本要求．

　　若是问题链没有关联性，则意味着其是零散的，是没有内在逻辑规律的，这对于学生数学思维的形成与发展是不利的．以数学某一个知识点学习为例，如函数奇偶性的定义与内涵、图像特征、奇偶性判断以及对应题型的解题方法与技巧等，这些都属于一个整体，忽视其中的任何一个部分，都意味着对这一个知识点的学习是不完整的，是存在漏洞的，也意味着未来在继续学习或者研究时，或者在解决实际问题时，都可能会不那么顺畅．从这个角度出发，问题链设计就需要关注知识的整体性，从而促进学生数学素养的全面发展．

　　在整体性原则下，所有的问题都指向一个核心，在一个范围区间里，学习就会显得更为集中，这有利于改善学习效果．比如"等比数列"这一部分教学，问题链设计就要关注"什么是等比数列？""等比数列的通项公式是什么？""通项公式是如何推出来的？通项公式有何特点？"等基础问题；同时，要探索

"怎样证明等比数列?""等比数列有哪些性质?""等比数列中有哪些常见的经典题型?"等有一定发展性的问题;最后,要围绕等比数列典型题目的解答来总结一系列经验和方法,使这些问题更加细化、更加具体,目的是让学生更深刻更全面地理解和掌握等比数列的知识.

实际上,所有数学知识的学习都应具有整体意识,毕竟整个数学内容都是有着内在联系的.不过在问题链教学模式中,整体性原则还是一个局部的整体,这是由高中阶段的数学知识的特点所决定的.

二、整体性原则在高中数学问题链教学中的体现

问题链的设计需要有一个整体的思维意识.比如,在某个问题的解题环节中,虽然重点是阐述某个解题技巧与要点,但是前后相关的逻辑也要讲清楚,这就需要设计的问题具有整体性.在满足整体性原则的问题链的设计过程中,既要突出重点问题,也要展示与之相关的问题.一道数学题目的解答不仅需要得到正确答案,更应该知道解答过程所运用的基础知识、逻辑分析以及方法技巧等.数学问题链教学设计要将问题链视为一个整体,虽然可以重视局部的问题设计,但是相关联的问题设计也不能忽视.

整体性原则在问题链教学中的体现,要求在整个教学流程中都有渗透.在备课阶段,就要精心设计问题链;在课堂教学导入的过程中,采用问题链设计,然后在导入过程中也可以使用追问交流的方式,让问题链吸引学生进入学习状态;在教学过程中,也要重视问题链,利用问题一步步引导学生学习知识,达到既定的目标;在课后作业设计以及课后复习安排中,也要围绕教学中的知识来设计问题链.在整个教学流程中,问题链贯穿始终.当然还有一点需要特别注意,那就是问题链必须是围绕核心知识点开展的.比如,在学习不等式的时候,问题链不管如何设计,都不能偏离不等式,不能在讲述不等式的时候,问题链中的问题设计跑到其他内容中了.

整体性原则还强调一个呼应:前一个问题和后一个问题之间存在一定的关联或呼应,而不是所有的问题都是独立的.毕竟问题链教学模式是通过一系列

相互关联的问题来创建问题情境的，若是问题链设计中的问题之间没有彼此形成呼应，就缺乏了整体性，这对于整个问题情境的建构也是不利的.

三、整体性原则应用须注意的问题

在高中数学问题链教学中，整体性原则是一个相对重要的原则，其具体应用需要注意以下一些问题.

首先，要分清楚整体与局部的关系.在问题链设计中，整体与局部是相互影响和渗透的关系，两者密不可分，也能够产生互相促进的作用.在设计问题链的过程中，既要思考整个问题链要达到什么效果，构建什么样的问题情境，也要思考每一个局部的问题链应关注哪一个要点，起到什么作用.整体与布局的关系梳理清楚之后，问题链设计也就会变得更有针对性了.整体是一个范围，可以视为一个面、一个体系；局部则是一个点，是整体的组成部分.在设计问题链时，不要超出整体设定的范围，对每一个局部要精心设计.

其次，整体和局部之间要有互动，要有关联，更要有层次逻辑.比如，在建模类问题的学习和应用过程中，问题链设计的整体不要超出建模知识范畴，这是一个重要的圈定.然而在这个整体范围之上，可以从建模类型、建模技巧、现实问题如何转化为模型问题以及建模问题最终的解答等方面来进行思考.若是具体的建模考查试题，还可以引导学生思考一个现实问题：出题者之所以要出这样一个题目，是为了考查学生哪一方面的建模知识？而这一类建模在解答问题时，通常关键点在哪里？通过一系列问题的设计，学生就会很快梳理清楚整个知识点学习和问题探索的思路，从而能够顺利解决问题.任何一个局部问题的设计都要在整体的范围之内，若是局部问题设计偏离了整体，则意味着问题链可能将学生的思维引向他处，反而对于学生的学习成长是不利的.整体和局部的问题要呈现一个逻辑层次，即问题有知识，有应用，有探索，也有发展，而不都是一个层次的简单问题，也不全都是很难回答的问题，如此能够让学生在问题链的探索中有张有弛，这也是对学生学习状态的一个调节.

　　最后，对于整体性原则的认知可以拓展．实际上，除了问题链设计应呈现一个整体状态之外，师生之间围绕问题链展开的教学活动也应该呈现一种整体和谐的积极互动的状态．任何呈现分裂状态的问题链教学模式都会对最终教学效果产生一些负面作用．当然，不管是教师还是学生，在问题教学模式中，都要有整体意识，双方围绕问题融洽互动，让整个教学过程都变得更高质高效．

第五节　主体性原则

主体性原则是一个比较容易被忽视的原则，然而它却是整个教育教学活动都必须遵循的一个核心原则．在高中数学问题链教学模式中，问题链设计也应遵循主体性原则，即围绕"学生是学习主体"这一原则进行问题设计．

一、主体性原则是问题链教学必须遵循的基本原则

教育的根本任务是立德树人，教育理念要求"以学生为主体"，可见学生是一切教育活动的起点，也是一切教育教学活动的终点．高中数学的问题链教学设计必须遵循"学生是学习主体"这一基本原则，因此一切问题链设计都是为了激发学生的学习兴趣，引导他们更好地学习．

在日常数学课堂上，经常会出现这样的现象：教师提出问题之后，学生根本没有兴趣回答：有的学生低着头，刻意避开教师的目光；有的学生宁肯自己看书做题目，也不愿意回答问题．究其原因，就是教师在设计问题时没有真正站在学生的角度去考虑，因此无法激发学生思考，致使他们回答问题的意愿很低．在问题链教学中，问题是师生之间教与学互动的一个契机，若是学生没有真正回答问题，这就意味着问题链设计在某种程度上是无效的．一些教师在设计问题时更侧重于依据自身的理解与经验，很少花心思去为学生而设计问题，造成师生对该问题的认识、理解存在偏差，使得课堂不和谐．实际上，每一个问题的设计都是要进行认真思考的，如此方能达到比较好的问题链教学效果．问题链设计若是没有真正站在学生的角度进行，也就意味着问题无法打动学生

的内心，无法激发学生的求知欲望，没有体现出学生是学习主体这一基本教育理念．有的教师在课堂上设计问题链脱离学生实际，无法引起学生共鸣，最后不得不自问自答，这样的问题发挥不了作用，使问题链教学模式难以在课堂上得到真正的贯彻应用．

若想学生真正对问题感兴趣，教师就需要在了解学生的基础上设计问题链，包括问题本身的设计、提问内容的选择、提问的技巧以及提问的时机等．这些都需要教师在设计问题链时有一个具体的思考．若是再细化一点，提问对于学生群体的针对性，甚至某个问题最好由哪一类甚至哪一个学生来回答，也需要有一定的思考．只有教师真正站在学生的角度去设计问题链，问题链才能够与学生的学习思维和学习节奏融合起来，从而产生更好的教育教学引导效果．

二、主体性原则在高中数学问题链教学中的体现

主体性原则的理论来源于"学生是学习主体"这一认知．实际上，在问题链教学模式中，问题链的设计根本目的也是促进学生的数学思维与数学能力发展，从而提高他们的数学素养．由此可见，着眼于学生的成长是问题链设计的起点，也是问题链教学模式所追求的终点，只有真正能够让学生作为学习主体实现成长的问题链设计，才是成功的问题链设计．

主体性原则在高中数学问题链设计中的应用要求教师对自己所教授的学生学情有一定的了解，最起码要知道什么样的问题才能激发学生的兴趣，才能够让他们愿意主动思考．以问题难易程度为例，有的教师设计的问题过于容易，学生觉得太简单，即便回答出来也不会产生成就感，因此不愿意思考．当然，若是问题设计得过难，学生根本不知道如何思考，同样不愿意回答：一是确实不懂，不知道该如何回答；二是害怕回答错了，不好意思．基于此，教师在设计问题链的时候，需要考虑学生的实际情况，尽量难易适中．这个难易适中的标准是就学生的整体水准而言的．学生需要经过一定的思考才能够回答出问题，如此他们既有成就感，也有极强的问题回答与参与意识．以如下这道题目为例：已知

实数 $a \neq 0$，函数为 $f(x) = \begin{cases} 2x + a, & x < 1 \\ -x - 2a, & x \geq 1 \end{cases}$，若 $f(1-a) = f(1+a)$，则 a 的值为_____.

教师可以设计如下问题链.

问题1：这是一个什么类型的函数？

问题2：解答这个题目一般采用什么方法？

问题3：具体解题思路和步骤是什么？

学生基于以上三个问题，就可以对题目进行解答了.

具体解析：

讨论 $1-a$，$1+a$ 与 1 的关系，当 $a < 0$ 时，$1-a > 1$，$1+a < 1$，所以 $f(1-a) = -(1-a) - 2a = -1 - a$；$f(1+a) = 2(1+a) + a = 3a + 2$.

因为 $f(1-a) = f(1+a)$，所以 $-1 - a = 3a + 2$，即 $a = -\dfrac{3}{4}$.

当 $a > 0$ 时，$1-a < 1$，$1+a > 1$，所以 $f(1-a) = 2(1-a) + a = 2 - a$；$f(1+a) = -(1+a) - 2a = -3a - 1$.

因为 $f(1-a) = f(1+a)$，所以 $2 - a = -3a - 1$，所以 $a = -\dfrac{3}{2}$（舍去）.

综上所述，满足条件的 $a = -\dfrac{3}{4}$.

在学生解答完题目之后，教师可以进一步提问：这个题目还有其他解题思路与方法吗？在解题过程中，大家有没有总结出什么特点与经验？

这些问题的提出，看似与题目本身关系不大，因为在部分高中生的意识中，一个题目解答完了之后，也就意味着终结，通常都不愿意继续思考探索了. 实际上，对于任何一个题目的解答，若是能够回头看一看，就可以对解题思路理解得更清晰、更透彻. 反思自己解题思维的某些不通畅之处或者某些错误之处、失误之处，汲取经验教训，是一种很好的学习方法，也是问题链教学的一个优势. 在已经解答出题目的前提下，对其进行反思归纳总结，从而可以更好地了解、掌握同一类型题目的解题思路、方法.

三、主体性原则应用需要注意的问题

在高中数学问题链设计中，主体性原则属于基本原则，然而它带有很强的隐蔽性，一般无法在问题链形式与内容中体现出来，在具体应用时，应注意如下一些问题.

首先，杜绝提问的随意性，要尽量从学生的角度进行思考. 在高中数学教学中，有的教师在设计问题链时没有认真从学生角度考虑，而是根据自己的经验临时发挥，因此，这样的问题链不是精心设计的. 在这种情况下，教师看似提出了一系列问题，但是对问题之间是否有逻辑关联，是否严谨，学生是否对这个问题感兴趣等考虑不周，造成师生的互动脱节，往往是教师自问自答. 问题链设计的随意性特征对于问题链教学模式的应用是有负面影响的. 作为高中数学教师，应有意识地改善提问质量，尽量少一些随意性，多一些针对性和预见性，尤其是从学生等角度来考虑该如何设计问题链更为合适.

其次，问题链设计尽量有针对性，而少一些宽泛性，如此更容易对学生产生一种积极的引导作用. 比如，在讲解函数解析式题目时，教师引导学生去思考采用哪种方法，在设计问题链时，最好根据已知条件或者题目特征，通过问题链一步步引到具体的方法上，在提问时尽量不要用"你怎么看？你怎么想？"等问题，这种过于宽泛的提问方式，学生可能一下子不知道该从什么角度去思考. 教师可以提问：函数解析式一般都有哪几种方法？学生就会知道有凑配法、待定系数法、换元法和方程思想法等. 然后教师进一步提问：这几种方法求函数解析式都有什么样的特点？提出这个问题的目的是让学生学会基于给出的条件来选择正确的解题方法. 在回答这个问题之后，师生再进一步探讨选择了某一种方法之后，该如何具体进行推理解答. 如此一系列具有针对性的问题链设计之后，学生基本上就能够比较好地掌握对应的知识点了.

最后，在设计问题链时，要有意识地引导学生养成思考和回答问题的习惯. 数学课堂有时候并不活跃，学生回答问题的积极性不高. 一方面是因为高考压力的存在，学生更倾向于花时间独立思考问题；另一方面则是长期以来养成了不愿意回答问题的习惯．有时候教师提出一个问题，而学生则是一片沉默，最终教师不得不随便点几个学生起来回答．久而久之，教师也不愿意继续提问题，学生自然也就慢慢地不去思考回答问题了．若是学生本身没有思考回答问题的习惯，则问题链教学模式下师生之间基于问题的教与学互动就失去了基础．因此，若想更好地采用问题链教学模式，教师除了要精心设计问题链之外，还有一点非常重要，那就是要让学生愿意积极思考和主动回答问题．

第六节　开放性原则

开放性原则是一个可以选择的原则．数学的世界很大，内容很丰富，而每一个学生的数学思维都不尽相同，基于开放性问题来设计问题链，有利于拓展学生的数学思维，尤其是对于学生自主学习有很好的引导作用．

一、高中数学是一个开放的内容体系

与小学、初中的数学知识体系相比，高中数学知识体系相对丰富，有不少知识点虽然教材上只介绍了部分内容，但是并不妨碍学生主动去学习．现实中，有的高中学生不仅会主动学习数学教材的知识，也会在更广泛的范围内去探索数学知识．在高中数学体系中，既有必修课程，也有选择性必修课程，还有选修课程，实际上这就给学生呈现了一个开放性的系统．因此，教师在设计问题链的时候，不妨增加一点开放性，引导学生朝着更深的数学世界去探索．

在高中数学问题链教学模式中，问题链设计的开放性原则既有内容的开放性，也有方法的开放性．内容开放是对于某些数学知识和知识点的开放．例如，某个题目若是采用某个数学定理或法则来解答，可能速度更快，而且效果更好．然而在数学教材中，则可能没有介绍相关知识．教师在设计问题链的时候，就可以引导学生主动去了解相关知识．问题链设计也有方法的开放性．很多数学题目都有不止一个解题思路，而每一种解题思路都不一样，因此教师可以通过问题链引导学生进行发散思维，拓宽他们的数学视野，促进他们数学素养的提升．

在问题链设计时要渗透开放性原则，也就意味着必须让学生有一定的灵活思维的空间，甚至要鼓励创新．学生在回答问题的过程中，最重要的不是知识的记忆，而是解答问题的思路、方法、技巧以及探索寻找题中条件与结论的联系，因而在学生回答问题的过程中，教师还要鼓励学生质疑．若是学生能够通过反问的方式来跟教师交流，这表明学生具有很强的思辨能力与探索精神，他们未来将会有很大的成长空间．

当今的教学是一个开放的世界，教师的教和学生的学都变得更具有开放性．教师教给学生的只是一个基础与开端，学生在课堂上学到的也是基础与前提，真正考验学生知识的还在于他们自己的探索与思考．由于开放性特征在教育中的体现越来越明显，高中数学问题链教学模式中，问题链的设计自然也更加注重开放性特征的体现．

二、高中数学问题链教学中开放性原则的体现

在开放性问题的引导下，学生可以更加自由地学习，可以在学习中探索得更广更深，从而促进深度学习．开放性原则在问题链设计中，可以从内容和方法两个层面来进行具体体现．

在数学教学内容方面，开放性的问题链设计能够促使学生更广泛地去学习相关的知识．在高中数学中，教材中的内容是有限的，但是数学问题和知识是无限的，学生若是只学习教材上的知识，通常是难以在高考中脱颖而出的，这是一个非常现实的问题．要想在高中学好数学，不仅要学好教材中的知识，而且要学习与教材知识相关及从教材知识延伸出来的知识．作为高中数学教师，在指点学生进行学习的时候，就可以设计一些问题链，向学生介绍更多的知识．毕竟教师的经验更丰富，数学认知更深刻，也知道在某一个知识点上，学生若是能够再学习某些知识，就可以更好地解决问题．与初中、小学学习内容有严格限定的特点不同，高中课程标准很明显强调了发展性，实际上是鼓励学生进行开放性学习．尤其是对于高中知识的拓展，只要不是大范围拓展，只是内容的适度拓展，就可以支持，这不仅有利于促进学生数学思维的发展，而且

对于学生数学成绩提高也是有显著作用的．

在学习方法上，也可以与开放性问题链设计进行融合．尤其是在信息化时代，高中生可以很轻松地通过互联网获取各种数学知识，自然也就可以在互联网上搜索相关的学习方法．作为高中数学教师必须承认，与信息量巨大的互联网世界相比，自己对于数学方法的认知虽然系统，教学经验也很丰富，但是在某些数学问题的解答方法上，未必有互联网提供的信息那么全面和深刻．学生可以基于一系列问题链，到互联网上寻找答案．通过互联网方式进行学习，可以极大地拓展学生的思维，让他们见识到不同的解题思路与分析观点，从而可以在数学学习中有更大的进步．

三、开放性原则应用须注意的问题

在问题链的设计中，开放性原则作为一个可以选择的原则，也是与学生的长期发展关系密切的一个原则，其在具体应用过程中，应注意如下一些问题.

首先，开放性原则不要求追求答案的唯一，鼓励学生进行多元发散思维．既然是一个开放性的数学问题链，那么就意味着解答题目的思路是多元化的，甚至题目本身的内容也是多元化的．开放性原则应用的具体作用是促进学生思维的发展，而不是局限于知识的学习．实际上，到了数学研究的高层次，创新才是数学最重要的新发展与新突破的关键，而要让学生具备创新思维，最重要的就是具有开放性思维．在高中数学教学中，对于学生开放性思维的培养，可以采用一些开放性的问题．比如，对于一个题目解答完了，教师还可以继续问：这个题目还有别的解答方式吗？几种不同的解答方式都有什么特点？采用不同解题方式所遵循的原则是什么？这一系列问题的提出促使学生进行自我探索与进步.

其次，开放性原则更多时候意味着一种自由学习的状态，因此按照开放性原则设计问题链，最好鼓励学生形成一种独立自主的学习习惯．在课堂教学中，考虑到教师要充分利用课堂时间来讲述新课知识，或者安排好的课程训练内容，通常情况下是没有足够的时间来进行太多的开放性问题设计和探讨的．不过教师可以把开放性问题提出来，引发学生自己去思考．毕竟到了高中阶段，学生自己就有一定的独立自主学习能力．但是学生学习容易不得其法，因此有了教师的开放性问题链，学生就可以按照教师提出的问题，自己继续学习，从而也可以在一定程度上进步．实际上，开放性问题的提出是一种思维，因为数学本身就是一个开放性的内容体系．以高考数学题目为例，虽然不少题目的答案是唯一的，但是具体解题思路与解题方法却是多元的．若是学生具有开放性意识，则可以自己在做高考真题的时候，多问自己几个问题，如这个题目这样解答采用了哪方面的知识点？这个知识点还有别的问题吗？这一类题目是否还有其余变形的可能？如果变换条件，又该如何去探索解题思路？等等．若是学生能够这样问自己，就意味着他的数学思维与视野彻底打开了，从而在学习数学的道路上也会走得越来越远．

最后，开放性探索与积极学习是融为一体的．在某些情况下，虽然提出的问题很有开放性特征，但是学生的思维与知识没有对应的开放性发展，两者之间呈现出一种不匹配的状态，这就意味着开放性原则是难以真正对学生的成长产生积极作用的．学生接受开放性题目之后，更重要的是他们应具备对应学习的方法与技巧，知道该去学习什么．对于高中生来说，他们学习数学不仅仅是学习教材中的知识，也不局限于教材中的习题的解答，而是要具有发展性．这是高中数学课程标准的要求，也意味着学生学习知识之后，需要对其进行内化，然后转化为自己的思维与技能，才能够真正形成属于自己的数学素养，然后在用数学眼光认知世界和解决数学问题的过程中，能够应用所学的知识来实现自身的发展．

第 四 章

问题链设计的形式

　　在问题链教学模式中，问题的设计形式比较重要，它展示了问题设计过程中的思维逻辑，以及课堂教学过程的基本思路，还有各个问题的安排顺序．问题链的设计包括主链和子问题链的设计．主链一般也称核心问题链，设计具体方式有单链、并列链和复合链，每一种问题链设计都有其特点．在问题链主链的设计上，还有子问题链的预设．子问题链的设计一般相对密集，问题数量可能较多，但是子问题链预设与主链有着密切的关系，它是对主链的一种补充和完善．

第一节 问题链主链

问题链主链又称核心问题链，一般是提前设计好的．它围绕问题展示，是整个课堂教学过程的问题推进顺序，也展示了数学知识学习的步步推进与深入．

问题链主链的设计能够直接展示问题链教学的结构与推进逻辑．

在设计问题链主链时，需要注意：

首先，问题链主链必须与知识点或者题目密切相关，毕竟问题链主链就是为解决核心问题服务的．

其次，问题链主链是一系列核心问题组成的链，每一个问题都指向某一个知识点或者数学逻辑点．

最后，问题链主链设计是一个整体，最好能够形成一个逻辑思维闭环，让学生在整个主链的推动下，完成一个完整的学习过程．

一、问题链主链的设计示范——以高中数学结构不良试题解答为例

结构不良试题是高中数学测试中新兴起的一种题型，此类题型在题目条件、解题思路以及目标答案方面存在不确定性，缺乏唯一性，学生需要运用所学数学知识对题目进行分析与界定，才能够更好地解答出题目．从结构不良试题的现实意义来说，它能够促进学生思维的成长，引导他们进行知识迁移与思维转化，而不是让学生跟着出题者的思路思考解题．下面对结构不良试题的概念和内涵特点进行了介绍，认为结构不良实体对提高高中学生数学学科核心素养以及数学成绩存在积极价值．在高中数学教学实践中，可以通过收集整理和设计

改造结构不良试题，以及引导学生认知熟悉结构不良试题等方式，在教学中渗透不良结构试题教学，促进教学水平提升．结构不良试题的出现，丰富了高中数学测试题目的类型，而且有利于学生数学核心素养、能力的提升与发展．若是采用问题链教学模式，则在主链设计中呈现出一种递进的特点．

（一）基于概念认知的问题主链设计

问题 1：什么叫作结构不良试题？

问题 2：结构不良试题有什么内涵特点？

问题 3：结构不良试题有什么作用？

1. 结构良好试题与结构不良试题的概念

在数学试题中，有结构良好试题与结构不良试题两种不同类型，它们的特点不同，对学生的能力要求也不尽相同．曾经很长一段时间里，在数学测试中，为了减轻教师测评阅卷的负担，也为了降低数学测试的难度，大多数数学试题都是结构良好试题．结构良好试题即题目设置条件、解题目标和解题方法是完整且确定的试题，同时，解题答案具有标准性或者唯一性特征．针对此类试题，学生只需要合理运用所学的知识，有针对性地套用合理的公式、定理或者稍微灵活运用所学数学知识，基本上可以找到解题思路并解答出正确答案．在我国基础教育领域数学教学中，结构良好试题占据绝对主流地位，也是检测学生数学基础知识的有效手段．结构良好试题主要测试的是学生的知识掌握和基本运用能力，它并没有刻意去设置太多需要思考探索的内容．结构不良试题近年来才受到重视，与结构良好试题相比，其对学生数学思维素养要求更高．通常来讲，结构不良试题可能在题目给出的条件、解题方法思路以及目标答案等方面存在不确定性，尤其是随着题目条件的变化，解题逻辑与答案也可能发生变化，因此要求学生能够合理对问题进行界定分析，然后选择合适的条件与解题逻辑，最终得出科学合理的结论．在某些情况下，结构不良试题的答案可能不具有唯一性，这与学生惯性解题认知存在一定的冲突，因此要求学生具有全面思维，结合题目背景知识，合理做出选择与分析．结构不良试题的出现是我国基础教育领域数学教学重视数学思维与能力培养的体现；通过结构不良试题，能够测试学生是否真的具有数学分析思维能力，因为它需要学生运用所学知识对题目进行界定和分析，才能够找到解题的思路．从高中数学教学的角度来看，结构不良试题是一种新题型，学生和教师都不是特别熟悉，因此需要花费更多的时间和精力去了解其特点，研究它，才能够更好地解答此类题型．

2. 结构不良试题的内涵特点

结构良好试题的设计思路是确定的，设置的条件也是完整且确定的，基本上不会给多余的条件，也不会缺少条件，它从某种意义上来说就是一种设计好的数学问题，学生只需要找到解题思路，就可以利用题目中所给的条件顺利解答题目．然而现实中的数学问题不可能具有设计好的特征，它通常是不完整的，因此要解决现实中的数学问题，最重要的就是对其进行界定，然后将其转化为相对确定的问题，从而找到解题思路与答案．结构不良试题的类型比较多，有的是概念结构不良，题目会涉及多个复杂的数学概念，而且不同概念之间存在联系变化；有的是条件信息结构不良，有可能缺乏完整的信息，也有可能多出一些具有干扰性质的多余条件信息；有的则是模型结构不良，题目案例与常规数学模型存在差异，无法直接应用，需要对其进行调整改造．在近年来的高考试卷中，结构不良试题常有出现，属于学生出错率比较高的问题，并且也容易耗费学生时间，因为大多数学生更习惯从结构良好试题的思路出发，而结构不良试题的各种"小问题"容易让学生产生疑惑，从而使学生花费很长时间去研究和确定．同时，结构不良试题通常有一定的难度，容易让学生本来流畅的解题节奏被打乱，思维一下子难以适应，解题中遭遇的困难则会让学生产生挫败感．然而结构不良试题与数学实际应用发展趋势更契合，毕竟现实中的数学问题不可能那么完美或者友好，大部分需要进行改造调整之后，才能够应用数学知识对其分析解答．由此可见，结构不良试题对学生数学能力与素养的培养和提升是有显著作用的，而且有利于高中数学教学的深入发展．

3. 高中数学教学渗透结构不良试题的价值与意义

从数学教育层面来讲，在高中数学教学中渗透结构不良试题既有利于培养学生的核心素养，促进其数学思维与数学能力的发展，又能够提升学生的数学成绩，让其更有信心．同时，在高中数学教学中渗透结构不良试题在学生未来升学发展方面有现实价值．

（1）提高学生核心素养培养水平．

数学在现代科技发展中有着极为重要的价值，航天科技、原子能科技、信息科技等，都需要大量高素质的数学专业人才．然而受应试教育影响，中国基础教育领域的数学教学很多停留在套用公式解题的层次．这是数学知识学习应用的浅层次，这种思维下培养的数学人才，遇到复杂的现实数学问题，就难以提出有效的解决方法，更不用说提出一些有创新的观点与方法了，从而影响中国数学领域高素质人才的成长与发展．随着核心素养培养理念与目标的提出，数学教育将更重视学生数学思维、建模思想以及应用能力等方面素养的发展．结构不良试题由于既有利于培养学生的核心素养，又促进其数学思维与数学能力发展，将会受到重视．

【案例】（2020 年新高考数学 Ⅰ 卷）在 ① $ac = \sqrt{3}$，② $c\sin A = 3$，③ $c = \sqrt{3}b$ 这三个条件中任选一个，补充在下面问题中，若问题中的三角形存在，求 c 的值；若问题中的三角形不存在，说明理由．

问题：是否存在 $\triangle ABC$，它的内角 A，B，C 的对边分别为 a，b，c，且 $\sin A = \sqrt{3}$ $\sin B$，$\angle C = \dfrac{\pi}{6}$？＿＿＿＿＿＿＿＿＿

注：如果选择多个条件分别解答，按第一个解答计分．

该题目界定不明确，条件不充分，若学生按照习惯直接从条件开始解题，则可能遭遇失败．题目给出了三个可能性条件，要求学生选择其中任一条件补充到题目中，然后对题目进行解答．面对此类结构不良试题，学生需要先根据结论预设进行逆向分析与推理，看补充哪个条件更为合适．选择不同的条件，对题目解答的正确性以及耗费时间和精力是有影响的，学生需要做出相对合理的选择，才能够顺利找到解题思路，从而做出正确解答．在探寻和确定补充条件的过程中，学生需基于相关数学思维逻辑的推理与分析进行思考探究．如此，数学核心素养培养目标也就逐步实现了．

子问题设计：在这道题目中，结构不良的具体体现是什么？在解答这道题目的过程中你受到什么启示？

（2）提升学生数学测试成绩水平．

数学测试仍然在基础教育领域发挥着重要作用，是评估教学质量甚至决定升学的重要因素．未来高中数学教学中数学测试依旧很重要，只不过随着教育教学理念的发展，测试题目内容与方式会发生调整与变化，提高数学测试成绩对学生未来发展有着现实的意义．因为未来试题设计更希望通过试题来检测学生的思维能力，因此会增加一些需要灵活运用数学思维能力的题目．在高中数学试卷中，结构不良试题跟以前比有所增加，其目的是引导学生能够根据题目做出合理的判断与分析，从而找到合理的解题逻辑与思路．即便是高中生最为重视的高考试题中，结构不良试题出现的数量和频率都有显著增加．对学生来说，须拥有良好的心理素质且能够排除干扰，方能找准题目中的关键要素，推导出合理的答案．

【案例】（2019 年，高考全国数学Ⅰ卷）古希腊时期，人们认为最美人体的头顶至肚脐的长度与肚脐至足底的长度之比是 $V = \dfrac{\sqrt{5}-1}{2}$（$\dfrac{\sqrt{5}-1}{2} \approx 0.618$，称为黄金分割比例），著名的"断臂维纳斯"便是如此．此外，最美人体的头顶至咽喉的长度与咽喉至肚脐的长度之比也是 $V = \dfrac{\sqrt{5}-1}{2}$，若某人满足上述两个黄金分割比例，且腿长为 105cm，头顶至脖子下端的长度为 26cm，则其身高可能是（　　）．

A. 165cm　　　　B. 175cm　　　　C. 185cm　　　　D. 190cm

题目背景信息是"断臂维纳斯"与"黄金分割"，然而题目给出的条件则是根据给出的已知信息求某人的身高，题目本身并不难，画图分析之后，根据题目已知条件列出二元一次方程，分别求得两段高度然后将所有高度加起来，即可解答出题目．然而有的学生在阅读题目的过程，很容易被题目中大量的"断臂维纳斯"信息误导，会产生一种题目是要求"断臂维纳斯"身高的错觉，然而题目中有没有给出"断臂维纳斯"雕像的身高相关条件．有的学生就会在此类题目中卡壳，最终影响对题目的正确分析与解答．从某种意义上来讲，此题可算作结构不良试题，学生要学会从冗余信息中找出关键信息，排除无用信息的干扰，从而找到正确的解题思路. 高中数学依旧需要重视数学成绩，而拥有一定灵活度与难度的结构不良试题就是影响数学测试成绩的因素之一，解决此类问题，能够提高数学测试成绩.

子问题设计：这个结构不良试题有什么特点？在解答这个问题时，容易在哪些地方犯错？

（二）基于解题方法技巧的问题主链设计

问题 4：结构不良试题解题能力如何提高？有哪些方法途径？

若想在高中数学教学中渗透结构不良试题，教师要主动收集和整理各种常见的、经典的、有一定代表性的结构不良试题，构建结构不良试题题库，同时，要合理改编设计结构不良试题，并引导学生熟悉其特点和解法，最终为学生解答不良试题能力提升奠定基础.

1. 收集和整理经典的结构不良试题

结构不良试题作为一种新兴起的题型，其数量与传统的结构良好试题相比要少很多，收集与整理有一定的难度，主要是试题资源不够丰富. 作为高中数学教师，要对有一定代表性的数学结构不良试题进行广泛收集与分析，根据差异性的结构不良特征进行梳理分类，然后在课堂教学与测试中融入相关知识. 教师收集和整理结构不良试题的具体来源主要是近几年全国各省高考试卷，以及各地名校的模拟试卷. 近年来互联网高度普及，通过互联网收集高中数学结构不良试题是一个比较现实的途径. 结构不良试题本身也有一定的特征，当学生通过学习掌握了大致的结构不良试题的主要特征，在遇到类似题目的时候，就不会产生困惑或者迷茫，而是能够冷静应对，探索解题思路. 收集和整理结构不良试题对教师而言也是一种学习与成长，教师需反思自己在结构不良试题教学中存在的不足，然后进行有针对性的学习提高，从而实现在结构不良试题教学中专业水平的提升.

2. 对结构良好试题进行改造与设计

由于结构不良试题的数量相对不足，可能无法满足教学需要，教师有必要有针对性地增加学生结构不良试题的训练：选择合适的结构良好试题将其设计成结构不良试题，然后在教学过程中进行渗透．与收集整理结构不良试题相比，改造设计结构不良试题难度更大，要求更高．考虑到教师本身就承担着沉重的教学工作，因此改造设计结构不良试题要尽量做到数量少且质量高，每一道结构不良试题都要发挥其价值与意义．为了减轻教师的负担，结构不良试题改造与设计工作可以通过团队方式进行，召集和组织本校、本地区的高中数学教师，基于合作与讨论完成此项工作，然后对结构不良试题设计成果进行共享．此种方式可以充分发挥教师的群体智慧，也可适当减轻个体教师的负担．

3. 引导学生熟悉与理解结构不良试题

由于大部分高中生在过去的学习中已经习惯了结构良好试题，因此当结构不良试题出现时，学生可能会产生一种心理与思维上的不适应感，甚至部分学生会产生一种束手无策之感．为了有效提高学生解答结构不良试题的能力，教师在课堂教学与日常测试中要合理渗透结构不良试题，并且阐述其特点，引导学生探索解题思路，学生就会逐渐熟悉与理解结构不良试题，未来在测试中遇到结构不良试题，也不会出现束手无策的情况，而是会启动思维去探索解题逻辑与方法．教师要让学生明白，结构良好试题基本上只存在于试卷中，现实中的数学问题都是复杂的，甚至是结构不良的．学生只有熟悉结构不良试题的解答思维模式，才能更好地适应数学未来的发展．实际上，解答高中数学中的结构不良试题从本质上来讲依旧有规律可循，当学生熟悉之后，就可以更快地找到解题思路，从而解答出题目．

可见，在高中数学教学中，通过收集整理、改造设计以及日常训练等途径渗透结构不良试题教学，引导学生了解、认知和熟悉结构不良试题，既有利于高中生数学核心素养的培养，又有利于其数学成绩的提升．加强结构不良试题教学，可促进数学教育事业的发展，培养更优质的数学人才．

第二节　主链的形式

一、主链的类型

问题链的主链是核心问题链,其主要有单链、并列链和复合链.

所谓单链,是指问题链中的各个问题以串联形式出现,依次逐个推进,一系列问题都围绕一个核心问题或者知识点推进.比如,对于集合的学习,问题链设计从探究、概念、特征到类型,再到运用技巧等,一路推进就是单链形式,问题链之单链如图 4 - 1 所示.

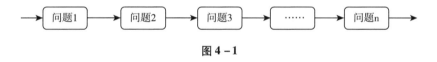

图 4 - 1

所谓并列链,是指问题链中各个问题以并联形式出现,多个方向并行推进,各个问题之间可能相关,但是又呈现出明显的独立特征.比如,在学习数列求和时,为了更好地让学生掌握高中数列求和常见的方法,采用并列链进行教学,通过对比教学,有利于区别其不同形式特点,采用不同的方法,问题链之并列链如图 4 - 2 所示.

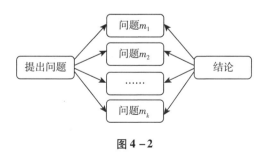

图 4 - 2

所谓复合链，指问题链中各个问题有递进的关系，而部分问题又有并列关系，它们之间存在密切的相关性，把这些问题有效地融合在一起构成链状的设计方式．复合链并没有一个具体的模式，对于任何有多样化特征的问题组成的问题链，都可以视为复合链．问题链之复合链如图 4 – 3 所示．

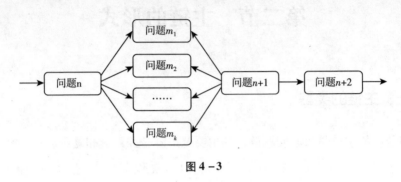

图 4 – 3

二、主链的设计示范——以构造法解题为例

数学竞赛试题设计新颖，构思巧妙，综合性强，注重对学生思维能力的考查，因此难度较大，不少学生往往无从下手．在课外活动中，如何引导学生破解数学竞赛试题？波利亚在《怎样解题——数学思维的新方法》一书中说道："不断地变换你的问题，……，我们必须一再地变换它，重新叙述它、变换它，直到最后成功地找到有用的东西为止．"这里所说的变换就是转化，就是将待解决或未解决的问题通过转化（把复杂化为简单，把未知化为已知，把一般化为特殊等），归结为一类已经解决或比较容易解决的问题，最终使问题获得解决．构造法就是一种重要的转化手段，是一种富有创造性的数学方法，在数学中被广泛应用．它通常以题设特征和条件作为切入点，以所求结论为方向，抓住起关键作用的一些量和依存关系，灵活地用数学概念、符号、式子、规律去刻画其内在联系，尝试构造出新的数学形式如方程、函数、图形等实现命题的转化，使得问题在这种新的形式下获得简捷解决．构造法常能创造性地使用已知条件和有关数学知识，因而能打破常规，独辟蹊径，出奇制胜．在教学过程中，若能恰当地渗透此思想方法，有利于拓宽学生的解题思路，促进知识和方

法的融会贯通，有利于培养学生的创新意识和创造性思维．下面以构造法解题为例，采用并列链形式设计主链．

问题1：什么是构造法？

构造法是指当解决某些数学问题使用通常方法按照定向思维难以解决时，应根据题设条件和结论的特征、性质，从新的角度，用新的观点去观察、分析、理解对象，牢牢抓住反映问题的条件与结论之间的内在联系，运用问题的数据、外形、坐标等特征，使用题中的已知条件，运用已知数学关系式和理论，构造出满足条件或结论的数学对象，从而使原问题中隐含的关系和性质在新构造的数学对象中清晰地展现出来，并借助该数学对象方便快捷地解决数学问题的方法．

问题2：构造法都有哪些具体方式？

1. 构造方程

构造方程就是从已知的数量关系入手，根据问题中的条件构造相应的方程，通过解方程或者运用方程的性质去分析、转化问题，从而使问题获得解决．

例1 若实数 x，y，z 满足 $x+y=4$，$xy=z^2+4$，则 $x+2y+3z=$ _____．

简析：已知等式有三个未知元，无法直接求解．若把 z 视为常数，则由已知等式可构造一元二次方程，借助方程有实根其判别式 $\Delta \geq 0$ 进行转化．由条件知 x，y 为一元二次方程 $t^2-4t+(z^2+4)=0$ 的两个实根，则 $\Delta = (-4)^2 - 4 \times 1 \times (z^2+4) \geq 0$，即 $z^2 \leq 0$，从而得 $z=0$，进而可得 $x=y=2$，则 $x+2y+3z=6$．

例2 已知 x，y 满足 $(x^2+2x+3)(3y^2+2y+1) = \dfrac{4}{3}$，则 $x+y=$ _____．

简析：已知等式有两个未知元，若把其中一元视为常数，则原等式可转化为关于另一元的一元二次方程，借助方程有实根其判别式 $\Delta \geq 0$ 进行转化．视 x 为常数，设 $x^2+2x+3=a$，则原式变为关于 y 的一元二次方程 $3ay^2+2ay+a-\dfrac{4}{3}=0$．由 $\Delta = (2a)^2 - 4 \cdot 3a \cdot \left(a-\dfrac{4}{3}\right)$，得 $2^2 \leq 2a$．又由 $a=(x+1)^2+2>0$ 得 $a \leq 2$，则 $x^2+2x+3 \leq 2$，即 $(x+1)^2 \leq 0$，从而 $x=-1$．代入原式得 $y=-\dfrac{1}{3}$，于是得 $x+y=-\dfrac{4}{3}$．

例3 已知实数 x，y，z 满足 $x+y+z=5$，$xy+yz+zx=3$，求 z 的最大值和最小值．

简析：由已知得 $x+y=5-z$，$xy=3-(x+y)z=3-5z+z^2$．由此构造方程 $t^2-(5-x)t+(3-5z+z^2)=0$，则由该方程有两实根 x，y 得 $\Delta=(5-z)^2-4(3-5z+z^2)\geqslant 0$，即 $3z^2-10z-13\leqslant 0$，解得 $-1\leqslant z\leqslant \dfrac{13}{3}$，故 z 的最大值和最小值分别为 $\dfrac{13}{3}$ 和 -1．

追问：上述三个方程构造方法解题有什么异同？异同的原因是什么？

2. 构造函数

构造函数是指把一个数学问题转化为一个函数问题，借助函数的性质研究、解决问题．

例如，对于例1，由两个已知等式可得 $x^2+y^2=8-2z^2$．由此式及 $x+y=4$ 可以构造一个以 $2(x+y)$ 为一次项系数，x^2+y^2 为常数项的二次函数，再借助该函数的性质进行转化．构造二次函数 $u=(1^2+1^2)t^2+2(x+y)t+(x^2+y^2)$，则有 $u=(t-x^2)+(t-y)^2\geqslant 0$ 恒成立，故有 $\Delta=2^2(x+y)^2-4(1^2+1^2)(x^2+y^2)\leqslant 0$，即 $4^2-(1^2+1^2)(8-z^2)\leqslant 0$，得 $z^2\leqslant 0$，从而得 $z=0$，进而可得 $x=y=2$，则 $x+2y+3z=6$．

例4 整数 a 使得关于 x，y 的方程组 $\begin{cases} x-2y=3a-b, \\ xy=b^2-2a^2+3b+4 \end{cases}$ 对于每一个实数 b 总有实数解，求整数 a 的值．

简析：第二个方程可变形为 $x\cdot(-2y)=-2(b^2-2a+3b+4)$，则 x，$-2y$ 为关于 t 的一元二次方程 $t^2-(3a-b)t-2(b^2-2a^2+3b+4)=0$ 的两个根．要使原方程组对于每一个实数 b 总有实数解，此方程要有实数根，得 $\Delta_1=(3a-b)^2-4[-2(b^2-2a^2+3b+4)]\geqslant 0$，即 $9b^2+6(4-a)b+32-7a^2\geqslant 0$．对于每一个实数 b 恒成立．构造关于 b 的二次函数 $u=9b^2+6(4-a)b+32-7a^2$，由 $u\geqslant 0$ 对于每一个实数 b 恒成立，得 $\Delta_2=6^2(4-a)^2-4\times 9(32-7a^2)\leqslant 0$，即 $8a^2-8a-16\leqslant 0$，解得 $-1\leqslant a\leqslant 2$，从而得整数 a 的值为 -1，0，1，2．

追问：（从上述题目解答中看出）构造函数有什么技巧？

3. 构造恒等式

在求未知数方程值的时候，可以尝试构造恒等式.

例 5　已知 $x + y + z = 3$，求 $(-x + y + z)^3 + (x - y + z)^3 + (x + y - z)^3 + 24xyz$ 的值.

简析： 由题意构造恒等式 $(a + b + c)^3 = a^3 + b^3 + c^3 + 3(a + b)(b + c)(c + a)$，令 $a = -x + y + z$，$b = x - y + z$，$c = x + y - z$，则有 $a + b + c = x + y + z$，$a + b = 2z$，$b + c = 2z$，$c + a = 2y$，代入上述恒等式，得 $(x + y + z)^3 = (-x + y + z)^3 + (x - y + z)^3 + (x + y - z)^3 + 3 \cdot 2z \cdot 2y \cdot 2x$ 则 $(-x + y + z)^3 + (x - y + z)^3 + (x + y - z)^3 + 24zyz = (x + y + z)^3 = 3^3 = 27$.

例 6　设不全相等的非零实数 a，b，c 满足 $\dfrac{bc}{2a^2 + bc} + \dfrac{ac}{2b^2 + ac} + \dfrac{ab}{2c^2 + ab} = 1$，求 $a + b + c$ 的值.

简析： 由已知等式得 $\dfrac{1}{\dfrac{2a^2}{bc} + 1} + \dfrac{1}{\dfrac{2b^2}{ac} + 1} + \dfrac{1}{\dfrac{2c^2}{ab} + 1} = 1$. 设 $x = \dfrac{2a^2}{bc}$，$y = \dfrac{2b^2}{ac}$，$z = \dfrac{2c^2}{ab}$，则 $xyz = 8$，且 $\dfrac{1}{x + 1} + \dfrac{1}{y + 1} + \dfrac{1}{z + 1} = 1$. 通分得 $(y + 1)(z + 1) + (x + 1)(z + 1) + (x + 1)(y + 1) = (x + 1)(y + 1)(z + 1)$，展开后整理得 $xyz = x + y + z + 2$. 又由 $xyz = 8$ 得 $x + y + z = 6$，即 $\dfrac{2a^2}{bc} + \dfrac{2b^2}{ac} + \dfrac{2c^2}{ab} = 6$，亦即 $a^3 + b^3 + c^3 - 3abc = 0$. 构造恒等式 $a^3 + b^3 + c^3 - 3abc = \dfrac{1}{2}(a + b + c)[(a - b)^2 + (b - c)^2 + (c - a)^2]$，则有 $(a + b + c)[(a - b)^2 + (b - c)^2 + (c - a)^2] = 0$. 又由 a，b，c 不全相等知 $(a - b)^2 + (b - c)^2 + (c - a)^2 \neq 0$，故 $a + b + c = 0$.

追问：恒等式构造还有别的方法么？能不能举例？

4. 构造方差

方差 $s^2 = \dfrac{(x_1 - \bar{x})^2 + (x_2 - \bar{x})^2 + \cdots + (x_n - \bar{x})^2}{n}$（其中 $\bar{x}$ 是 n 个数据 x_1，

x_2，$\cdots$，x_n 的平均数）是用于描述数据波动情况的一个量. 方差的表达式还可

以写成 $s^2 = \dfrac{1}{n}\Big[(x_1^2 + x_2^2 + \cdots + x_n^2) - \dfrac{1}{n}(x_1 + x_2 + \cdots + x_n)^2\Big]$，显然有 $s^2 \geq 0$

（当且仅当 $x_1 = x_2 = \cdots = x_n = \bar{x}$ 时等号成立）. 利用方差的这一变式，可以通过

构造方差来解决一类有关 n 个实数的和与其平方和之间关系的问题.

例如，对于例 1，由已知等式可得 $x^2 + y^2 = 8 - 2z^2$. 视 x，y 为一组数据，其

方差 $s^2 = \dfrac{1}{2}\Big[(x^2 + y^2) - \dfrac{1}{2}(x + y)^2\Big] = \dfrac{1}{2}\Big(8 - 2z^2 - \dfrac{1}{2} \cdot 4^2\Big) = -z^2$，又由 $s^2 \geq 0$

得 $z^2 \geq 0$，从而得 $z = 0$，进而可得 $x = y = 2$，则 $x + 2y + 3z = 6$.

例 7 解方程组 $\begin{cases} x + y + z = 1 \\ x^2 + y^2 + z^2 = \dfrac{1}{3}. \end{cases}$

简析：视 x，y，z 为一组数据，其方差 $s^2 = \dfrac{1}{3}\Big[(x^2 + y^2 + z^2) - \dfrac{1}{3}(x + y + z)^2\Big]$

$= \dfrac{1}{3}\Big(\dfrac{1}{3} - \dfrac{1}{3} \cdot 1^2\Big) = 0$，即当且仅当 $x = y = z$（$x + y + z = 1$）时，$s^2 \geq 0$ 的等号成

立解得 $x = y = z = \dfrac{1}{3}$. 这就是原方程组的唯一一组实数解.

追问：方差构造有什么技巧与方法吗？

5. 构造几何图形

著名数学家华罗庚说过"数形结合千般好，隔离分家万事休". 数学家拉

格朗日也说过"代数与几何两门学科一旦联袂而行，它们就会从对方那里吸收

新鲜的活力，从而大踏步地走向各自的完美". 对一些繁难的代数问题，若我

们根据题目的结构特点，联想、挖掘出它的几何背景，构造几何模型，把代数

问题转化为几何问题讨论，往往能柳暗花明，峰回路转，使问题迎刃而解.

例 8 求所有的实数 x，使得 $x = \sqrt{x - \dfrac{1}{x}} + \sqrt{1 - \dfrac{1}{x}}$.

简析：显然有 $x > 0$，原方程可写成 $\sqrt{(\sqrt{x})^2 - \Big(\dfrac{1}{\sqrt{x}}\Big)^2} + \sqrt{1 - \Big(\dfrac{1}{\sqrt{x}}\Big)^2} = x$. 由

此联想到勾股定理，尝试构造三角形进行转化.

构造三角形 ABC，使 $AC = \sqrt{x}$，$BC = 1$，AB 边上的高 $CD = \dfrac{1}{\sqrt{x}}$，则 $AD =$

$\sqrt{x - \dfrac{1}{x}}$，$DB = \sqrt{1 - \dfrac{1}{x}}$（图 4 - 4）．

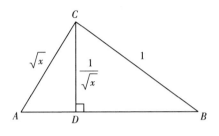

图 4 - 4

由此及原方程得 $AB = AD + DB = \sqrt{x - \dfrac{1}{x}} + \sqrt{1 - \dfrac{1}{x}} = x$，则 $\triangle ABC$ 的面积 S

$= \dfrac{1}{2} AB \cdot CD = \dfrac{1}{2} x \cdot \dfrac{1}{\sqrt{x}} = \dfrac{1}{2} \sqrt{x} = \dfrac{1}{2} AC \cdot BC$，故 $\triangle ABC$ 为直角三角形，从而有

$AB^2 = AC^2 + BC^2$，即 $x^2 - x - 1 = 0$（$x > 0$）．由此解得 $x = \dfrac{1 + \sqrt{5}}{2}$．

评注： 本题虽为国际数学竞赛试题，但若通过构造几何图形来破解，可使问题化难为易、化繁为简，学生也容易接受．

例 9 已知 $x^2 + y^2 = 1$，$z^2 + w^2 = 1$，$xz + yw = 0$，求 $xy + zw$ 的值．

简析： 由已知等式联想到勾股定理，尝试构造直角三角形进行转化．当 x，y，z，w 均不为 0 时，构造斜边均为 1 的两个直角三角形、ABC，DEF，使得直角边 $AC = |x|$，$BC = |y|$，$|DF| = |w|$，$EF = |z|$（图 4 - 5）．

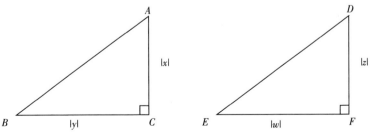

图 4 - 5

又由 $xz + yw = 0$ 得 $\dfrac{x}{y} = -\dfrac{w}{z}$，则 $\dfrac{|x|}{|y|} = -\dfrac{|w|}{|z|}$．

可知这两个直角三角形全等，则它们的面积相等，即有 $|xy| = |zw|$．再由 $xz + yw = 0$ 可知，若 x，y 同号，则 z，w 异号；若 x，y 异号，则 z，w 同号．也就是说，xy 与 zw 必异号，从而有 $xy = -zw$，即 $xy + zw = 0$．

当 x，y，z，w 有为 0 者时，如 $x = 0$，则 $y = \pm 1$，$w = 0$，$z = \pm 1$，仍有 $xy + zw = 0$．

综上，$xy + zw = 0$．

通过问题链主链的设计，可以看到，运用构造法破解数学试题，让整个解题思路非常清晰，强化了知识的理解与分析，沟通了知识间的纵横联系，充分显示了构造法的独特功效和神奇魅力．构造法涉及函数与方程、数形结合及转化与化归等重要的数学思想方法，它是一种灵活的思维方式．构造法没有固定的模式，要想用好它，需要有敏锐的观察力、丰富的联想力和创造性的思维能力，当然也必须有扎实的数学基础．引导学生进行这方面的训练，有利于提高学生运用构造法解决问题的意识和能力，同时，对拓宽学生的解题思路，沟通知识间的纵横联系，激发学生的学习兴趣，提高学生的创造性思维能力大有裨益．

第三节　子问题链

在数学问题链的设计中，一般主链是提前设计好的，然而在教学过程中，也可以进行子问题链预设．子问题链一般是依附于主问题链的．

一、子问题链预设

子问题链是指在问题链教学设计中，在主链设计的基础上，从主链中衍生出来的一系列新的问题链，它是对主链的丰富和补充．因为有时候主链问题是一个相对抽象的问题，其本身还可以衍生出诸多问题．为了教学过程更加顺畅、更加有效，教师在备课时总会对主链中提出的问题进行子问题的预设，对整个教学过程进行模拟预演．当然，课堂教学经常会遇到一些"意外"，不在预设情形里，它具有随机性和生成性．为了使子问题链的预设更加贴近实际教学，更加可控，教师在课堂中提问时应该做好以下几个点：

第一，根据问题的难度选择合适的对象和方式回答问题．教师要针对不同的问题，明确选什么层次的学生回答以及是齐答还是单独回答，简单问题一般选择齐答；要避免把回答的机会都给了学习成绩好的学生，教师应设置不同层次的问题，让每个学生都能获得学习成功的喜悦，让尽量多的学生参与到问题的解决中来，参与到课堂中来．

第二，课堂上学生回答问题时，教师要耐心地倾听．数学课堂，教师往往热衷于提出大量的问题，但是提出问题之后，无法给学生足够的思考时间，或者在学生做出回答之后，教师往往会急于对学生的回答做出评判．这种快节奏的课堂教学，表面看来，效率很高，教学任务能按时完成，但学生掌握的情况往往不乐观．学生由于没有充足的时间分析思考，有时对某一问题还绕不过来，老师已经讲解另一问题了，学生被老师牵着鼻子走．所以教师一定要有耐心，给学生足够的思考时间，把课堂还给学生，可能就会换来学生高质量的回答，甚至有时会有意外的惊喜．

第三，教师要围绕核心问题对学生的回答进行有效的追问，抓住子问题的生成机会，根据学生回答的情况，教师采用不同的处理方法．比如，学生回答不出时，教师可以重述一下问题，在此过程中做适当的解析、引导，帮助学生寻找破题的关键，争取能有所突破；当学生回答错误时，教师要引导学生去分析题目意思，关注重点信息，破解题中陷阱，从而使学生发现问题，纠正错误；当学生回答正确时，教师要鼓励表扬，给予积极评价，同时，让学生介绍解题思路，总结经验，分析亮点，或者提出相关变式，聚焦核心知识，继续推动，争取更大的效果．

二、子问题链预设示范——以函数奇偶性研究

（一）问题情境

问题 1：在日常生活中存在很多对称现象，你能举出一些例子吗？

问题 2：在数学中也有很多对称现象，观察 $f(x) = x^2$ 和 $f(x) = \dfrac{1}{x}$ 的函数图像，它们具有怎样的对称性？

问题 3：我们怎样用数学语言来刻画函数图像的对称性？

（二）数学建构

问题 4：$f(x) = x^2$ 的图像关于 y 轴对称，其中所隐含的数量关系是什么？

问题 5：你能否得到对于定义域为 A 的一般函数 $y = f(x)$ 的偶函数定义？

问题 6：$f(x) = \dfrac{1}{x}$ 的图像关于原点对称，其中隐含的数量关系是什么？

问题 7：类比偶函数定义，你能给出奇函数的定义吗？

问题 8：奇偶函数的定义域有什么特点？

问题 9：奇偶函数定义中要注意什么？

问题 10：由函数图像的对称性定义出了函数的奇偶性，那反过来，由函数的奇偶性可以得到图像对称吗？

（三）数学应用

问题 11：数学问题。

例　判断下列函数的奇偶性.

（1）$f(x) = x^2 - 1$；

（2）$f(x) = 2x$；

（3）$f(x) = (x - 1)^2$；

（4）$f(x) = \sqrt{1 - x} + \dfrac{1}{\sqrt{1 + x}}$；

问题 12：总结，通过以上的学习，你对函数对称性与奇偶性的认知是什么？

（四）子问题链的预设

子问题 4（1）：在 $f(x) = x^2$ 的图像上取一个特殊点 $A(1,1)$，它关于 y 轴的对称点 A' 的坐标是什么？

子问题 4（2）：$A'(-1,1)$ 在 $f(x) = x^2$ 的图像上吗？

子问题 4（3）：从这组特殊的点中你发现了什么数量关系？

子问题 8（1）：判断函数 $f(x) = x^2$，$x \in [-1,1]$ 的奇偶性.

子问题 8（2）：判断函数 $f(x) = x^2$，$x \in [-1,1)$ 的奇偶性.

子问题 8（3）：以上两个函数是否为同一函数？区别在哪里？

子问题 8（4）：奇偶函数的定义域有什么特点？

子问题 9（1）："若 $f(-2) = f(2)$，则函数 $f(x)$ 是偶函数"是否正确？

子问题 9（2）："若 $f(-2) \neq f(2)$，则函数 $f(x)$ 不是偶函数"是否正确？

子问题 9（3）：通过上面两道题，你认为函数奇偶性的定义中应该注意什么？

第 五 章

问题链教学的案例

　　在上一章中指出,在问题链教学模式中,主链的形式可分为单链、并列链和复合链等三种.本章将通过 10 篇教学设计的案例对这三种主链形式做一些介绍,以期达到抛砖引玉的作用.

第一节　单链案例

《二项式定理》教学设计

一、教材分析

本节课选自 2019 人教 A 版高中数学选择性必修第三册第六章《二项式定理》的第一个课时．

二项式定理是排列组合知识的应用，也为随后学习的概率知识及概率与统计做知识上的铺垫，具有较高的应用价值和思维训练价值．二项展开式与多项式乘法有密切联系，本节知识的学习，将从更广的视角和更高的层次来审视初中学习的关于多项式变形的知识．运用二项式定理可以解决一些比较典型的数学问题，如近似计算、整除问题、不等式的证明等，因此，它是承上启下的内容，在高中数学中有十分重要的作用．

二、课程目标

1. 利用计数原理分析二项式定理，并加以证明．
2. 掌握二项式定理及其展开式的通项公式．
3. 能解决与二项式定理有关的简单问题．

三、教学重难点

（一）重点

二项式定理及二项展开式的通项公式．

（二）难点

解决与二项式定理有关的简单问题.

四、核心素养

1. 数学抽象：分析、归纳得到二项式定理.

2. 逻辑推理：运用组合推导二项式定理.

3. 数学运算：通过二项式定理及其展开式的通项公式解题.

4. 数学建模：在不同情境中运用二项式定理解决问题.

五、教学策略选择与设计

本节课坚持"以学生为主体，以教师为主导"的原则，以问题为导向，通过"特殊到一般"的方法，引导学生观察、归纳，得到二项式定理，并运用二项式定理及其展开式通项公式解决实际问题，充分调动学生参与学习，激发学生的学习的热情，达到较好的教学效果.整个教学过程以"问题 1：观察下列式子，并回答问题"→"问题 2：仿照上述过程，你能根据计数原理，写出 $(a+b)^3$，$(a+b)^4$ 的展开式"→"问题 3：仿照上述过程，你能写出 $(a+b)^n$ 的展开式吗？"→"问题 4：求 $\left(x+\dfrac{1}{x}\right)$ 的展开式"→"问题 5：任务清单"→"问题 6：本节课你学了什么？"这一问题链为主线，让学生充分参与问题的探究、学习，教学效果明显.

问题链形式：单链；具体流程如图 5－1 所示.

图 5－1

六、教学过程设计

问题1：观察下列式子，并回答问题.

$(a+b)^2 = a^2 + 2ab + b^2$，$(a+b)^3 = a^3 + 3a^2b + 3ab^2 + b^3$.

（1）观察以上展开式，分析其运算过程，你能发现什么规律？

（2）根据你发现的规律，你能写出 $(a+b)^4$ 的展开式吗？

（3）进一步地，你能写出 $(a+b)^n$ 的展开式吗？

师生活动：学生观察思考，教师做好引导，帮助学生发现问题、解决问题.

先重点分析 $(a+b)^2$ 的展开过程，根据多项式乘法法则

$$(a+b)^2 = (a+b)(a+b)$$
$$= a \times a + a \times b + b \times a + b \times b$$
$$= a^2 + 2ab + b^2$$

可以看到，$(a+b)^2$ 是 2 个 $(a+b)$ 相乘，只要从一个 $(a+b)$ 中选一项（选 a 或 b），再从另一个 $(a+b)$ 中选一项（选 a 或 b），就能得到展开式的一项，于是，由分步乘法计数原理可知，在合并同类项之前，$(a+b)^2$ 的展开式共有 $C_2^1 \times C_2^1 = 2^2$ 项，而且每一项都是 $a^{2-k}b^k$ （$k=0$，1，2）的形式.

我们来分析一下形如 $a^{2-k}b^k$ 的同类项的个数.

当 $k=0$ 时，$a^{2-k}b^k = a^2$，这是由 2 个 $(a+b)$ 中都不选 b 得到的，因此，a^2 出现的次数相当于从 2 个 $(a+b)$ 中取 0 个 b（都取 a）的组合数 C_2^0，即 a^2 只有 1 个；

当 $k=1$ 时，$a^{2-k}b^k = ab$，这是从 1 个 $(a+b)$ 中选 a，从另一个 $(a+b)$ 中选 b 得到的，由于 b 选定后，a 的选法也随之确定，因此，ab 出现的次数相当于从 2 个 $(a+b)$ 中取 1 个 b 的组合数 C_2^1，即 ab 只有 2 个；

当 $k=2$ 时，$a^{2-k}b^k = b^2$，这是从 2 个 $(a+b)$ 中选 b 得到的，因此，b^2 出现的次数相当于从 2 个 $(a+b)$ 中取 2 个 b 的组合数 C_2^2，即 b^2 只有 1 个；

由上述分析可以得到：

$$(a+b)^2 = C_2^0 a^2 + C_2^1 ab + C_2^2 b^2$$

设计意图：让学生带着问题去观察展开式，引发学生思考，积极参与互动，说出自己的见解．发展学生逻辑推理、数学运算、数学抽象和数学建模的核心素养．

问题 2：仿照上述过程，你能根据计数原理，写出 $(a+b)^3$，$(a+b)^4$ 的展开式吗？

师生活动：学生思考并动笔书写，教师巡视、观察学生完成情况，适当引导，帮助个别学生完成．参照上面的分析，用类似的方法可知：

$$(a+b)^3 = C_3^0 a^3 + C_3^1 a^2 b + C_3^2 a b^2 + C_3^3 b^3$$

$$(a+b)^4 = C_4^0 a^4 + C_4^1 a^3 b + C_4^2 a^2 b^2 + C_4^3 a b^3 + C_4^4 b^4$$

设计意图：这个过程让学生亲身经历了从"繁杂计算之苦"到领悟"分步乘法原理与组合数的简洁美"的内化过程，巩固已有思想方法，为归纳猜想二项式定理做好铺垫．

问题 3：仿照上述过程，你能写出 $(a+b)^n$ 的展开式吗？

$(a+b)^n = $ _____（$n \in \mathbf{N}^*$）.

师生活动：教师讲解二项式定理有关要点，引导学生思考和完成相关问题．

（1）这个公式所表示的规律叫作二项式定理．

（2）展开式：等号右边的多项式叫作 $(a+b)^n$ 的二项展开式，展开式中一共有_____项．

（3）二项式系数：各项的系数_____（$k \in \{0, 1, 2, \cdots, n\}$）叫作二项式系数．

（4）$(a+b)^n$ 的展开式的第_____项叫作二项展开式的通项，记作 $T_{k+1} = $ _____．

（5）二项式定理形式上的特点：

① 二项展开式共有 $n+1$ 项．

② 二项式系数都是 C_n^k（$k = 0, 1, 2, \cdots, n$），与二项展开式中某一项的系数不一定相等．

③ 指数规律：各项次数均为 n，即为 n 的齐次式；字母 a 的次数由 n 次逐

次降到 0 次，字母 b 的次数由 0 次逐次升到 n 次.

预设答案：

(1) $C_n^0 a^n + C_n^1 a^{n-1} b + C_n^2 a^{n-2} b^2 + \cdots + C_n^k a^{n-k} b^k + \cdots + C_n^n b^n$.

(2) $n+1$.

(3) C_n^k.

(4) $k+1$.

$C_n^k a^{n-k} b^k$.

设计意图：引导帮助学生归纳、总结二项式定理的特点，强化巩固学生对展开式的理解，为后面的问题解决做好准备.

问题 4：求 $\left(x + \dfrac{1}{x}\right)^6$ 的展开式.

解：根据二项式定理

$$\left(x + \frac{1}{x}\right)^6 = (x + x^{-1})^6$$

$$= C_6^0 x^6 + C_6^1 x^5 x^{-1} + C_6^2 x^4 x^{-2} + C_6^3 x^3 x^{-3} + C_6^4 x^2 x^{-4} + C_6^5 x^1 x^{-}5 + C_6^6 x^{-6}$$

$$= x^6 + 6x^4 + 15x^2 + 20 + 15x^{-2} + 6x^{-4} + x^{-6}.$$

子问题 1：求 $(1 + 2x)^7$ 的展开式的第 4 项的系数；

子问题 2：求 $\left(2\sqrt{x} - \dfrac{1}{\sqrt{x}}\right)^6$ 的展开式中 x^2 的系数.

预设答案：

解：$(1 + 2x)^7$ 的展开式的第 4 项是

$$T_{3+1} = C_7^3 \times 1^{7-3} \times (2x)^3$$

$$= C_7^3 \times 2^3 \times x^3$$

$$= 35 \times 8 \times x^3$$

$$= 280 x^3,$$

因此，展开式第 4 项的系数是 280.

$\left(2\sqrt{x} - \dfrac{1}{\sqrt{x}}\right)^6$ 的展开式的通项是 $C_6^k (2x^{\frac{1}{2}})^{6-k} (x^{-\frac{1}{2}})^k = C_6^k 2^{6-k} x^{\frac{6-k}{2} - \frac{k}{2}} = $

$\mathrm{C}_6^k 2^{6-k} x^{3-k}$,

根据题意，得 $3-k=2$，$k=1$

因此，x^2 的系数是 $(-1) \times 2^5 \times \mathrm{C}_6^1 = -192$

令 $9-2k=3$，得 $k=3$，即展开式中第 4 项含 x^3，其系数为 $(-1)^3 \cdot \mathrm{C}_9^3 = -84$.

设计意图：通过典例解析，让学生体会利用二项式定理模型进行计算，感受数学模型在数学应用中的价值. 发展学生逻辑推理、直观想象、数学抽象和数学运算的核心素养.

问题 5：任务清单.

（1）$(a+b)^{2n}$ 的展开式的项数是（　　　）.

A. $2n$　　　　　　　　　　　　B. $2n+1$

C. $2n-1$　　　　　　　　　　　D. $2(n+1)$

（2）$(x-1)^{10}$ 的展开式的第 6 项是（　　　）.

A. C_{10}^6　　　　　　　　　　　　B. $-\mathrm{C}_{10}^6$

C. C_{10}^5　　　　　　　　　　　　D. $-\mathrm{C}_{10}^5$

（3）二项式 $\left(\sqrt{x}+\dfrac{1}{x}\right)^6$ 的展开式中有理项共有 ＿＿＿＿＿＿ 项.

（4）在 $(x-1)(x-2)(x-3)(x-4)(x-5)$ 的展开式中，含 x^4 的项的系数是 ＿＿＿＿＿＿.

（5）已知在 $\left(\sqrt[3]{x}-\dfrac{1}{2\sqrt[3]{x}}\right)^n$ 的展开式中，第 6 项为常数项.

① 求 n；

② 求含 x^2 的项的系数；

③ 求展开式中所有的有理项.

预设答案：

（1）解析：易知二项式 $(a+b)^{2n}$ 的展开式中有 $2n+1$ 项，故展开式的项数为 $2n+1$.

答案：B.

（2）解析：$T_{5+1} = \mathrm{C}_{10}^5(x)^5(-1)^5 = -\mathrm{C}_{10}^5 x^5$.

答案：D.

（3）解析：根据二项式定理的通项 $T_{k+1} = \mathrm{C}_6^k \cdot (\sqrt{x})^{6-k} \cdot \left(\dfrac{1}{x}\right)^k = \mathrm{C}_6^k \cdot x^{\frac{6-3k}{2}}$.

当取有理项时，$\dfrac{6-3k}{2}$ 为整数，此时 $k = 0$，2，4，6，故共有 4 项.

答案：4.

（4）解析：当第一个因式取 -1，其他取 x 时；当第二个因式取 -2，其他取 x 时；……；当第五个因式取 -5，其他取 x 时．因此 x^4 的项的系数为 -15.

答案：-15.

（5）分析：先利用二项展开式的通项，求出当 x 的次数为 0 时 n 的值，再求解第（2）（3）问.

解：（1）由通项知，展开式中第 $k+1$ 项为

$$T_{k+1} = \mathrm{C}_n^k \cdot (\sqrt[3]{x})^{n-k} \cdot \left(-\dfrac{1}{2\sqrt[3]{x}}\right)^k = \mathrm{C}_n^k \cdot (x^{\frac{1}{3}})^{n-k} \cdot \left(-\dfrac{1}{2} \cdot x^{-\frac{1}{3}}\right)^k = \left(-\dfrac{1}{2}\right)^k \cdot$$

$\mathrm{C}_n^k x^{\frac{n-2k}{3}}$

∵ 第 6 项为常数项

∴ $k = 5$，且 $n - 5 \times 2 = 0$

∴ $n = 10$

（2）由（1）知 $T_{k+1} = \left(-\dfrac{1}{2}\right)^k \cdot \mathrm{C}_{10}^k \cdot x^{\frac{10-2k}{3}}$. 令 $\dfrac{10-2k}{3} = 2$，则 $k = 2$

∴ x^2 的系数为 $\left(-\dfrac{1}{2}\right)^2 \times \mathrm{C}_{10}^2 = \dfrac{1}{4} \times 45 = \dfrac{45}{4}$

（3）当 T_{k+1} 项为有理项时，$\dfrac{10-2k}{3}$ 为整数，$0 \leqslant k \leqslant 10$，且 $k \in \mathbf{N}$.

令 $\dfrac{10-2k}{3} = z$，则 $k = 5 - \dfrac{3}{2}z$

∴ z 为偶数，从而求得当 $z = 2$，0，-2 时，相应地 $k = 2$，5，8，符合条件

∴ 有理项为 $T_3 = \mathrm{C}_{10}^2 \cdot \left(-\dfrac{1}{2}\right)^2 x^2 = \dfrac{45}{4}x^2$，$T_6 = \mathrm{C}_{10}^5\left(-\dfrac{1}{2}\right)^5 = -\dfrac{63}{8}$，$T_9 = \mathrm{C}_{10}^8$

$$\left(-\frac{1}{2}\right)^{8}x^{-2}=\frac{45}{256}x^{-2}$$

学生通过练习巩固本节所学知识和解决问题，发展数学运算、逻辑推理、直观想象、数学建模的核心素养．

问题6：本节课你学了什么？

（1）引导学生回顾本节课的学习内容．

（2）如何运用二项式定理解决实际问题？

最后教师进行总结．

《函数的极值》教学设计

一、教材分析

本节课选自 2019 人教 A 版高中数学选择性必修第二册第五章《一元函数的导数及其应用》，本节课主要学习函数的极值与最大（小）值．

学生已经具备导数概念、导数几何意义、导数计算、函数的单调性等相关的数学概念知识，对利用导数求函数的单调性有一定的认识，对相应导数的内容也具有一定的知识储备．

函数的极值与最值是函数的重要性质，在学习运用导数判断函数单调性的基础上，研究和学习函数的极值与最值是导数的一个重要应用，教学中要注意培养学生数形结合思想、特殊到一般的研究方法，发展学生直观想象、数学抽象、逻辑推理和数学运算的核心素养．

二、教学目标与学科素养

（一）教学目标

1. 了解函数极值的概念，会从函数图像直观认识函数极值与导数的关系．

2. 初步掌握求函数极值的方法．

3. 体会渗透在数学中的整体与局部的辩证关系.

（二）学科素养

1. 数学抽象：求函数极值的方法.

2. 逻辑推理：导数值为零与函数极值的关系.

3. 数学运算：运用导数求函数极值.

4. 直观想象：导数与极值的关系.

三、教学重难点

（一）重点

求函数极值.

（二）难点

函数极值与导数的关系.

四、教学策略与设计

（一）策略分析

函数的极值是学生在本小节第一次接触到的新概念，教材通过具体案例，结合函数图像，直观地给出了极值的概念，并根据具体函数在极值点及两侧导数值的变化情况，通过探究归纳出用导数求函数极值的一般方法. 对于学生已经学习过的函数的最大（小）值问题，则侧重于借助实例让学生体会如何利用导数来求函数的最大（小）值.

（二）方法选择

运用问题链教学模式，整个教学过程以"探究高台跳水运动图像回答问题"→"探究一般函数的图像，回答问题"→"问题 1：观察图像找出极值点和极值，并回答追问"→"问题 2：典例分析"→"回答预设问题 1 和问题 2，总结得到求极值的一般方法"→"练习巩固"→"课堂小结"这一问题链为主线，让学生充分参与问题的探究、学习，教学效果明显.

问题链形式：单链；具体流程如图 5 − 2 所示.

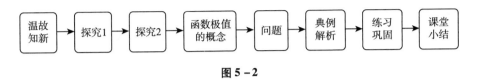

图 5 − 2

五、教学过程设计

（一）温故知新

1. 函数 $f(x)$ 的单调性与导函数 $f'(x)$ 正负的关系

定义在区间 (a, b) 内的函数 $y = f(x)$（表 5 − 1）：

表 5 − 1

$f'(x)$ 的正负	$f(x)$ 的单调性
$f'(x) > 0$	单调递 增
$f'(x) < 0$	单调递 减

2. 判断函数 $y = f(x)$ 的单调性

第 1 步：确定函数的 定义域 ；

第 2 步：求出导数 $f'(x)$ 的 零点 ；

第 3 步：用 $f'(x)$ 的 零点 将 $f(x)$ 的定义域划分为若干个区间，列表给出 $f'(x)$ 在各区间上的 正负 ，由此得出函数 $y = f(x)$ 在定义域内的单调性.

设计意图：温故知新，通过复习巩固已学知识，为新知识的学习做好铺垫.

探究 1：观察高台跳水运动图像（图 5 −3），回答问题.

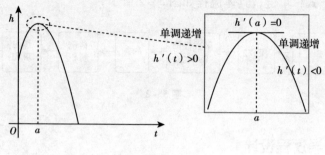

图 5 - 3

子问题 1：在点 $t = a$ 附近的图像有什么特点？

子问题 2：函数在 $t = a$ 处的函数值和附近函数值之间的关系是什么？
$[h(a) > h(x)]$

子问题 3：点 $t = a$ 附近的导数符号有什么变化规律？

子问题 4：函数在 $t = a$ 处的导数是多少？

解答：以上子问题的答案如图 5 - 3 所示，学生由图易得到答案.

探究 2：对一般函数 $y = f(x)$ 的探究. 观察下面函数图像（图 5 - 4），回答问题.

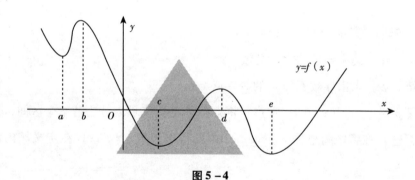

图 5 - 4

子问题 1：函数 $y = f(x)$ 在 $x = a$，b，c，d，e 等点的函数值与这些点附近的函数值有什么关系？

子问题 2：$y = f(x)$ 在这些点的导数值是多少？

子问题 3：在这些点附近，$y = f(x)$ 的导数的正负性有什么规律？

解答：以 $x = a$，b 为例回答以上三个子问题．

（1）函数 $y = f(x)$ 在点 $x = a$ 处的函数值 $f(a)$ 比它在点 $x = a$ 附近点处的函数值都小，而且在点 $x = a$ 附近的左侧 $f'(x) < 0$，右侧 $f'(x) > 0$．

（2）函数 $y = f(x)$ 在点 $x = b$ 处的函数值 $f(b)$ 比它在点 $x = b$ 附近其他点处的函数值都大，而且在点 $x = b$ 附近的左侧 $f'(x) > 0$，右侧 $f'(x) < 0$．

函数 $y = f(x)$ 在这些点的导数值都为 0．

设计意图：教师首先可以引导学生观察图像，让学生直观感受函数在某些特殊点（极值点）的函数值与附近点的函数值大小之间的关系，以及函数在这些点处的导数值与这些点附近函数的增减情况；然后结合教材的探究，从特殊到一般，给出函数的极大值和极小值的概念，分析求函数极值的方法．发展学生数学抽象、直观想象、数学运算的核心素养．

（二）函数极值的概念

极小值：函数 $y = f(x)$ 在点 $x = a$ 处的函数值 $f(a)$ 比它在点 $x = a$ 附近点处的函数值都小．$f'(a) = 0$．且在点 $x = a$ 附近的左侧 $f'(x) < 0$，右侧 $f'(x) > 0$，我们就说 $f(a)$ 是函数的 $y = f(x)$ 的一个极小值．a 叫作极小值点（图5-5）．

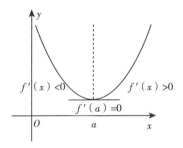

图5-5

极大值：函数 $y = f(x)$ 在点 $x = b$ 处的函数值 $f(b)$ 比它在点 $x = b$ 附近点处的函数值都大．$f'(b) = 0$，且在点 $x = b$ 附近的左侧 $f'(x) > 0$，右侧 $f'(x) < 0$，我们就说 $f(b)$ 是函数 $y = f(x)$ 的一个极大值．b 叫作极大值点．（图5-6）

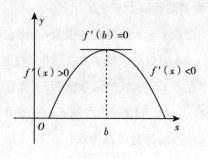

图 5 - 6

极小值和极大值统称为极值. 极小值点、极大值点统称为极值点.

问题：图 5 - 7 是函数 $y = f(x)$ 的图像，指出函数的极值点和极值.

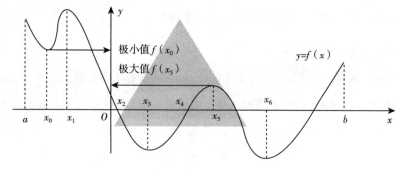

图 5 - 7

追问：极大值一定大于极小值吗？（学生由图像容易给出答案）

【关于极值概念的几点说明】

（1）极值是一个局部概念，反映了函数在某一点附近的大小情况.

（2）极值点不是点，而是自变量的值，极值指的是函数值.

（3）函数的极值不是唯一的，而且极大值未必比极小值大.

设计意图：通过特例，让学生体会导数与函数极值之间的关系，发展学生直观想象、数学抽象、数学运算和数学建模的核心素养.

（三）典例解析

例　求函数 $f(x) = \dfrac{1}{3}x^3 - 4x^2 + 4$ 的极值.

解：因为 $f(x) = \dfrac{1}{3}x^3 - 4x^2 + 4$ 的定义域为 **R**，

所以 $f'(x) = x^2 - 4 = (x+2)(x-2)$.

令 $f'(x) = 0$，解得 $x_1 = -2, x_2 = 2$.

当 x 变化时，$f'(x)$，$f(x)$ 的变化情况如表 5-2 所示.

表 5-2

x	$(-\infty, -2)$	-2	$(-2, 2)$	2	$(2, +\infty)$
$f'(x)$	$+$	0	$-$	0	$+$
$f(x)$	单调递增	$f(-2) = \dfrac{28}{3}$	单调递减	$f(2) = -\dfrac{4}{3}$	单调递增

因此，当 $x = -2$ 时，$f(x)$ 有极大值，极大值为 $f(-2) = \dfrac{28}{3}$；当 $x = 2$ 时，

$f(x)$ 有极小值，极小值为 $f(2) = -\dfrac{4}{3}$.

函数的图像如图 5-8 所示：

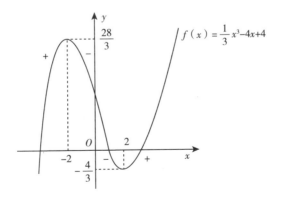

图 5-8

预设问题：若 $f'(x_0) = 0$，则 x_0 是否为极值点？

教学活动：对于以上预设问题的分析，教师引导学生先回答以下两个子问题：

子问题1：极值点两侧函数图像单调性有何特点？

子问题2：若寻找可导函数极值点，可否只由求 $f'(x_0) = 0$ 求得？

预设答案：

子问题1，由图5-9可得到"极值点两侧单调性互异"的结论.

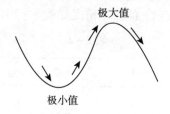

图 5 - 9

子问题2，不一定，如 $f(x) = x^3$（图5-10），$f'(0) = 0$，但 $x = 0$ 不是 $f(x) = x^3$ 的极值点.

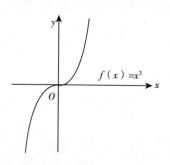

图 5 - 10

所以，当 $f'(x_0) = 0$ 时，要判断 $x = x_0$ 是否为 $f(x)$ 的极值点，还要看 $f'(x)$ 在 x_0 两侧的符号是否相反.

预设问题：由例题，你能否得出求函数 $y = f(x)$ 的极值的方法？

一般地，可按如下方法求函数 $y = f(x)$ 的极值.

解方程 $f'(x) = 0$，当 $f'(x_0) = 0$ 时，

（1）如果在 x_0 附近的左侧 $f'(x) > 0$，右侧 $f'(x) < 0$，那么 $f(x_0)$ 是极

大值.

（2）如果在 x_0 附近的左侧 $f'(x) < 0$，右侧 $f'(x) > 0$，那么 $f(x_0)$ 是极小值.

设计意图：通过对典型例题的分析和解决，帮助学生掌握运用导数求函数极值的一般方法；通过对问题的思考和解决，帮助学生对极值概念在认识上进行升华．发展学生数学运算、直观想象和数学抽象的核心素养．

（四）练习巩固

1. 求函数 $y = x^3 - 3x^2 - 9x + 5$ 的极值.

解：$\because y' = 3x^2 - 6x - 9$，令 $y' = 0$，即 $3x^2 - 6x - 9 = 0$

解得 $x_1 = -1, x_2 = 3$．当 x 变化时，y', y 的变化情况如表 5 - 3 所示.

表 5 - 3

x	$(-\infty, -1)$	-1	$(-1, 3)$	3	$(3, +\infty)$
y'	+	0	-	0	+
y	单调递增	极大值	单调递减	极小值	单调递增

$\therefore$ 当 $x = -1$ 时，函数 $y = f(x)$ 有极大值，且 $f(-1) = 10$

当 $x = 3$ 时，函数 $y = f(x)$ 有极小值，且 $f(3) = -22$.

2. 已知函数 $f(x) = ax^3 + bx^2 + cx + d$ 的图像如图 5 - 11 所示，则有（　　）．

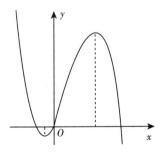

图 5 - 11

A. $b > 0$，$c > 0$　　　　　　　　B. $b < 0$，$c > 0$

C. $b > 0$，$c < 0$　　　　　　　　D. $b < 0$，$c < 0$

解：由函数 $f(x)$ 的图像可知 $f(x)$ 先递减，再递增，再递减．由 $f(0) = 0$，可知 $d = 0$

$\therefore f'(x)$ 先为负，再变为正，再变为负．

$\therefore f'(x) = 3a x^2 + 2bx + c$，

$\therefore a < 0$.

$\because 0$ 在增区间内

$\therefore f'(0) > 0$，即 $c > 0$，$-\dfrac{b}{3a} > 0$，可知 $b > 0$

故选 A

设计意图：及时巩固所学内容，进一步掌握求极值的一般步骤，以及极值和导数的关系．升华培养数学抽象、数学运算的核心素养．

（五）课堂小结：本节课你学习了什么？

1. 函数的极值与导数的关系

（1）函数的极小值与极小值点．

若函数 $f(x)$ 在点 $x = a$ 处的函数值 $f(a)$ 比它在点 $x = a$ 附近点处的函数值都小，$f'(a) = 0$，而且在点 $x = a$ 附近的左侧 $f'(x) < 0$，右侧 $f'(x) > 0$，则点 a 叫作函数的极小值点，$f(a)$ 叫作函数的极小值．

（2）函数的极大值与极大值点．

若函数 $f(x)$ 在点 $x = b$ 处的函数值 $f(b)$ 比它在点 $x = b$ 附近点处的函数值都大，$f'(b) = 0$，而且在点 $x = b$ 附近的左侧 $f'(x) > 0$，右侧 $f'(x) < 0$，则点 b 叫作函数的极大值点，$f(b)$ 叫作函数的极大值．

2. 如何求函数 $y = f(x)$ 的极值

略．

六、教学反思

运用问题链教学模式，在师生的讨论中观察发现，探究新知．本节课在前一节所学利用导数求函数单调性的基础上，引导学生通过生活实例、观察图像，自己探究回答问题，归纳、总结出函数极值的定义及利用导数求极值的方法，让学生主动地获得知识，教师只进行适当的引导，而不进行全部灌输. 为突出重点，突破难点，这节课主要以问题为主导，合作探究式教学法组织教学，学生收获良多，课堂参与率高.

《同角三角函数的基本关系》教学设计

一、教材分析

三角函数是一类典型的周期函数，教材中把三角函数和函数的概念与性质、幂函数、指数函数及对数函数作为一个整体，帮助学生从整体上把握三角函数的概念、性质和应用；通过前面学习的研究函数的基本思路和基本方法来指导本章的学习，使学生在已有经验的基础上形成新的知识，提高学生的数学学习能力和数学思维水平.

本课中，教材紧紧围绕三角函数的定义，借助单位圆的几何直观，以问题引导学习，使学生更好地理解同角三角函数的基本关系，逐渐使学生形成用单位圆探索三角函数的意识，提高分析问题和解决问题的能力. 本节内容是整个三角函数知识的基础，也是三角恒等变换的关键，与第一章中任意角的三角函数关系非常密切，在教材中起承上启下的作用.

二、学情分析

学生在前一节课已学习了任意角三角函数的定义，能根据任意角三角函数的定义求出三个三角函数值；对单位圆的几何性质理解得比较深刻，并具有一定的分析和理解能力. 这些都为本课的学习奠定了一定的知识基础. 但大部分学生逻辑思维、运算能力相对比较薄弱，对问题的分析缺乏理性，这是本课教学中的一个难点.

三、教学重难点

（一）重点

1. 利用三角函数的定义探究同角三角函数的基本关系；
2. 根据一个三角函数值求出另外两个三角函数值及弦化切的基本方法．

（二）难点

1. 已知某角的一个三角函数值，求其余各三角函数值时符号的确定．
2. 掌握同角三角函数的关系式，并能灵活运用于解题．

四、教学策略与设计

本节课结合"最近发展区"理论，以问题为导向，启发学生思考，引导学生合作探究，把握教学内容的本质，层层深入分析问题、解决问题；整个教学过程以"提出问题：终边相同的角的三个三角函数之间是否有某种关系？"→"学习探究问题1作出猜想"→"问题2：结合图形，归纳出同角三角函数的基本关系？"→"问题3：深化公式理解"→"典例分析"→"问题4：变式训练"→"问题5：本课收获"→"任务清单"这一问题链为主线，让学生充分参与问题的探究、学习，使学习过程比较自然、有效．

问题链形式：单链；具体流程如下：

知识回顾→问题1→问题2→问题3→典例分析→问题4→问题5→任务清单

五、教学过程

（一）知识回顾

1. 三角函数的定义

设 α 是一个任意角，$\alpha \in \mathbf{R}$，它的终边 OP 与单位圆交于点 $P(x,y)$，则 $\sin\alpha$ = _____，$\cos\alpha$ = _____，$\tan\alpha$ = _____．

2. 终边相同的角的同一个三角函数的值

公式一： $\sin(\alpha + 2k\pi) = \underline{\qquad\qquad}$

$\qquad\qquad\cos(\alpha + 2k\pi) = \underline{\qquad\qquad}$

$\qquad\qquad\tan(\alpha + 2k\pi) = \underline{\qquad\qquad}$ （其中 $k \in \mathbf{Z}$ ）

师生活动：

（1） $\sin\alpha = y, \cos\alpha = x, \tan\alpha = \dfrac{y}{x}$.

（2） 终边相同的角的同一个三角函数的值相等 .

$$\sin(\alpha + 2k\pi) = \sin\alpha$$

$$\cos(\alpha + 2k\pi) = \cos\alpha$$

$$\tan(\alpha + 2k\pi) = \tan\alpha\,(其中\,k \in \mathbf{Z})$$

设计意图：通过对以上两个知识点的回顾，启发学生注重新旧知识的有机衔接，并引导学生由三角函数的定义及公式一，尝试探索终边相同的角 α 的三个函数值间的关系，引出本课课题 .

公式一表明终边相同的角的同一三角函数值相等，那么，终边相同的角的三个三角函数之间是否也有某种关系呢？根据公式一可知，我们不妨讨论同一个角 α 的三个三角函数 $\sin\alpha, \cos\alpha, \tan\alpha$ 之间的关系 .

问题 1：观察并回答以下问题：

（1） $\sin^2 30° + \cos^2 30° = \underline{\qquad\qquad}$.

（2） $\sin^2 45° + \cos^2 45° = \underline{\qquad\qquad}$.

（3） $\sin^2 60° + \cos^2 60° = \underline{\qquad\qquad}$.

（4） $\sin^2 120° + \cos^2 120° = \underline{\qquad\qquad}$.

由上面各式，你有何猜想？ $\underline{\qquad\qquad\qquad\qquad\qquad\qquad}$.

判断下列各式左右大小关系：

（5） $\dfrac{\sin 30°}{\cos 30°}\underline{\qquad\qquad} \tan 30°$.

（6） $\dfrac{\sin 45}{\cos 45°}\underline{\qquad\qquad} \tan 45°$.

（7） $\dfrac{\sin 60°}{\cos 60°}$ —————— $\tan 60°.$

（8） $\dfrac{\sin 120°}{\cos 120°}$ —————— $\tan 120°.$

对于上面（5）～（8）各式，你又有何猜想？ ————————————— .

师生活动：

（1） $\sin^2\alpha + \cos^2\alpha = 1.$

（2） $\dfrac{\sin\alpha}{\cos\alpha} = \tan\alpha\,(\alpha \neq k\pi + \dfrac{\pi}{2}, k \in \mathbf{Z})$.

当学生在（2）中忘给 α 的范围时，预设问题：在上述两个等式中，α 是不是任意角？有何限制？

答：在第一个等式中，α 可以是任意角，在第二个等式中 $\alpha \neq k\pi + \dfrac{\pi}{2}, k \in \mathbf{Z}.$

设计意图：通过对具体式子的观察，让学生发现同角三角函数之间存在特殊的关系，体验由特殊到一般的思想方法，既增加了学生对公式的记忆，也培养了学生发现问题、思考问题的能力.

问题 2：由问题 1，你得到同一个角 α 的三个三角函数 $\sin\alpha$，$\cos\alpha$，$\tan\alpha$ 之间有什么关系，并说明理由.

答：同角的三角函数之间有以下关系：

（1）平方关系：$\sin^2\alpha + \cos^2\alpha = 1.$

（2）商数关系：$\tan\alpha = \dfrac{\sin\alpha}{\cos\alpha}$ （$\alpha \neq k\pi + \dfrac{\pi}{2}, k \in \mathbf{Z}$）

师生活动：教师引导学生完成上述两式的证明. 如图 5 - 12，设点 $P(x,y)$ 是角 α 的终边与单位圆的交点，过 P 作 x 轴的垂线，交 x 轴于 M，则 $\triangle OMP$ 是直角三角形，且 $OP = 1.$ 引导学生观察图形中的几何关系，小组讨论，并课堂展示.

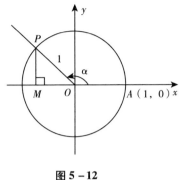

图 5 – 12

由勾股定理可得 $OM^2 + MP^2 = 1$，因此 $x^2 + y^2 = 1$，根据三角函数的定义可得

$$\sin^2\alpha + \cos^2\alpha = 1，\tan\alpha = \frac{\sin\alpha}{\cos\alpha}(\alpha \neq k\pi + \frac{\pi}{2}, k \in \mathbf{Z})$$

设计意图：根据"最近发展区"理论，从三角函数的定义出发，用联系的观点提出问题、分析问题，获得研究思路，这是数学研究中的常用思想．引导学生利用圆的几何直观来获得同角三角函数的基本关系，使学生充分体会形与数的结合，提升学生的直观想象和逻辑推理的核心素养．

问题 3：对于以上两个公式，你有什么理解？

师生活动：教师引导学生充分认识两个公式描述同角三角函数的基本关系，启发学生注意"同一个角"这个前提条件及角的取值范围；当角 α 的一个三角函数值已知时，从方程的角度可求得其他三角函数值，即"知一求二"．

设计意图：引导学生对同角三角函数的基本关系的研究，从结构深入本质，这是对关系式的进一步认识，是学生知识内化的过程，培养了学生分析问题、解决问题的数学思维，发展了学生的逻辑推理能力，有助于突破难点．

（二）典例分析

例　已知 $\sin\alpha = -\dfrac{3}{5}$，求 $\cos\alpha$，$\tan\alpha$ 的值．

子问题 1：解决本题的思路是什么？你的依据是什么？

解：因为 $\sin\alpha < 0$ 且 $\sin\alpha \neq -1$，所以 α 是第三或第四象限角

由 $\sin^2\alpha + \cos^2\alpha = 1$ 得 $\cos^2\alpha = 1 - \sin^2\alpha = 1 - \left(-\dfrac{3}{5}\right)^2 = \dfrac{16}{25}$.

当 α 为第三象限角时，$\cos\alpha = -\sqrt{\dfrac{16}{25}} = -\dfrac{4}{5}$，$\tan\alpha = \dfrac{\sin\alpha}{\cos\alpha} = \dfrac{-\dfrac{3}{5}}{-\dfrac{4}{5}} = \dfrac{3}{4}$；

当 α 为第四象限角时，$\cos\alpha = \dfrac{4}{5}$，$\tan\alpha = -\dfrac{3}{4}$.

子问题 2：请重新设计一个与 $\sin\alpha$，$\cos\alpha$，$\tan\alpha$ 相关的题目并求解.

预设题目：

1. 已知 $\cos\alpha = \dfrac{4}{5}$，$\alpha$ 为第四象限，求 $\sin\alpha$，$\tan\alpha$ 的值.

$\left(\sin\alpha = -\dfrac{3}{5},\ \tan\alpha = -\dfrac{3}{4}\right)$

2. 已知 $\tan\alpha = 2$，求 $\sin\alpha$，$\cos\alpha$ 的值.

解：由 $\begin{cases} \dfrac{\sin\alpha}{\cos\alpha} = 2, \\ \sin^2\alpha + \cos^2\alpha = 1 \end{cases}$ 得 $\begin{cases} \sin\alpha = \dfrac{2\sqrt{5}}{5}, \\ \cos\alpha = \dfrac{\sqrt{5}}{5} \end{cases}$ 或 $\begin{cases} \sin\alpha = -\dfrac{2\sqrt{5}}{5}, \\ \cos\alpha = -\dfrac{\sqrt{5}}{5}. \end{cases}$

设计意图：例题设置根据一个角的某个三角函数值求其余两个函数值，让学生学会利用同角三角函数的基本关系式解决问题，引导学生通过方程思想、分类讨论等数学思想剖析解决问题，并规范答题过程.

根据发展性和开放性原则，提出子问题 2，并附预设题目（1）、预设题目（2），让学生亲历设计题目的过程，帮助学生突破"利用平方关系求函数值时符号的确定"这个难点，让学生主动参与知识内化的过程，自然归纳出"知一求二"的基本方法，构建新的知识体系.

问题 4：已知 $\tan\alpha = 2$，求 $\dfrac{\sin\alpha + \cos\alpha}{\sin\alpha - \cos\alpha}$ 的值.

当学生代入上题答案求解时提出子问题.

子问题 1：你能用不同的方法求解吗？

解（利用弦化切）：$\dfrac{\sin\alpha+\cos\alpha}{\sin\alpha-\cos\alpha}=\dfrac{\tan\alpha+1}{\tan\alpha-1}=\dfrac{2+1}{2-1}=3$

子问题2：请重新提出一个问题（条件不变）并求解.

预设题目：

（1）求 $\dfrac{\sin^2\alpha+2\cos^2\alpha}{\sin\alpha\cos\alpha-\cos^2\alpha}$ 的值.

（2）求 $3\sin^2\alpha+\sin\alpha\cos\alpha+1$ 的值.

（3）求 $\sin\alpha+2\cos^2\alpha$ 的值.

答案：（1）6；（2）$\dfrac{19}{5}$；（3）$\dfrac{2\sqrt5+2}{5}$或$\dfrac{-2\sqrt5+2}{5}$.

设计意图：由例题到变式，层层深入，鼓励学生探索不同的解题方法，合作交流，体会方程思想、消元思想及弦化切的基本方法；利用子问题2让学生分享学习的成果，引导学生进一步探究弦化切的使用条件（关于 $\sin\alpha$，$\cos\alpha$ 的公式），逆向使用同角三角函数的商数关系及对"1"的恒等变换，提高学生转化与化归的数学思想，发展学生的逻辑推理和数学运算素养.

问题5：本节课你学到了什么？

（1）知识点：＿＿＿＿＿＿＿＿＿＿＿＿＿＿＿＿＿＿＿＿

（2）数学思想、方法：＿＿＿＿＿＿＿＿＿＿＿＿＿＿＿＿

设计意图：从知识点和数学思想方法两个方面引导学生对本节课的学习进行总结，将知识技能的掌握与数学学科核心素养的达成有机结合，明确本节课的学习重点，培养学生良好的学习习惯，发展学生自主学习的能力.

六、任务清单

1. 已知 $\sin\theta=\dfrac{m-3}{m+5}$，$\cos\theta=\dfrac{4-2m}{m+5}$，则 m 的值为＿＿＿＿，$\tan\theta=$＿＿＿＿.

2. 已知 $\sin\alpha+\cos\alpha=\dfrac{7}{13}$，$\alpha\in(0,\pi)$，你可以得出什么结论？说明理由.

答案：1. $m=0$ 或 8，$\tan\theta=-\dfrac{3}{4}$或$-\dfrac{5}{12}$.

2. 如 $\sin\alpha\cos\alpha = -\dfrac{60}{169}$，$\sin\alpha - \cos\alpha = \dfrac{17}{13}$，$\sin\alpha = \dfrac{12}{13}$，$\cos\alpha = -\dfrac{5}{13}$，$\tan\alpha = -\dfrac{12}{5}$ 等.

设计意图：此题的核心在于考查学生运用所学知识解决问题的能力，培养学生的创新精神和创新能力，全面发展学生的核心素养.

《圆锥曲线定点（值）问题的探究》教学设计

一、教材分析

圆锥曲线的定值或定点问题是历年高考的热点．新课标、新教材、新高考不仅对教师的教学和备考提出了更高的要求，对学生学习数学、应用数学的能力也提出了更高的要求．在自编学案中，设置了一道开放题目，意在引导学生应用推理与证明的方法，发挥创造性思维解决问题，以达到培养学生的数学学科素养的目标．本节课对圆锥曲线定点（值）问题进行探究，提前一天将学案分发给学生．

课时安排：2 个课时．

二、学情分析

（一）认知基础

学生已学习了圆锥曲线的内容，对直线、圆、椭圆、双曲线、抛物线的概念、图像和性质都有所了解，积累了探究圆锥曲线性质的经验，掌握了推理与证明的方法．

（二）认知障碍

将几何关系转化为代数关系，圆锥曲线性质的推广及应用，敢于提出新问题并解决．

三、学科核心素养与课程目标

（一）学科核心素养

1. 数学抽象：重视知识形成过程的教学，让学生知其然并知其所以然，能提出数学命题和模型，形成数学方法与思想，认识数学结构与体系．通过学习体会到探索的艰辛过程与创新的乐趣．

2. 逻辑推理：通过对直线与圆锥曲线相关性质的探究，培养学生形成扎实严谨的科学作风．掌握推理的基本形式和规则，发现问题和提出命题，探索和表述论证过程，理解命题体系，有逻辑地表达与交流．

3. 数学运算：通过经历联立方程组的运算化简，促进数学思维的发展，形成规范化思考问题的品质，养成一丝不苟、严谨求实的科学精神．

（二）课程目标

1. 会进行几何关系与代数关系的互化．

2. 经历直线与圆相关性质的探究过程，学习从具体实例中提炼数学性质的方法，由具体到一般，由一种曲线类比到多种曲线，提高归纳概括能力．

3. 提高探究能力、数学学习能力及数学应用能力．

四、教学重难点

（一）教学重点

对圆锥曲线的性质提出有意义的问题并解答．

（二）教学难点

几何关系与代数关系相互转化，数学运算．

五、教学方法手段

（一）教学方法

问题链教学．

（二）教学方法

多媒体辅助、PPT.

六、教学策略选择与设计

本节课通过典例的引入，设计了问题（3）（就本问题，请你尝试提出有意义的问题并解答），培养学生发现问题、提出问题的能力和自主探究的精神．在探究过程中，引导学生从多个角度构造题目，挖掘题目中条件与结论隐藏的逻辑关系，体会数学问题之间的内在联系，让学生对此类问题有深刻的认识．教学设计过程：典例→逆命题→改变 M 的位置→改变圆的半径→改变圆锥曲线的类型．采用从特殊到一般，从具体到抽象，层层递进的方式，符合学生的思维特点．

问题链形式：单链（图 5 – 13）．

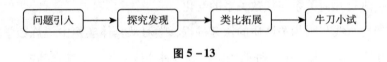

图 5 – 13

七、教学流程设计

（一）问题引入

典例 已知直线 $l: 4x + 3y + 10 = 0$ ，半径为 2 的圆 C 与 l 相切，圆心 C 在 x 轴上且在直线 l 的右上方．

（1）求圆 C 的方程．

（2）过点 $M(1, 0)$ 的直线与圆 C 交于 A ， B 两点（点 A 在 x 轴上方），在 x 轴正半轴上是否存在定点 N ，使得 x 轴平分 $\angle ANB$ ？若存在，请求出点 N 的坐标；若不存在，请说明理由．

（3）就本问题，请你尝试提出有意义的问题并解答．（请注意完整、清晰、简洁地叙述你所提的问题）

教师活动：相信同学们对该题都有了答案，请先回答第（1）（2）问．

学生活动：回答并展示第（1）（2）问的结果．

教师根据学生的答题情况发现，部分学生在第（2）问求解过程中出现了求知障碍，即将几何关系转化为代数关系的障碍．通过学生的思考、讨论和探究，教师适当引导（关键是把几何问题代数化，即把条件"x 轴平分 $\angle ANB$"等价转化为"直线的斜率互为相反数"），然后借助方程思想求解，破解障碍．求解过程如下：

（1）圆 C 的方程：$x^2 + y^2 = 4$．（过程从略）

（2）设直线 AB 的方程为 $x = ty + 1$，$N(n, 0)$，$A(x_1, y_1)$，$B(x_2, y_2)$

由 $\begin{cases} x^2 + y^2 = 4 \\ x = ty + 1 \end{cases}$ 得 $(t^2 + 1)y^2 + 2ty - 3 = 0$，$\Delta = 16t^2 + 12 > 0$

$$y_1 + y_2 = -\frac{2t}{t^2 + 1} \quad ①$$

$$y_1 y_2 = \frac{-3}{t^2 + 1} \quad ②$$

若 x 轴平分 $\angle ANB$，则 $k_{AN} + k_{BN} = \dfrac{y_1}{x_1 - n} + \dfrac{y_2}{x_2 - n} = 0.$

即 $y_1(x_2 - n) + y_2(x_1 - n) = 0$，$y_1(ty_2 + 1 - n) + y_2(ty_1 + 1 - n) = 0$

$\therefore 2ty_1 y_2 + (1 - n)(y_1 + y_2) = 0$，将①②代入得

$$2t \frac{-3}{t^2 + 1} + \frac{(1 - n)(-2t)}{t^2 + 1} = 0$$

$\therefore 2t(n - 4) = 0$，$\therefore n = 4$

所以当点 $N(4, 0)$ 时，使得 x 轴平分 $\angle ANB$

设计意图：引入一个相对简单、具体的例子，让学生通过对直线与圆的相关性质的探究过程，提出问题，引发思考，激发探究的动力．

（二）探究发现

接下来探究第（3）问．该问题是创新题型，对学生的创新能力进行考查．通过开放性提问，由学生自己提出问题并解答，思路开放．教师对学生提出的

问题进行总结，形成问题链.

教师活动：请同学们思考第（3）问，"有意义"通俗来讲即"可以解答".

学生活动：思考问题，并尝试做答.

教师活动：巡视学生的答题情况，提问，鼓励学生大胆回答，收集、整理学生的答题情况，补充学生的想法. 现将思路整理如下：逆命题、改变点 M 的位置、改变圆的半径. 归纳如下.

1. 逆命题

问题1：圆 C 的方程：$x^2 + y^2 = 4$，过点 $M(1,0)$ 的直线与圆 C 交于 A，B 两点（点 A 在 x 轴上方），x 轴上存在点 $N(4,0)$，x 轴是否平分 $\angle ANB$？

解：设直线 AB 的方程为 $x = ty + 1$，$A(x_1, y_1)$，$B(x_2, y_2)$，$N(4,0)$

由 $\begin{cases} x^2 + y^2 = 4 \\ x = ty + 1 \end{cases}$ 得 $(t^2 + 1)y^2 + 2ty - 3 = 0$

$\Delta = 16t^2 + 12 > 0$，$y_1 + y_2 = -\dfrac{2t}{t^2 + 1}$ ①

$y_1 y_2 = \dfrac{-3}{t^2 + 1}$ ②

$k_{AN} + k_{BN} = \dfrac{y_1}{x_1 - 4} + \dfrac{y_2}{x_2 - 4} = \dfrac{y_1(x_2 - 4) + y_2(x_1 - 4)}{(x_1 - 4)(x_2 - 4)}$，

而 $y_1(x_2 - 4) + y_2(x_1 - 4) = y_1(ty_2 - 3) + y_2(ty_1 - 3) = 2ty_1 y_2 - 3(y_1 + y_2)$

$$= \dfrac{-6t}{t^2 + 1} + \dfrac{6t}{t^2 + 1} = 0$$

$\therefore k_{AN} + k_{BN} = 0$，$\therefore x$ 轴平分 $\angle ANB$

追问：除了提出逆命题，还可以通过改变题目条件提出其他有意义的问题吗？

2. 改变点 M 的位置

问题2：圆 C 的方程：$x^2 + y^2 = 4$，直线 l 与圆 C 交于 A，B 两点，与 x 轴交于圆内一点 M（m，0）（$m \neq 0$），在 x 轴上是否存在定点 N（n，0），使得 x 轴平分 $\angle ANB$？若存在，请求出 m，n 的关系式；若不存在，请说明理由.

解：设直线 AB 的方程为 $x = ty + m$，$N(n,0)$，$A(x_1,y_1)$，$B(x_2,y_2)$

由 $\begin{cases} x^2 + y^2 = 4 \\ x = ty + m \end{cases}$ 得 $(t^2 + 1)y^2 + 2tmy + m^2 - 4 = 0$.

$\because$ 点 $M(m，0)$ 在圆内

$\therefore \Delta = 4t^2 - 4m^2 + 16 > 0$

$y_1 + y_2 = -\dfrac{2tm}{t^2 + 1}$ ①

$y_1 y_2 = \dfrac{m^2 - 4}{t^2 + 1}$ ②

若 x 轴平分 $\angle ANB$，则 $k_{AN} + k_{BN} = \dfrac{y_1}{x_1 - n} + \dfrac{y_2}{x_2 - n} = 0$，

即 $y_1(x_2 - n) + y_2(x_1 - n) = 0$，$y_1(ty_2 + m - n) + y_2(ty_1 + m - n) = 0$

$\therefore 2ty_1 y_2 + (m - n)(y_1 + y_2) = 0$，将①②代入

得 $2t \dfrac{m^2 - 4}{t^2 + 1} + \dfrac{(m - n)(-2tm)}{t^2 + 1} = 0$

$\therefore 2t(mn - 4) = 0$，由于 $t \in \mathbf{R}$

$\therefore mn = 4$

$\therefore$ 当点 N 为 $\left(\dfrac{4}{m}, 0\right)$ 时，使得 x 轴平分 $\angle ANB$. 反过来也成立.

追问：观察到 $mn = 4 = 2^2$，恰好为圆的半径的平方. 那么问题来了：mn 是不是只与半径有关？

3. 改变圆的半径

问题3：圆 C 的方程：$x^2 + y^2 = r^2$，直线 l 与圆 C 交于 A，B 两点，与 x 轴交于圆内一点 $M(m，0)$（$m \neq 0$），在 x 轴上是否存在定点 $N(n，0)$，使得 x 轴平分 $\angle ANB$？若存在，请求出 m，n 的关系式；若不存在，请说明理由.

解：设直线 AB 的方程为 $x = ty + m$，$N(n，0)$，$A(x_1，y_1)$，$B(x_2，y_2)$

由 $\begin{cases} x^2 + y^2 = r^2 \\ x = ty + m \end{cases}$ 得 $(t^2 + 1)y^2 + 2tmy + m^2 - r^2 = 0$

$\because$ 点 $M(m,0)$ 在圆内

$$\therefore \Delta = 4r^2t^2 - 4m^2 + 4r^2 > 0$$

$$y_1 + y_2 = -\frac{2tm}{t^2 + 1} \quad ①$$

$$y_1 y_2 = \frac{m^2 - r^2}{t^2 + 1} \quad ②$$

若 x 轴平分 $\angle ANB$，则 $k_{AN} + k_{BN} = \frac{y_1}{x_1 - n} + \frac{y_2}{x_2 - n} = 0$，

即 $y_1(x_2 - n) + y_2(x_1 - n) = 0$，$y_1(ty_2 + m - n) + y_2(ty_1 + m - n) = 0$

$\therefore 2ty_1y_2 + (m - n)(y_1 + y_2) = 0$，将①②代入

得 $2t\dfrac{m^2 - r^2}{t^2 + 1} + \dfrac{(m - n)(-2tm)}{t^2 + 1} = 0$

$\therefore 2t(mn - r^2) = 0$，由于 $t \in \mathbf{R}$

$\therefore mn = r^2$

$\therefore$ 当点 N 为 $\left(\dfrac{r^2}{m}, 0\right)$ 时，使得 x 轴平分 $\angle ANB$. 反过来也成立.

设计意图：设计创新题型，对学生的创新能力进行考查. 通过开放性提问，由考生自己提出问题并解答，思路开放. 教师对学生提出的问题进行总结，形成问题链，提高学生的探究能力、数学学习能力.

追问：圆具有 $mn = r^2$ 的性质，其他的圆锥曲线是否也具有类似性质？

（三）类比拓展

教师活动：探究其他的圆锥曲线具有什么性质，请同学们继续思考.

学生活动：思考问题，并尝试作答.

1. 变换圆锥曲线类型

问题 1：椭圆 C 的方程：$\dfrac{x^2}{a^2} + \dfrac{y^2}{b^2} = 1 (a > b > 0)$，直线 l 与椭圆 C 交于 A，B 两点，与 x 轴交于椭圆内一点 $M(m, 0)$（$m \neq 0$），在 x 轴上是否存在定点 $N(n, 0)$，使得 x 轴平分 $\angle ANB$？若存在，请求出 m，n 的关系式；若不存在，请说明理由.

解：设直线 AB 的方程为 $x = ty + m$，$N(n, 0)$，$A(x_1, y_1)$，$B(x_2, y_2)$

由 $\begin{cases} \dfrac{x^2}{a^2} + \dfrac{y^2}{b^2} = 1 \\ x = ty + m \end{cases}$ 得 $(b^2t^2 + a^2)\,y^2 + 2tmb^2y + b^2m^2 - a^2b^2 = 0$

$\Delta = 4a^2b^2(t^2b^2 + a^2 - m^2) > 0$

$y_1 + y_2 = -\dfrac{2tmb^2}{b^2t^2 + a^2}$ ①

$y_1y_2 = \dfrac{b^2m^2 - b^2a^2}{b^2t^2 + a^2}$ ②

若 x 轴平分 $\angle ANB$ ，则 $k_{AN} + k_{BN} = \dfrac{y_1}{x_1 - n} + \dfrac{y_2}{x_2 - n} = 0$，

即 $y_1(x_2 - n) + y_2(x_1 - n) = 0$，$y_1(ty_2 + m - n) + y_2(ty_1 + m - n) = 0$

$\therefore 2ty_1y_2 + (m - n)(y_1 + y_2) = 0$，将①②代入

得 $2t\dfrac{b^2m^2 - b^2a^2}{b^2t^2 + a^2} + \dfrac{(m - n)(-2tmb^2)}{b^2t^2 + a^2} = 0$

$\therefore 2tb^2(mn - a^2) = 0$，由于 $t \in \mathbf{R}$

$\therefore mn = a^2$

所以当点 N 为 $\left(\dfrac{a^2}{m},\ 0\right)$ 时，使得 x 轴平分 $\angle ANB$. 反过来也成立.

追问：椭圆同样具有 mn 为定值，即 $mn = a^2$ 的性质，如果将椭圆变为双曲线、抛物线，mn 是否仍为定值？

问题 2：双曲线 C 的方程：$\dfrac{x^2}{a^2} - \dfrac{y^2}{b^2} = 1$（$a > 0$，$b > 0$），直线 l 与双曲线 C 交于同支的 A，B 两点，与 x 轴交于点 M $(m,\ 0)$ $(m \neq 0)$，在 x 轴上是否存在定点 N $(n,\ 0)$，使得 x 轴平分 $\angle ANB$？若存在，请求出 m，n 的关系式；若不存在，请说明理由.

解：设直线 AB 的方程为 $x = ty + m$，$N(n,\ 0)$，$A(x_1,\ y_1)$，$B(x_2,\ y_2)$

由 $\begin{cases} \dfrac{x^2}{a^2} - \dfrac{y^2}{b^2} = 1 \\ x = ty + m \end{cases}$ 得 $(b^2t^2 - a^2)\,y^2 + 2tmb^2y + b^2m^2 - a^2b^2 = 0$

$\Delta = 4a^2b^2(t^2b^2 + m^2 - a^2) > 0$

$$y_1 + y_2 = -\frac{2tmb^2}{b^2t^2 - a^2} \quad ①$$

$$y_1 y_2 = \frac{b^2 m^2 - b^2 a^2}{b^2 t^2 - a^2} \quad ②$$

若 x 轴平分 $\angle ANB$，则 $k_{AN} + k_{BN} = \frac{y_1}{x_1 - n} + \frac{y_2}{x_2 - n} = 0$，

即 $y_1(x_2 - n) + y_2(x_1 - n) = 0$，$y_1(ty_2 + m - n) + y_2(ty_1 + m - n) = 0$

$\therefore 2ty_1y_2 + (m - n)(y_1 + y_2) = 0$，将①②代入

得 $2t\frac{b^2 m^2 - b^2 a^2}{b^2 t^2 - a^2} + \frac{(m - n)(-2tmb^2)}{b^2 t^2 - a^2} = 0$

$\therefore 2tb^2(mn - a^2) = 0$，由于 $t \in \mathbf{R}$

$\therefore mn = a^2$

$\therefore$ 当点 N 为 $(\frac{a^2}{m}, 0)$ 时，使得 x 轴平分 $\angle ANB$. 反过来也成立.

问题3：抛物线 C 的方程：$y^2 = 2px(p > 0)$，直线 l 与抛物线 C 交于 A，B 两点，与 x 轴交于抛物线内一点 $M(m, 0)$（$m \neq 0$），在 x 轴上是否存在定点 $N(n, 0)$，使得 x 轴平分 $\angle ANB$？若存在，请求出 m，n 的关系式；若不存在，请说明理由.

解：设直线 AB 的方程为 $x = ty + m$，$N(n, 0)$，$A(x_1, y_1)$，$B(x_2, y_2)$

由 $\begin{cases} y^2 = 2px \\ x = ty + m \end{cases}$ 得 $y^2 - 2pty - 2pm = 0$

$\Delta = 4p(pt^2 + 2m) > 0$

$y_1 + y_2 = 2pt \quad ①$

$y_1 y_2 = -2pm \quad ②$

若 x 轴平分 $\angle ANB$，则 $k_{AN} + k_{BN} = \frac{y_1}{x_1 - n} + \frac{y_2}{x_2 - n} = 0$，

即 $y_1(x_2 - n) + y_2(x_1 - n) = 0$，$y_1(ty_2 + m - n) + y_2(ty_1 + m - n) = 0$

$\therefore 2ty_1y_2 + (m - n)(y_1 + y_2) = 0$，将①②代入

得 $2t(-2pm) + (m - n)2pt = 0$

∴ $2pt(-m-n)=0$，由于 $t \in \mathbf{R}$

∴ $m+n=0$

∴ 当点 N 为 $(-m, 0)$ 时，使得 x 轴平分 $\angle ANB$. 反过来也成立.

教师总结：通过探究求解发现，对于双曲线，mn 并不是定值，而 $m+n$ 为定值，即 $m+n=0$，所以当点 N 为 $(-m, 0)$ 时，使得 x 轴平分 $\angle ANB$.

设计意图：学生通过对典例性质的探究，可以进行类比拓展，继续进行提问，进一步形成问题链，提高自主学习的动力. 这一过程考查了学生数学抽象、逻辑推理、数学运算等核心素养，使学生感受到数学的统一美与和谐美.

（四）牛刀小试

通过上面的探究，相信同学们已经掌握了该类定值问题的规律，请同学们先欣赏几道高考真题（答案没展示）.

1. （2013年陕西，理20）已知动圆过定点 $A(4, 0)$，且在 y 轴上截得弦 MN 的长为8.

（1）求动圆圆心的轨迹 C 的方程；

（2）已知点 $B(-1, 0)$，设不垂直于 x 轴的直线 l 与轨迹 C 交于不同的两点 P，Q，若 x 轴是 $\angle PBQ$ 的角平分线，证明直线 l 过定点.

分析：（2）将 $y=kx+b$（$k \neq 0$）代入曲线 C 的方程整理成关于 x 的一元二次方程，设出点 P，Q 的坐标，利用设而不求思想，将直线 PB，QB 的斜率用 k，b 表示出来，利用直线 PB，QB 的斜率为0，即可求出关于 k，b 的关系式，从而证明直线 l 过定点.

预设答案：

（1）动圆圆心的轨迹 C 的方程为 $y^2=8x$.（过程从略）

（2）证明：根据题意，设直线 l 的方程为 $y=kx+b(k \neq 0)$，$P(x_1, y_1)$，$Q(x_2, y_2)$

将 $y=kx+b$ 代入 $y^2=8x$ 得 $k^2x^2+(2bk-8)x+b^2=0$

其中 $\Delta=-32kb+64>0$，

由求根公式得 $x_1+x_2=\dfrac{8-2kb}{k^2}$　①

$$x_1 x_2 = \frac{b^2}{k^2} \quad ②.$$

$\because$ x 轴是 $\angle PBQ$ 的角平分线

$\therefore$ $\dfrac{y_1}{x_1 + 1} + \dfrac{y_2}{x_2 + 1} = 0$，即 $y_1(x_2 + 1) + y_2(x_1 + 1) = 0$

$(kx_1 + b)(x_2 + 1) + (kx_2 + b)(x_1 + 1) = 0$

$2kx_1 x_2 + (b + k)(x_1 + x_2) + 2b = 0 \quad ③$

将①②代入③得 $2kb^2 + (k + b)(8 - 2kb) + 2k^2 b = 0$

$\therefore$ $k = -b$，此时 $\Delta = -32kb + 64 > 0$

$\therefore$ 直线的方程为 $y = k(x - 1)$，即直线 l 过定点 $(1, 0)$

2. （2015 年新课标 I，理 20）在直角坐标系 xOy 中，曲线 $C : y = \dfrac{x^2}{4}$ 与直线 $y = kx + a \ (a > 0)$ 交于 M，N 两点.

（1）当 $k = 0$ 时，分别求 C 在点 M 和 N 处的切线方程.

（2）y 轴上是否存在点 P，使得当 k 变动时，总有 $\angle OPM = \angle OPN$？说明理由.

分析：（2）先做出判定，将 $y = kx + a$ 代入曲线 C 的方程整理成关于 x 的一元二次方程，设出 M，N 的坐标和点 P 的坐标，利用设而不求思想，将直线 PM，PN 的斜率用 a 表示出来，利用直线 PM，PN 的斜率为 0，即可求出 a，b 的关系，从而找出符合条件的 P 点坐标.

预设答案：

（1）所求切线方程为 $\sqrt{a} x - y - a = 0$ 或 $\sqrt{a} x + y + a = 0$.（过程从略）

（2）存在符合题意的点. 证明如下：

设 $P(0, b)$ 为符合题意的点，设 $M(x_1, y_1)$，$N(x_2, y_2)$，直线 PM，PN 的斜率分别为 k_1，k_2

将 $y = kx + a$ 代入 C，整理得 $x^2 - 4kx - 4a = 0$

$\therefore$ $x_1 + x_2 = 4k$，$x_1 x_2 = -4a$

$$k_1 + k_2 = \frac{y_1 - b}{x_1} + \frac{y_2 - b}{x_2} = \frac{2kx_1 x_2 + (a - b)(x_1 + x_2)}{x_1 x_2} = \frac{k(a + b)}{a}$$

当 $b=-a$ 时, 有 $k_1+k_2=0$, 则直线 PM 的倾斜角与直线 PN 的倾斜角互补, 故 $\angle OPM=\angle OPN$, 所以 $P(0,\ -a)$ 符合题意.

3. (2018 年新课标 I, 理 19) 设椭圆 $C: \dfrac{x^2}{2}+y^2=1$ 的右焦点为 F, 过 F 的直线 l 与 C 交于 A, B 两点, 点 M 的坐标为 (2, 0).

(1) 当 l 与 x 轴垂直时, 求直线 AM 的方程;

(2) 设 O 为坐标原点, 证明: $\angle OMA=\angle OMB$.

分析: (2) 分直线 l 与 x 轴重合、垂直、不重合且不垂直三种情况证明, 特殊情况比较简单, 也比较直观, 对于一般情况将角相等通过直线的斜率的关系来体现, 从而证得结果.

预设答案:

(1) AM 的方程为 $y=-\dfrac{\sqrt{2}}{2}x+\sqrt{2}$ 或 $y=\dfrac{\sqrt{2}}{2}x-\sqrt{2}$. (过程从略)

(2) 当 l 与 x 轴重合时, $\angle OMA=\angle OMB=0$

当 l 与 x 轴垂直时, OM 为 AB 的垂直平分线, 所以 $\angle OMA=\angle OMB$

当 l 与 x 轴不重合且不垂直时, l 的方程为 $y=k(x-1)$ $(k\neq0)$, $A(x_1, y_1)$, $B(x_2, y_2)$, 将 $y=k(x-1)$ 代入 $\dfrac{x^2}{2}+y^2=1$, 整理得 $(2k^2+1)x^2-4k^2x+2k^2-2=0$

$\therefore x_1+x_2=\dfrac{4k^2}{2k^2+1}$, $x_1x_2=\dfrac{2k^2-2}{2k^2+1}$

直线 AM, BM 的斜率之和为 $k_{MA}+k_{MB}=\dfrac{y_1}{x_1-2}+\dfrac{y_2}{x_2-2}=\dfrac{2kx_1x_2-3k(x_1+x_2)+4k}{(x_1-2)(x_2-2)}$,

$\therefore 2kx_1x_2-3k(x_1+x_2)+4k=\dfrac{4k^3-4k-12k^3+8k^3+4k}{2k^2+1}=0$

从而 $k_{MA}+k_{MB}=0$, 故直线 AM, BM 的倾斜角互补, 所以 $\angle OMA=\angle OMB$.

综上所述, $\angle OMA=\angle OMB$

教师活动: 以上呈现了 3 道高考真题, 从中不难发现, 都与典例有着相同的渊源, 只是以不同圆锥曲线为问题背景, 考查数学抽象、逻辑推理、数学运算等核心素养. 现在请同学们解决第 3 题.

学生活动：尝试解决第 3 题.

教师活动：请学生代表回答展示，不完整的其他同学补充.

设计意图：该定点（值）问题是历年高考的热点，展示 3 道高考真题，考查学生对问题的思考、分析与探索能力，使学生掌握推理的基本形式和规则，检验学生本节课的学习效果，同时，增强学生学习数学的乐趣和成就感.

（五）小结及作业

1. 小结

高考数学科的考试设计应关注对学生探究能力、数学学习能力的考查；关注与未来学习的关联和数学学科内部更深入的探索. 典例的设计体现了该精神. 在探究过程中，形成问题链（①逆命题；②改变点 M 的位置；③改变圆的半径；④改变圆锥曲线类型），从特殊到一般，从具体到抽象，层层递进，符合学生的思维特点. 著名教育家波利亚认为，中学数学教育的根本目的是"教会学生思考". 创新性题目的出现，考查了学生对问题的思考、分析与探索. 通过设计创新题型，对学生的创新能力进行考查，使学生能更好地适应新高考的要求，具备一定的数学学习能力后，也能尝试自主命题，体验学习数学的乐趣，有效提高学生数学学科素养.

2. 作业

（1）解答前面高考真题第 1 题、第 2 题.

（2）尝试自己命一道相应的题目并交流解答.

设计意图：小结意在巩固本节课所学知识，回顾探索历程，掌握探索规律；作业意在使学生进一步应用规律解决问题，体验自主命题带来的成就感，激发学习的主动性.

附：

课后交流，教师改编题

双曲线 $C: \dfrac{x^2}{a^2} - \dfrac{y^2}{b^2} = 1$（$a > 0$，$b > 0$）的左顶点为 $A(-2, 0)$，右焦点为

F, 点 B 在 C 上. 当 $BF \perp AF$ 时, $|AF| = |BF|$. 不垂直于 x 轴的直线与双曲线交于 P, Q 两点.

(1) 求双曲线 C 的标准方程;

(2) 点 $N(1, 0)$ 总满足 x 轴平分 $\angle PNQ$, 证明: 直线 PQ 过定点.

解:

(1) 双曲线 C 的标准方程为 $\dfrac{x^2}{4} - \dfrac{y^2}{12} = 1$. (过程从略)

(2) 设 $P(x_1, y_1)$, $Q(x_2, y_2)$, 设直线 PQ: $y = kx + b$

由 $\begin{cases} 3x^2 - y^2 - 12 = 0 \\ y = kx + b \end{cases}$ 得 $(3 - k^2) x^2 - 2kbx - b^2 - 12 = 0$

$\Delta = 4k^2b^2 + 4(3 - k^2)(b^2 + 12) = 4(3b^2 - 12k^2 + 36) > 0$

$\therefore x_1 + x_2 = \dfrac{2kb}{3 - k^2}$ ①

$x_1 x_2 = \dfrac{-b^2 - 12}{3 - k^2}$ ②

$\because k_{PN} + k_{QN} = \dfrac{y_1}{x_1 - 1} + \dfrac{y_2}{x_2 - 1} = 0$

$\therefore y_1(x_2 - 1) + y_2(x_1 - 1) = (kx_1 + b)(x_2 - 1) + (kx_2 + b)(x_1 - 1) = 0$

$\therefore 2kx_1 x_2 + (b - k)(x_1 + x_2) - 2b = 0$, 将①②代入, 整理得

$2k(-b^2 - 12) + 2kb(b - k) - 2b(3 - k^2) = 0$, 整理得 $b = -4k$

$\therefore$ 直线 PQ: $y = kx - 4k$ 过定点 $(4, 0)$

第 (2) 问也可改为:

直线 PQ 过点 F, 在 x 轴上是否存在点 N, 使得 x 轴平分 $\angle PNQ$? 若存在, 求出点 N 的坐标; 若不存在, 说明理由. (解答从略)

(根据 2021 年八省联考改编, 仅供参考)

第二节 并列链案例

《求三角函数最值（值域）》教学设计

一、教材分析

新教材必修一第五章为"三角函数"，相比老教材，它将高一第二学期的内容放在第一学期学习，并且要了解和掌握的公式多，知识点综合，这使得多数学生惧怕三角函数．在高三复习中，教师要引导学生认识和掌握三角函数的图像和性质及三角恒等变换，以期达到使学生掌握本章内容的良好效果．本节提到的三角函数为正弦函数、余弦函数或正切函数的函数．对于三角函数求最值（值域）的问题，有多种常见的方法，本节课通过并列的设问，探索不同类型的题目采用的不同解题方法．

课时安排：1 个课时．

二、学情分析

（一）认知基础

学生已学习了函数的概念与性质、三角函数和导数，对函数的图像及性质都有所了解，积累了求函数值域的常用方法．

（二）认知障碍

不同类型的题目对应不同的解题方法；融会贯通，灵活应用相应知识解决问题；敢于提出新问题并解决．

三、学科核心素养与课程目标

（一）学科核心素养

1. 逻辑推理：通过对三角函数求最值（值域）的探究，培养学生形成扎实严谨的科学作风，使学生掌握推理的基本形式和规则，发现问题和提出命题，探索和表述论证过程，理解命题体系，有逻辑地表达与交流.

2. 数学建模：通过发现和提出问题，将原问题化归为三角函数模型或二次函数模型，利用相应函数的图像及性质解决问题，是数学应用的重要形式，是解决数学问题的重要手段.

3. 数学运算：通过经历函数变形化简和运算，促进学生数学思维的发展，形成规范化思考问题的品质，养成一丝不苟、严谨求实的科学精神.

（二）课程目标

1. 掌握逻辑推理的基本形式，学会有逻辑地思考问题；能够在比较复杂的情境中把握事物之间的关联，把握事物发展的脉络；形成重论据、有条理、合乎逻辑的思维品质和理性精神，增强交流能力.

2. 有意识地用数学语言表达现实世界，发现和提出问题，感悟数学与现实之间的关联；学会用数学模型解决实际问题，积累数学实践的经验；认识数学模型在科学、社会、工程技术诸多领域的作用，提升实践能力，增强创新意识和科学精神.

3. 提高探究能力、数学学习能力及数学应用能力.

四、教学重难点

（一）教学重点

对三角函数求最值（值域）的方法进行归纳.

（二）教学难点

三角函数的变形化简和运算.

五、教学方法手段

（一）教学方法

问题驱动、引导探究.

（二）教学手段

PPT.

六、教学策略选择与设计

本节课通过问题链教学模式，探索三角函数求最值（值域）的方法，引导学生掌握求最值（值域）的方法. 问题链教学过程设计："问题1：形如 $y = a\sin^2 x + b\sin x + c$ 的函数，如何求函数值域？" → "问题2：形如 $y = a\sin x + b\cos x + c$ 的函数，如何求最值（值域）？" → "问题3：形如 $y = a\sin x\cos x + b(\sin x \pm \cos x) + c$ 的函数，如何求函数的最值（值域）？" → "问题4：利用导数求最值（值域）". 通过对以上4类问题进行引导探究，学生归纳总结对应题型的解题方法.

问题链形式：并列链（图5-14）.

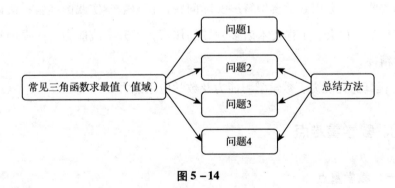

图5-14

七、教学过程

（一）问题提出

如何求三角函数的最值？比如，如何求函数 $y = \sin^2 x + \sin x - 1$ 的值域？求解三角函数的值域（最值）有哪些方法？同学们是否可以举出一些求三角函数值域的例子？下面我们一起进行探讨.

（二）问题探究

问题 1：形如 $y = a\sin^2 x + b\sin x + c$ 的函数，如何求该函数值域？

教师活动：上面提到的问题，如求函数 $y = \sin^2 x + \sin x - 1$ 的值域，如何求？

学生活动：思考，尝试解决.

解析：令 $t = \sin x$，$y = t^2 + t - 1, t \in [-1, 1]$，转化为二次函数求最值就能解决问题.

教师活动：对于此类问题，请同学们归纳其结构特征.

学生活动：形如 $y = a\sin^2 x + b\sin x + c$ 的函数，即"同名二次"，采用换元法求解.

教师活动：请看下面的例题.

例 1　函数 $f(x) = \sin^2 x + \sqrt{3}\cos x - \dfrac{3}{4}\left(x \in \left[0, \dfrac{\pi}{2}\right]\right)$ 的最大值是 _____.

解：化简，得

$$f(x) = 1 - \cos^2 x + \sqrt{3}\cos x - \frac{3}{4} = -\cos^2 x + \sqrt{3}\cos x + \frac{1}{4} = -\left(\cos x - \frac{\sqrt{3}}{2}\right)^2 + 1$$

由 $x \in \left[0, \dfrac{\pi}{2}\right]$ 可得 $\cos x \in [0, 1]$，设 $t = \cos x, t \in [0, 1]$

$\therefore f(x) = -t^2 + \sqrt{3}t + \dfrac{1}{4}$，函数对称轴为 $t = \dfrac{\sqrt{3}}{2} \in [0, 1]$

$\therefore f(x)_{\max} = 1$，即当 $\cos x = \dfrac{\sqrt{3}}{2}$ 时，函数 $f(x)$ 取得最大值 1

子问题：函数 $f(x) = \sin\left(2x + \dfrac{3\pi}{2}\right) - 3\cos x$ 的最小值为_____.

解：$f(x) = -\cos 2x - 3\cos x = -2\cos^2 x - 3\cos x + 1$

令 $t = \cos x$，则 $y = -2t^2 - 3t + 1$，$t \in [-1, 1]$

函数对称轴为 $t = -\dfrac{3}{4}$，所以当 $t = 1$ 时，函数取得最小值 -4

设计意图：通过换元（留意新元的取值范围），把函数化归为熟悉的二次函数模型，从而转化为二次函数求最值问题，同时，要注意定义域对最值的影响；体现了化归与转化的数学思想，应用已有的数学模型解决问题，落实数学建模的核心素养.

问题 2：形如 $y = a\sin x + b\cos x + c$ 的函数，如何求最值（值域）？

教师活动：对于形如 $y = a\sin x + b\cos x + c$ 的函数，跟类型 1 在次数上不同，该如何解决呢？比如下面的例题.

学生活动：逆用两角和差的正弦余弦公式，将它化为函数 $y = A\sin(\omega x + \varphi) + k$ 的形式，利用三角函数的图像及性质解决.

例 2 求函数 $f(x) = \sin x - \sqrt{3}\cos x$ 的最值，以及取得最值时 x 的集合.

解：$f(x) = \sin x - \sqrt{3}\cos x = 2\left(\dfrac{1}{2}\sin x - \dfrac{\sqrt{3}}{2}\cos x\right)$

$$= 2\left(\sin x\cos\dfrac{\pi}{3} - \cos x\sin\dfrac{\pi}{3}\right) = 2\sin\left(x - \dfrac{\pi}{3}\right)$$

则当 $x - \dfrac{\pi}{3} = 2k\pi + \dfrac{\pi}{2}$ 时，即 $x = 2k\pi + \dfrac{5\pi}{6}(k \in \mathbf{Z})$ 时，$f(x)$ 取得最大值 2

则当 $x - \dfrac{\pi}{3} = 2k\pi - \dfrac{\pi}{2}$ 时，即 $x = 2k\pi - \dfrac{\pi}{6}(k \in \mathbf{Z})$ 时，$f(x)$ 取得最小值 -2

子问题：求函数 $f(x) = \sin 2x - \cos 2x$ 在 $\left[0, \dfrac{\pi}{2}\right]$ 上的最大值和最小值.

解：$f(x) = \sin 2x - \cos 2x = \sqrt{2}\sin\left(2x - \dfrac{\pi}{4}\right)$

由 $0 \leq x \leq \dfrac{\pi}{2}$ 得 $-\dfrac{\pi}{4} \leq 2x - \dfrac{\pi}{4} \leq \dfrac{3\pi}{4}$

则当 $2x - \dfrac{\pi}{4} = \dfrac{\pi}{2}$，即 $x = \dfrac{3}{8}\pi$ 时，$f(x)$ 有最大值，为 0；

当 $2x - \dfrac{\pi}{4} = -\dfrac{\pi}{4}$，即 $x = 0$ 时，$f(x)$ 有最小值，为 $-\dfrac{\sqrt{3}}{3}$

设计意图：形如 $y = a\sin x + b\cos x + c$ 的函数，本质上可以化为一个函数名，从而利用正弦型或余弦型函数的性质来解决问题. 考查学生数学建模、逻辑推理和数学运算的能力.

问题 3：形如 $y = a\sin x\cos x + b(\sin x \pm \cos x) + c$ 的函数，如何求函数的最值（值域）？

教师活动：形如 $y = a\sin x\cos x + b(\sin x \pm \cos x) + c$ 的函数，不同于类型 1，不能简单将 $\sin x$ 或 $\cos x$ 换元，那有什么办法呢？

学生活动：可令 $t = \sin x \pm \cos x$，$\sin x\cos x$ 可用 t^2 表示，从而转化为二次函数模型解决.

例 3 求函数 $y = \sin x - \cos x + \sin x\cos x$ 的最大值和最小值.

解：设 $t = \sin x - \cos x = \sqrt{2}\sin\left(x - \dfrac{\pi}{4}\right)$

则 $-\sqrt{2} \leqslant t \leqslant \sqrt{2}$，且 $\sin x\cos x = \dfrac{1 - t^2}{2}$

由于 $y = t + \dfrac{1 - t^2}{2} = -\dfrac{1}{2}(t - 1)^2 + 1$

故当 $t = 1$ 时，$y_{\max} = 1$

当 $t = -\sqrt{2}$ 时，$y_{\min} = -\sqrt{2} - \dfrac{1}{2}$

子问题：函数 $y = (\sin x + 2\sqrt{2})(\cos x + 2\sqrt{2})$ 的值域为 _____.

解：令 $t = \sin x + \cos x = \sqrt{2}\sin\left(x + \dfrac{\pi}{4}\right)$，

则 $-\sqrt{2} \leqslant t \leqslant \sqrt{2}$，且 $\sin x\cos x = \dfrac{t^2 - 1}{2}$

$\therefore y = \sin x\cos x + 2\sqrt{2}(\sin x + \cos x) + 8y = \dfrac{\sin x}{\cos x - 2}x.$

$\because -\sqrt{2} \leqslant t \leqslant \sqrt{2}$，$\therefore \sqrt{2} \leqslant t + 2\sqrt{2} \leqslant 3\sqrt{2}$，故 $\dfrac{9}{2} \leqslant y \leqslant \dfrac{25}{2}$

所求函数的值域为 $\left[\dfrac{9}{2}, \dfrac{25}{2}\right]$

设计意图：观察到 $(\sin x \pm \cos z)^2$ 与 $\sin x \cos x$ 有关系，可令 $t = \sin x \pm \cos x$，$\sin x \cos x$ 可用 t^2 表示，从而转化为二次函数模型解决．体现了化归与转化的数学思想，应用已有的数学模型解决问题，落实数学建模的核心素养．

问题 4：利用导数求最值（值域）．

教师活动：对于不用转化为二次函数模型和三角函数模型的函数，如函数 $f(x) = 2\sin x + \sin 2x$，换元换不了，又该怎么办？

学生活动：利用导数求导，判断函数的单调性，从而求出最值（值域）．

例 4 已知函数 $f(x) = 2\sin x + \sin 2x$，则 $f(x)$ 的最小值是_____．

解：$f'(x) = 2\cos x + 2\cos 2x = 2(\cos x + 1)(2\cos x - 1)$，

$f'(x) > 0 \Rightarrow 2k\pi - \dfrac{\pi}{3} < x < 2k\pi + \dfrac{\pi}{3}$，函数 $f(x)$ 在 $\left(2k\pi - \dfrac{\pi}{3}, 2k\pi + \dfrac{\pi}{3}\right)$ 单调递增

$f'(x) < 0 \Rightarrow 2k\pi - \dfrac{5\pi}{3} < x < 2k\pi - \dfrac{\pi}{3}$，函数 $f(x)$ 在 $\left(2k\pi - \dfrac{5\pi}{3}, 2k\pi - \dfrac{\pi}{3}\right)$ 单调递减

所以当 $x = 2k\pi - \dfrac{\pi}{3}$ 时，函数 $f(x)$ 有最小值

即 $f(x)_{\min} = f\left(2k\pi - \dfrac{\pi}{3}\right) = 2\sin\left(2k\pi - \dfrac{\pi}{3}\right) + \sin 2\left(2k\pi - \dfrac{\pi}{3}\right) = -\dfrac{3\sqrt{3}}{2}$．

子问题：函数 $f(x) = x - \sin x$，在 $\left[\dfrac{\pi}{2}, \pi\right]$ 上的最大值是（　　　）．

A. $\dfrac{\pi}{2} - 1$ B. $\dfrac{3\pi}{2} + 1$

C. $\dfrac{3\pi}{2} - \dfrac{\sqrt{2}}{2}$ D. π

解：$f'(x) = 1 - \cos x \geqslant 0$，所以函数 $f(x)$ 在 $\left[\dfrac{\pi}{2}, \pi\right]$ 上单调递增，

所以 $f(x)_{max} = f(\pi) = \pi$. 故选 D.

设计意图：除了二次函数模型和三角函数模型，三角函数本身也是函数，故可利用导数求最值（值域）. 考查了综合应用数学知识的能力，对学生的要求比较高，需要引导学生发现函数的特点，采用相应的方法去解决问题.

（三）归纳小结

本节课的内容是求三角函数的最值（值域）问题，教师引导学生归纳总结了四种类型，要根据具体问题的结构特征，采用相应的办法来解决问题，不能死记硬背. 总的思路是转化为熟悉的函数模型来求最值（值域），还要利用好导数工具，发展了学生的逻辑推理、数学建模和数学运算的能力.

《求数列通项公式》教学设计

一、教材分析

本节课是高三复习课，依据老教材必修 5 第二章和新教材选择性必修第二册第四章的内容，进行复习备考. 内容是"数列通项公式的求法"，通过数列的递推公式，利用 $a_n = \begin{cases} S_1, n = 1 \\ S_n - S_{n-1}, n \geqslant 2 \end{cases}$ 、累加法、累乘法、构造法等求数列的通项公式.

课时安排：2 课时.

二、学情分析

（一）认知基础

学生已学习了数列的相关知识，对数列的概念、等差数列通项公式及求和公式、等比数列通项公式及求和公式已经初步掌握.

（二）认知障碍

给出数列的递推公式，不知如何变形，构造新数列.

三、课程目标

1. 通过巧设问题链，激发学生的主动性，提高学生的探究能力.

2. 经历自己设置问题的探究过程，提高学生的数学抽象、逻辑推理和数学运算能力.

3. 会利用数列递推公式求通项公式，提高学生的数学学习能力及数学应用能力.

四、教学重难点

（一）教学重点

会利用数列递推公式求通项公式.

（二）教学难点

对不同类型的数列递推公式，采取适当的方法求解通项公式；代数运算.

关键：对递推形式进行类比、变形、拓展，代数运算.

五、教学方法手段

（一）教学方法

问题驱动、引导探究、小组讨论.

（二）教学手段

PPT、投影仪.

六、教学策略选择与设计

本节课利用数列的递推公式求通项公式，设计了 9 个问题，形成问题链.新课标、新高考要求改变学生被动学习的模式，力争让学生主动探究，落实"四基"，即数学基本知识、基本技能、基本数学思想和基本活动经验，学会从数学角度发现问题和提出问题、分析问题和解决问题.

问题链形式：并列链（图 5 - 15）.

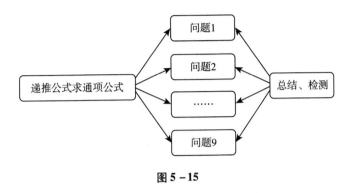

图 5 - 15

七、教学过程设计

（一）分组探究

数列的定义：按照一定顺序排列的一列数叫作数列，数列中的每一个数叫作这个数列的项. 记数列 $\{a_n\}$ 的前 n 项和为 S_n.

问题 1：利用 $a_n = \begin{cases} S_1, n = 1, \\ S_n - S_{n-1}, n \geqslant 2, \end{cases}$ 请设计一道题目并求解.

学生活动：若数列 $\{a_n\}$ 满足＿＿＿＿＿＿＿＿＿＿＿＿＿＿＿＿，求其通项公式.

预设问题：已知数列 $\{a_n\}$ 的各项均为正数，其前 n 项和为 S_n，且满足 $a_1 = 1$，$a_{n+1} = 2\sqrt{S_n} + 1$，$n \in \mathbf{N}^*$.

（1）求 a_2 的值；

（2）求数列 $\{a_n\}$ 的通项公式.

答案：（1）$a_2 = 3$；（2）$a_n = 2n - 1$.（过程从略）

由学生在横线上设计出问题，然后由小组代表上台借助投影仪，展示设计出的问题并讲解解题过程. 师生共同检验.

问题 2：等差数列 $\{a_n\}$：$a_{n+1} - a_n = d$，d 为常数. 其通项公式为＿＿＿＿.

类比等差数列的定义，可得到等比数列的定义，并推导出其通项公式．

问题3：等比数列 $\{a_n\}$：$\dfrac{a_{n+1}}{a_n}=q$，q 为常数且 $q\neq0$．其通项公式为_____．

类比等差数列，若 d 不是常数，由此提出问题4．

问题4：在等式 $a_{n+1}-a_n=d$（常数）中，若 d 不是常数，而是一个关于 n 的式子，请提出有意义的问题，并由递推关系式求其通项公式．

学生活动：若数列 $\{a_n\}$ 满足_____，求其通项公式．

预设问题：已知数列 $\{a_n\}$ 满足 $a_1=\dfrac{1}{2}$，$a_{n+1}=a_n+\dfrac{1}{n^2+n}$，求 a_n．

答案：$a_n=\dfrac{1}{2}+1-\dfrac{1}{n}=\dfrac{3}{2}-\dfrac{1}{n}$（过程从略）

由学生在横线上设计出问题，然后由小组代表上台借助投影仪，展示设计出的问题并讲解解题过程．由学生总结出关于 n 的式子是一个可求和的式子．师生共同检验．

类比等比数列，若 q 不是常数，由此提出问题5．

问题5：在等式 $\dfrac{a_{n+1}}{a_n}=q$（q 为常数且 $q\neq0$）中，若 q 不是常数，而是一个关于 n 的式子，请提出有意义的问题，并由递推关系式求其通项公式．

学生活动：若数列 $\{a_n\}$ 满足_____，求其通项公式．

预设问题：已知数列 $\{a_n\}$ 满足 $a_1=\dfrac{2}{3}$，$a_{n+1}=\dfrac{n}{n+1}a_n$，求 a_n．

答案：$a_n=\dfrac{2}{3n}$（过程从略）

由学生在横线上设计出问题，然后由小组代表上台借助投影仪，展示设计出的问题并讲解解题过程．由学生总结出关于 n 的式子是一个可求积的式子．师生共同检验．

问题6：在等式 $a_{n+1}=a_n+d$（常数）中，若 a_{n+1} 与 a_n 的系数不相等，请提

出有意义的问题，并由递推关系式求其通项公式．

学生活动：若数列 $\{a_n\}$ 满足＿＿＿＿＿＿＿＿＿＿＿＿＿＿＿＿＿＿＿，求其通项公式．

预设问题：已知数列 $\{a_n\}$ 中，$a_1=1$，$a_{n+1}=2a_n+3$，求 a_n．

答案：$a_n=2^{n+1}-3$（过程从略）

由学生在横线上设计出问题，然后由小组代表上台借助投影仪，展示设计出的问题并讲解解题过程．由学生总结出采用待定系数法，可设 $b_n=a_n+t$，构造等比数列求解问题．师生共同检验．

问题 7：在等式 $a_{n+1}=a_n+d$（常数）中，若 a_{n+1} 与 a_n 的系数不相等，且 d 不是常数，而是一个关于 n 的式子，如一次式，请提出有意义的问题，并由递推关系式求其通项公式．

学生活动：若数列 $\{a_n\}$ 满足＿＿＿＿＿＿＿＿＿＿＿＿＿＿＿＿＿＿＿，求其通项公式．

预设问题：已知数列 $\{a_n\}$ 中，$a_1=4$，$a_n=3a_{n-1}+2n-1$，$(n\geq 2)$，求 a_n．

答案：$a_n=2\times 3^n-n-1$（过程从略）

由学生在横线上设计出问题，然后由小组代表上台借助投影仪，展示设计出的问题并讲解解题过程．由学生总结出采用待定系数法，可设 $b_n=a_n+An+Bn$，构造等比数列求解问题．师生共同检验．

追问 1：如果是关于 n 的二次式呢？请提出有意义的问题，并由递推关系式求其通项公式．

学生活动：若数列 $\{a_n\}$ 满足＿＿＿＿＿＿＿＿＿＿＿＿＿＿＿＿＿＿＿，求其通项公式．

预设问题：已知数列 $\{a_n\}$ 中，$a_1=1$，$a_n=2a_{n-1}+n^2+2n-1(n\geq 2)$，求 a_n．

答案：$a_n=17\times 2^{n-1}-n^2-6n-9$（过程从略）

由学生在横线上设计出问题，然后由小组代表上台借助投影仪，展示设计出的问题并讲解解题过程．由学生总结出采用待定系数法，可设 $b_n=a_n+An^2+Bn+C$，构造等比数列求解问题．师生共同检验．

追问 2：如果是关于 n 的指数式呢？请提出有意义的问题，并由递推关系式求其通项公式．

学生活动：若数列 $\{a_n\}$ 满足＿＿＿＿＿＿＿＿＿＿＿，求其通项公式．

预设问题：已知数列 $\{a_n\}$ 中，$a_1 = \dfrac{5}{6}$，$a_{n+1} = \dfrac{1}{3}a_n + \left(\dfrac{1}{2}\right)^{n+1}$，求 a_n．

答案：$a_n = \dfrac{b_n}{2^n} = 3\left(\dfrac{1}{2}\right)^n - 2\left(\dfrac{1}{3}\right)^n$（过程从略）

由学生在横线上设计出问题，然后由小组代表上台借助投影仪，展示设计出的问题并讲解解题过程．由学生总结出等式两边同时除以一个指数式，消除 $f(n)$ 带来的差异，将问题转化为问题 6；或者类比问题 7，采用待定系数法，可设 $b_n = a_n + tq^n$，构造等比数列求解问题．（体现了化归与转化的数学思想）师生共同检验．

问题 8：若 a_{n+1} 与 a_n 的次数不相等，请提出有意义的问题，并由递推关系式求其通项公式．

学生活动：若数列 $\{a_n\}$ 满足＿＿＿＿＿＿＿＿＿＿＿，求其通项公式．

预设问题：设正项数列 $\{a_n\}$ 满足 $a_1 = 1$，$a_n = 2a_{n-1}^2$（$n \geqslant 2$）．求数列 $\{a_n\}$ 的通项公式．

答案：$a_n = 2^{2^{n-1}-1}$（过程从略）

由学生在横线上设计出问题，然后由小组代表上台借助投影仪，展示设计出的问题并讲解解题过程．由学生总结出等式两边取对数，消除指数不同带来的差异，将问题转化为问题 6，构造等比数列求解问题．（体现了化归与转化的数学思想）．师生共同检验．

问题 9：试列举其他形式的递推公式．

学生活动：若数列 $\{a_n\}$ 满足＿＿＿＿＿＿＿＿＿＿＿＿＿＿＿，求其通项公式．

预设问题：在数列 $\{a_n\}$ 中，$a_1 = 1$，$a_{n+1} = \dfrac{a_n}{1 + 2^n a_n}$，求 a_n．

答案：$a_n = \dfrac{1}{2^n - 1}$（过程从略）

由学生在横线上设计出问题，然后由小组代表上台借助投影仪，展示设计出的问题并讲解解题过程．由学生总结出等式两边取倒数，消除指数不同带来的差异，将问题转化为等差数列，或问题 6，然后构造等比数列求解问题．（体现了化归与转化的数学思想）师生共同检验．

设计意图：结合学生熟悉的数学情境与已有的基础，通过设置难度适当的问题，创设关联的数学情境问题，层层递进，引发学生思考，启发学生探究，驱动学生深入思考、建构知识，在解决问题的过程中积累数学活动经验．培养学生数学抽象、逻辑推理、数学运算等数学学科核心素养．

（二）归纳总结

师生共同归纳由递推公式求通项公式的方法．

方法 1：递推公式为 S_n 与 a_n 的关系式 $\left[$ 或 $S_n = f(a_n) \right]$．

解法：利用 $a_n = \begin{cases} S_1, & n = 1 \\ S_n - S_{n-1}, & n \geqslant 2 \end{cases}$ 进行求解．

方法 2：累加法：递推公式为 $a_{n+1} = a_n + f(n)$．

方法 3：累乘法：递推公式为 $a_{n+1} = f(n)a_n$．

方法 4：构造数列法（两种形式）．

（1）递推公式为 $a_{n+1} = pa_n + q$，其中 p，q 均为常数 $\left[pq(p-1) \neq 0 \right]$．

（2）递推式为 $a_{n+1} = pa_n + f(n)$．

① $f(n)$ 为一次式；② $f(n)$ 为二次式；③ $f(n)$ 为指数式．

方法 5：构造对数式或倒数式：$a_{n+1} = pa_n^r$ 或 $a_{n+1} = \dfrac{pa_n}{qa_n + r}$．

设计意图：通过分组探究，由学生自己提出问题并解答，思路开放．教师对学生提出的问题进行小结，形成问题链，提高学生的探究能力、数学学习能力．最后师生一同归纳出数列通项公式的求法．

（三）课堂检测

问题 1：在 $2S_n = 3^{n+1} - 3$，$a_{n+1} = 2a_n + 3$，$a_1 = 1$ 这两个条件中任选一个，补充在下面的问题中，并解答．

设数列 $\{a_n\}$ 的前 n 项和为 S_n，若＿＿＿＿＿＿＿＿，$b_n = \dfrac{2n-6}{an}$，$n \in \mathbf{N}^*$，求数列 $\{b_n\}$ 的通项公式.

问题 2： 已知数列 a_n 中，$a_1 = \dfrac{26}{5}$，$a_n = \dfrac{1}{3}a_{n-1} + 2^{n-1}$，求 a_n.

问题 3： 已知数列 $\{a_n\}$ 满足 $a_1 = \dfrac{2}{3}$，$a_{n+1} = \dfrac{a_n}{1+3^n a_n}$.

（1）求数列 $\{a_n\}$ 的通项公式；

（2）设数列 $\{b_n\}$ 满足 $b_n = a_n a_{n+1}$，求数列 $\{b_n\}$ 前项和 S_n.

问题 4：（2021 八省联考 17 题）已知各项都为正数的数列 $\{a_n\}$ 满足 $a_{n+2} = 2a_{n+1} + 3a_n$.

（1）证明：数列 $\{a_n + a_{n+1}\}$ 为等比数列；

（2）若 $a_1 = \dfrac{1}{2}$，$a_2 = \dfrac{3}{2}$，求 $\{a_n\}$ 的通项公式.

设计意图： 通过问题链的设置，调动学生学习、探究的积极性，使学生对问题的思考、分析与探索能力有明显提高，掌握了推理基本形式和规律. 检验本节课的学习效果，增强学生学习数学的乐趣和成就感. 在问题链教学中，教学从问题开始，由问题推动，以问题结束.

《余弦定理的证明》教学设计

一、教材分析

人教 A 版高中数学必修第二册第六章中，余弦、正弦定理的证明及应用没有独立设置一个章节，而是放在第六章《平面向量及其应用》第四节《平面向量的应用》中，作为平面向量应用的例子. 在该节余弦定理的证明时，插页中提出"你能用其他方法证明余弦定理吗". 其实，证明正余弦定理的方法很多，有些方法甚至比教材中的方法更加简洁. 为了提高学生思考问题、解决问题的能力，激发学生探索问题的兴趣，拓展思路、方法，培养学生发散性、创造性思维，达到培养学生数学学科核心素养的目标，在本章总结学习时，我们专门讲一节探究课《余弦定理的证明》.

课时安排：1 个课时.

二、学情分析

（一）认知基础

学生已学习了正余弦定理的证明，积累了平面向量应用的知识和证明的方法.

（二）认知障碍

几何关系与代数关系的互化，三角形边角关系的应用，敢于提出新问题并解决.

三、学科核心素养与课程目标

（一）学科核心素养

1. 数学抽象：重视知识形成过程的教学，让学生知其然并知其所以然，能提出数学命题和模型，形成数学方法与思想，认识数学结构与体系.

2. 逻辑推理：通过对余弦定理证明方法的探究，培养学生形成勇于探索、务实严谨的科学作风，培养学生善于发现问题、提出问题和解决问题的能力.

3. 数学运算：通过经历严谨的推理运算，促进学生数学思维发展，使其形成规范思考问题的品质，养成一丝不苟、严谨求实的科学精神.

（二）课程目标

1. 会进行几何关系的转化与代数关系的互化.

2. 经历探索余弦定理多种证明方法的过程，拓展学生的数学思维.

3. 提高学生的探究能力、数学学习能力及数学应用能力.

四、教学重难点

（一）教学重点

对余弦定理证明方法的探索.

（二）教学难点

几何关系与代数关系相互转化、代数运算.

五、教学方法手段

（一）教学方法

问题驱动、引导探究.

（二）教学手段

PPT.

六、教学策略选择与设计

本节课采用问题链教学模式，引导学生证明余弦定理. 本节课通过问题链设计，引导学生思考、探索多种方法证明余弦定理. 教学过程设计线索：余弦定理→探究多种证明方法→归纳总结.

问题链形式：并列链（图 5 – 16）.

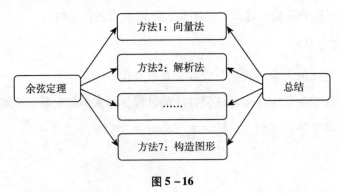

图 5 – 16

七、教学过程

（一）问题引入

余弦定理：三角形任何一边的平方等于其他两边平方的和减去这两边与它们夹角的余弦的积的两倍，即在 $\triangle ABC$ 中，已知 $AB = c$，$BC = a$，$CA = b$，则有

$$a^2 = b^2 + c^2 - 2bc\cos A$$

$$b^2 = c^2 + a^2 - 2ca\cos B$$

$$c^2 = a^2 + b^2 - 2ab\cos C$$

（二）探究证明

为了叙述的方便与统一，我们证明以下问题即可：

如图 5 – 17 所示，在 $\triangle ABC$ 中，已知 $AB = c$，$AC = b$ 及角 A，求证：$a^2 = b^2 + c^2 - 2bc\cos A$.

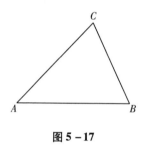

图 5 – 17

1. 向量法

教师活动：因为涉及的是三角形的边长和它们的夹角，所以我们考虑用向量的数量积来探究．

学生活动：思考问题，并尝试证明．

证明 1：设 $\overrightarrow{AB} = \vec{c}$，$\overrightarrow{AC} = \vec{b}$，$\overrightarrow{Bc} = \vec{a}$，则 $\vec{a} = \vec{b} - \vec{c}$

所以 $\vec{a}^2 = \vec{b}^2 + \vec{c}^2 - 2\vec{b} \cdot \vec{c} = \vec{b}^2 + \vec{c}^2 - 2|\vec{b}| \cdot |\vec{c}|\cos A$

即 $a^2 = b^2 + c^2 - 2bc\cos A$

设计意图：向量的数量积运算中包含长度和角度，三角形中也有长度和角

度，两者有相同的元素，因此考虑用向量来证明．提高学生的探究能力、数学应用能力．

2. 解析法

教师活动：边和角是三角形的几何元素，定理内容是代数关系，如何将几何关系和代数关系联系起来，这是探究的方向．

学生活动：可以考虑利用平面直角坐标系来证明．

证明2：以 A 为原点建立平面直角坐标系，如图 $5-18$ 所示，点 B 在 x 轴正半轴上，则 $A(0, 0)$，$B(c, 0)$，$C(b\cos A, b\sin A)$

因为 $BC = a$，则由两点间距离公式得

$$a = \sqrt{(c - b\cos A)^2 + (0 - b\sin A)^2},$$

化简得 $a^2 = b^2 + c^2 - 2bc\cos A.$

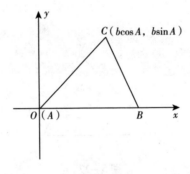

图 $5-18$

设计意图：利用两点间的距离公式，可以将几何关系和代数关系联系起来，从而达到证明的目的．提高学生综合应用知识、逻辑推理和数学运算的能力．

3. 勾股定理法

教师活动：除了上述证法，也可利用直角三角形的勾股定理证明，体现化归与转化的数学思想．请同学们思考，如何将斜三角形转化为直角三角形？

学生活动：尝试作出三角形某条边上的高，从而出现直角三角形．除了勾股定理，还可以利用射影定理证明．

证明3：当 A 为锐角时，过点 C 作 $CD \perp AB$ 于点 D，如图 $5-19$ 所示

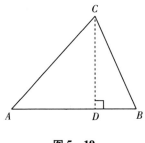

图 5 - 19

则 $AD = b\cos A$，$CD = b\sin A$

所以 $BD = AB - AD = c - b\cos A$

在 $\triangle BCD$ 中，根据勾股定理得

$$a^2 = (b\sin A)^2 + (c - b\cos A)^2 = b^2 + c^2 - 2bc\cos A$$

4. 射影定理法

证明 4：如图 5 - 19 所示，可得 $AB = AD + BD$，即 $c = a\cos B + b\cos A$　①

同理可得 $b = a\cos C + c\cos A$　②

$a = b\cos C + c\cos B$　③

由①$\times a$ - ②$\times b$ - ③$\times c$ 得 $a^2 = b^2 + c^2 - 2bc\cos A$

设计意图：利用直角三角形的勾股定理来证明余弦定理，应用了化归与转化的思想方法，将一般问题特殊化；在三角形中发掘几何关系，利用射影定理，列出等价关系来证明，锻炼了学生的逻辑推理能力.

5. 巧用正弦定理

教师活动：在同一三角形中，正余弦定理有很密切的关系，它们之间也可互相转化. 请同学们思考，如何挖掘三角形边角关系，灵活运用正弦定理，求证余弦定理？

学生活动：认真思考正余弦定理的形式及已知边角关系，寻找关键因素证明余弦定理.

证明 5：在 $\triangle ABC$ 中，由正弦定理可得 $\dfrac{a}{\sin A} = \dfrac{b}{\sin B} = \dfrac{c}{\sin C} = \dfrac{c}{\sin(A + B)}$

从而有 $b\sin A = a\sin B$　①

$csinA = asin(A + B) = asinAcosB + acosAsinB$ ②

将①代入②，整理可得 $acosB = c - bcosA$ ③

将①③平方相加可得 $a^2 = (c - bcosA)^2 + (bsinA)^2 = b^2 + c^2 - 2bccosA$

即 $a^2 = b^2 + c^2 - 2bccosA$

证明6：在 $\triangle ABC$ 中，由正弦定理可得 $a = 2RsinA$ ，$b = 2RsinB$ ，$c = 2RsinC$

所以 $a^2 = 4R^2 \sin^2 A = 4R^2 \sin^2 (B + C)$

$\qquad = 4R^2 (\sin^2 B \cos^2 C + \cos^2 B \sin^2 C + 2sinBsinCcosBcosC)$

$\qquad = 4R^2 (\sin^2 B + \sin^2 C - 2 \sin^2 B \sin^2 C + 2sinBsinCcosBcosC)$

$\qquad = 4R^2 \left[\sin^2 B + \sin^2 C + 2sinBsinCcos(B + C) \right]$

$\qquad = 4R^2 (\sin^2 B + \sin^2 C - 2sinBsinCcosA)$

$\qquad = (2RsinB)^2 + (2RsinC)^2 - 2(2RsinB)(2RsinB)cosA$

$\qquad = b^2 + c^2 - 2bccosA$

结论成立

6. 巧用圆的性质定理

教师活动：灵活构造圆，把上述三角形的边角融入该圆，运用圆的有关性质定理也能证明余弦定理同学们先观察图 5 – 20.

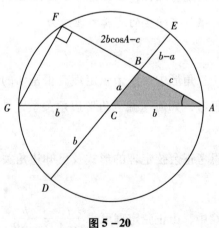

图 5 – 20

学生活动：仔细观察，认真寻找有关数量关系，思考如何证明余弦定理.

证明 7：如图 5 - 20，以点 C 为圆心，以 $CA = b$ 为半径作圆 C，直线 BC 与圆 C 交于点 D，E，延长 AB 交圆 C 于 F，延长 AC 交圆 C 于 G.

由作图过程知 $AF = 2b\cos A$

故 $BF = 2b\cos A - c$

由相交弦定理可得 $BA \cdot BF = BD \cdot BE$，即

$c \cdot (2b\cos A - c) = (b + a) \cdot (b - a)$

整理可得 $a^2 = b^2 + c^2 - 2bc\cos A$

7. 构造图形

证法 8：由图 5 - 21 和图 5 - 22 可得 $a^2 = (c - b\cos A)^2 + (b\sin A)^2$

整理可得 $a^2 = b^2 + c^2 - 2bc\cos A$

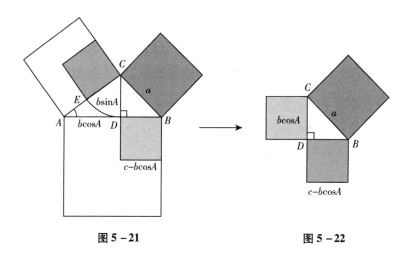

图 5 - 21　　　　　　　　　　图 5 - 22

教师活动：余弦定理的证明方法还有很多，也可以用物理方法、构造相似三角形、图形面积等证明. 同学们有兴趣课后可继续证明.

作用：余弦定理主要解决的三角形问题：包括已知三边、已知两边及夹角.

（三）问题清单

（1）在 $\triangle ABC$ 中，$a = 7$，$b = 3$，$c = 5$，求最大角的大小和 $\sin C$.

答案：$A = 120°$，$\sin C = \dfrac{5\sqrt{3}}{14}$.

（2）在 $\triangle ABC$ 中，$\cos^2 \dfrac{A}{2} = \dfrac{b+c}{2c}$，试判断 $\triangle ABC$ 的形状.

答案：直角三角形.

（3）在 $\triangle ABC$ 中，角 A，B，C 所对的边分别为 a，b，c，已知 $\cos C + (\cos A - \sqrt{3}\sin A)\cos B = 0$.

① 求角 B 的大小；

② 若 $a+c=1$，求 b 的取值范围.

答案：①$B = 60°$；②$\dfrac{1}{2} \leqslant b < 1$.

（四）归纳小结

本节课采用了课堂并列问题链的设计方法，引导学生探索了余弦定理常见的几种证法，让学生知其然，更知其所以然，拓展证明余弦定理的思路、方法，使学生的发散性思维、创新性思维得到培养和锻炼，进一步落实学生的数学学科素养的目标.

第三节 复合链案例

《函数的概念》教学设计

一、教材分析

本节课选自 2019 人教 A 版第三章《函数的概念与性质》中第一节的内容，函数是现代数学最基本的概念，是高中数学的核心内容之一，是贯穿整个高中数学课程的主线，是解决数学问题的基本工具，在高中数学中占有重要的位置.

函数对学生来说并不陌生，初中阶段数学就是从变量关系的观点来定义函数的，并通过对正比例函数、反比例函数、一次函数和二次函数的学习来加强学生对函数的认识和理解. 但随着学习的深入，这样定义函数的概念不深刻、不准确，因此，需要从更高的高度来定义函数. 高中数学课程从集合与对应关系的观点来定义函数，突出了函数是两个数集之间的对应关系，从某种角度来说，对应关系更能体现函数的本质，更有利于学生今后的学习和提升. 本节课是《函数的概念和性质》中的第一节课，重点应放在函数概念的理解上，通过生活中的实际事例，引出函数的概念，通过对函数三要素的剖析，让学生进一步理解函数的内涵.

二、课程目标及核心素养

1. 经历用集合语言表述函数概念的过程，发展学生数学建模、数学抽象的能力.

2. 能从函数定义分析理解简单的函数，发展学生逻辑推理、数学抽象的能力.

3. 经历由具体函数实例到一般函数概念的归纳过程，培养学生从特殊到一般分析问题的能力，提高学生抽象概括的能力.

三、教学重难点

（一）重点
函数的概念、函数的三要素.

（二）难点
对函数概念及符号 $y = f(x)$ 的理解.

四、教学策略选择与设计

本节课坚持"以学生为主体，教师为主导"的原则，以问题为导向，引导学生观察、思考、对比、归纳得到函数的概念，充分调动学生学习的积极性，达到较好的教学效果；整个教学过程以"提出问题：初中函数的"变量说"定义是什么？遇到了什么问题？"→"学习探究问题 1～问题 4"→"问题 5：归纳上述问题 1～问题 4 中的函数的共同特征，你能由此概括出函数的本质特征吗"→"问题 6：深化概念理解"→"典例分析"→"任务清单"这一问题链为主线，让学生充分参与问题的探究、学习，使学习过程比较自然和有效.

问题链形式：复合链；具体流程如图 5-23 所示.

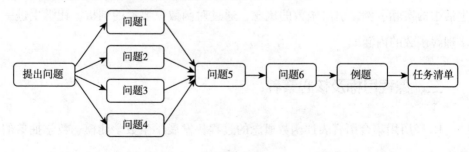

图 5-23

五、教学过程设计

（一）提出问题

初中函数的"变量说"定义是什么？遇到了哪些问题？

初中阶段函数的定义：如果有两个自变量 x 与 y，并且对于 x 的每个确定的值，y 都有唯一确定的值与其对应，我们就说 x 是自变量，y 是 x 的函数.

例如，正方形的周长 l 与边长 x 的对应关系是 $l = 4x$，而且对于每一个确定的 x 都有唯一的 l 与之对应，所以 l 是 x 的函数.

追问 1：这个函数与正比例函数 $y = 4x$ 相同吗？

追问 2：$y = 1$ 是函数吗？

要解决这些问题，就需要进一步学习函数的概念.

设计意图：通过回顾初中函数的定义，引发认知冲突，为学习函数的新概念提供契机，让学生感受到对函数定义进一步学习的必要.

问题 1：某"复兴号"高速列车加速到 350km/h 后保持匀速运行半小时.

子问题 1：这段时间内，列车行进的路程 s（单位：km）与运行时间 t（单位：h）的关系如何表示？这是一个函数吗？

子问题 2：根据问题 1 的信息，这趟列车加速到 350km/h 后，运行 1 h 就前进 350km 吗？你能确定这趟列车运行多长时间能前进 200km 吗？

子问题 3：你能用更精确的语言表示 s 与 t 的对应关系吗？

师生活动：

（1）对于子问题 1，对应关系是 $s = 350t$，且对于任意时刻 t，都有唯一确定的路程 s 与它对应，因此，这是一个函数.

（2）对于子问题 2，均无法确定，因为题中时间 t 的适用范围是 $0 < t \leqslant 0.5$，故半小时后列车的运行状况未知. 教师要启发学生关注函数的自变量和函数值的变化范围.

（3）对于子问题 3，让学生思考如何表述 s 与 t 的对应关系，教师在与学生一起讨论的基础上给出表述的示范. 对应关系应为 $s = 350t$，其中 $t \in A_1 = \{t$

$|0 \leqslant t \leqslant 0.5|$，$s \in B_1 = \{s | 0 \leqslant s \leqslant 175\}$.

设计意图：对于子问题 1，是让学生用初中所学的函数概念进行判断；对于子问题 2 是要引发认知冲突，让学生发现初中函数概念的不严谨；对于子问题 3 是为了让学生关注 t 与 s 的变化范围后，尝试用更精确的语言表述函数的概念.

问题2：某电气维修公司要求工人每周至少工作 1 天，至多不超过 6 天. 公司确定的工资标准是每人每天 350 元，而且每周付一次工资.

子问题1：一个工人的工资 w（单位：元）是他工作天数 d 的函数吗？

子问题2：问题 1 和问题 2 中的函数对应关系相同，你认为它们是同一个函数吗？

师生活动：

（1）对于子问题 1，工资 w 是工作天数 d 的函数，对应关系为 $w = 350d$，其中 d 的变化范围是数集 $A_2 = \{1, 2, 3, 4, 5, 6\}$，$w$ 的变化范围是数集 $B_2 = \{350, 700, 1050, 1400, 1750, 2100\}$.

（2）对于子问题 2，不是. 自变量的取值范围不一样. 教师引导学生认识到：判断两个函数是否相同，与三个要素有关，即自变量的变化范围、函数值的变化范围和对应关系.

设计意图：对于子问题 1，让学生在用初中函数定义认识到 w 是 d 的函数，并用更精确的语言表述函数，为认识函数对应关系做准备；对于子问题 2，帮助学生理解区分不同的函数，进一步认识函数三要素的不可或缺，为函数定义学习做准备.

问题3：图 5 - 24 是北京市 2016 年 11 月 23 日的空气质量指数（Air Quality Index，AQI）变化图.

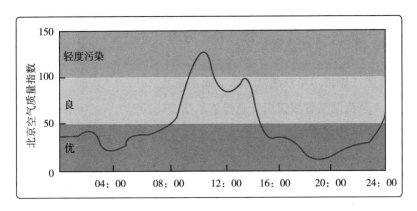

图 5 - 24

子问题 1：你能根据该图确定这一天内 12：00 的空气质量指数的值 I 吗？是否可以确定这一天内任一时刻 t 的空气质量指数的值 I？

子问题 2：你认为这里的 I 是 t 的函数吗？如果是，你能仿照前面的说法刻画这个函数吗？

师生活动：

（1）对于子问题 1，教师要引导学生体会图像表示的对应关系的实质，明确可以确定这一天内任一时刻 t 的空气质量指数的值 I.

（2）对于子问题 2，有些学生可能从初中函数认识的角度，会认为 I 不是时间 t 的函数（因为没有用解析式表示对应关系）. 所以，教师应先引导学生认识到时间 t 的变化范围是 $A_3 = \{t \mid 0 \leqslant t \leqslant 24\}$，空气质量指数的值 $I \in B_3 = \{I \mid 0 < I < 150\}$. 在此基础上，由教师阐释，因为对于数集 $A_3 = \{t \mid 0 \leqslant t \leqslant 24\}$ 中的任意一个值 t，都有唯一确定的空气质量指数的值 I 与之对应. 这样，我们可以把 I 与 t 之间的对应关系描述为：对于数集 A_3 中的任一时刻 t，按照图 5 - 24 所给定的对应关系，在数集 B_3 中都有唯一确定的空气质量指数的值 I 与之对应，因此 I 是 t 的函数.

设计意图：学生首次理解用图像表示的函数，体会其中的对应关系是有困难的，教师要做好引导. 对于子问题 1，先让学生清楚这一天内任一时刻 t 在图中都有唯一的空气质量指数值 I，初步理解图像可以表示一个函数，然后通过对于子问题 2 的讲解，给出对应关系的描述方法，从而化解难点.

问题 4：国际上常用恩格尔系数 $r\left(r=\dfrac{食物支出金额}{总支出金额}\right)$ 反映一个地区人民生活质量的高低，恩格尔系数越低，生活质量越高.

表 5-4 是我国某省城镇居民恩格尔系数变化情况，从中可以看出，该省城镇居民的生活质量越来越高.

表 5-4

年份 y	2006	2007	2008	2009	2010
恩格尔系数 $r/\%$	36.69	36.81	38.17	35.69	35.15
年份 y	2011	2012	2013	2014	2015
恩格尔系数 $r/\%$	33.53	33.87	29.89	29.35	28.57

子问题 1：你认为按表 5-4 给出的对应关系，恩格尔系数 r 是年份 y 的函数吗？

子问题 2：如果是函数，你能仿照前面的方式刻画这个函数吗？

师生活动：

（1）对于子问题 1，教师要引导学生从表格中体会对应关系的实质，可以确定 2006—2015 年这 10 年中任意一年 y 都有唯一的恩格尔系数 r 与之对应.

（2）对于子问题 2，教师要引导学生表述这一函数，对于表 5-4 中任意的一个年份 y，按照表格都在 $B_4=\{r\mid 0<r\leqslant 1\}$ 中有唯一的 r 与之对应，所以，r 是 y 的函数.

设计意图：通过问题 4 使学生明确函数对应关系可以用表格表示，为抽象出函数对应关系 f 作铺垫，并且让学生进一步体会对应关系、自变量取值范围、函数值取值范围是确定函数的三个要素. 另外，通过此问题还要让学生明确函数值的集合与函数值所在的集合是不同的.

问题 5：归纳上述问题 1～问题 4 中的函数的共同特征，你能由此概括出函数的本质特征吗？

师生活动：教师给学生充分思考的时间，引导学生重新回顾用集合与对应语言刻画函数的过程，帮助学生归纳、概括表 5 - 5，并引导学生思考、探索函数的定义.

表 5 - 5

问题情境	自变量的集合	对应关系	函数值的集合
问题 1	$A_1 = \{t \mid 0 \leqslant t \leqslant 0.5\}$	$S = 350t$	$B_1 = \{S \mid 0 \leqslant S \leqslant 175\}$
问题 2	$A_2 = \{1,2,3,4,5,6\}$	$w = 350d$	$B_2 = \{350,700,1050,1400,1750,2100\}$
问题 3	$A_3 = \{t \mid 0 \leqslant t \leqslant 24\}$	图 5 - 24	$B_3 = \{I \mid 0 < I < 150\}$
问题 4	$A_4 = \{2006,2007,2008,$ $2009,2010,2011,2012,$ $2013,2014,2015\}$	表 5 - 4	$B_4 = \{36.69\%,36.81\%,38,17\%,$ $35.69\%,35.15\%33.53\%,33.87\%,$ $29.89\%,29.35\%,28.57\%\}$

教师引导学生一起得出函数的共同特征：

（1）都有两个非空数集，我们用 A，B 来表示.

（2）都有一个对应关系（解析式、图像、表格等）.

（3）对于数集 A 中的任意一个数 x，按照对应关系，在数集 B 中都有唯一确定的数 y 和它对应.

在上述归纳的基础上，教师讲解：事实上，除解析式、图像、列表外，还有其他表示对应关系的方法. 为了表示方便，我们引进符号 f 统一表示对应关系.

设计意图：让学生通过归纳、概括 4 个问题中函数的基本特征，体会数学抽象过程，概括出用集合与对应语言刻画的一般性函数的概念. 在此过程中，要突破"如何在 4 个问题的基础上让学生归纳、概括、抽象出函数的概念，并以此培养学生的数学抽象素养"这一难点，突出"在学生初中已有函数认识的基础上，通过实例归纳概括出函数的基本特征（要素），用集合与对应的语言建立函数的概念"这一教学重点.

定义：一般地，设 A，B 是非空数集，如果按照某种确定的对应关系 f，使

对于集合 A 中的任意一个数 x，在集合 B 中都有唯一确定的数 $f(x)$ 和它对应，那么就称 $f: A \to B$ 为从集合 A 到集合 B 的一个函数（function），记作 $y = f(x)$，$x \in A$.

其中 x 叫作自变量，x 的取值范围 A 叫作函数的定义域；与 x 的值相对应的 y 值叫作函数值，函数值的集合 $\{f(x) \mid x \in A\}$ 叫作函数的值域.

问题 6：深化概念理解.

子问题 1：怎样理解函数的符号 $y = f(x)$，$x \in A$？

子问题 2：函数的值域与集合 B 有什么关系？请你说出上述 4 个问题的值域.

子问题 3：你认为影响函数的要素有哪些？

子问题 4：如果让你用函数的定义重新认识一次函数、二次函数与反比例函数，那么你会怎样表述这些函数？

师生活动：

（1）对于子问题 1，教师引导学生从定义来理解，$y = f(x)$，$x \in A$ 为"y 是 x 的函数"的数学表示，仅是一个函数符号，$f(x)$ 不是 f 与 x 相乘，如 $y = 3x + 1$ 可以写成 $f(x) = 3x + 1$；当 $x = 1$ 时 $y = 5$ 可以写成 $f(1) = 5$.

（2）对于子问题 2，教师帮助学生理解函数的值域是集合 B 的子集的问题. 问题 1 和问题 2 中，值域就是集合 B_1 和 B_2；问题 3 和问题 4 中，值域是 B_3 和 B_4 的真子集.

（3）对于子问题 3，通过问题 1 和问题 2 发现，两个有相同的对应关系的函数，定义域不同，则两个函数不同. 如果更换对应关系，两个函数也不同. 但定义域相同，对应关系也相同，则值也相同. 影响函数的三要素：定义域、对应关系、值域.

（4）对于子问题 4，教师帮助学生从函数的定义认识、理解函数（表 5 – 6）.

表 5 - 6

函数名称	一次函数	二次函数		反比例函数
对应关系	$y = ax + b$ $(a \neq 0)$	$y = ax^2 + bx + c(a \neq 0)$		$y = \dfrac{k}{x}(k \neq 0)$
定义域	**R**	**R**		$\{x \mid x \neq 0\}$
值域	**R**	$\{y \mid y \geq \dfrac{4ac - b^2}{4a}, a \geq 0\}$	$\{y \mid y \leq \dfrac{4ac - b^2}{4a}, a < 0\}$	$\{y \mid y \neq 0\}$

设计意图：加强对函数定义的解读，让学生重新认识已学函数，加深对函数定义的理解，进一步体会定义域、对应关系与值域是函数的三个要素.

(二) 典例分析

例1　下列函数中哪个与函数 $y = x$ 是同一个函数？

A. $y = (\sqrt{x})^2$　　　　　　　　B. $u = \sqrt[3]{v^3}$

C. $y = \sqrt{x^2}$　　　　　　　　D. $m = \dfrac{n^2}{n}$

师生活动：学生自主完成，教师巡视，并结合学生情况点评.

追问：你能自己想出一个函数与 $y = x$ 相同吗？

例1小结：判断两个函数是否是同一个函数的方法：

（1）先看定义域，如定义域不同，则不是同一个函数.

（2）若定义域相同，再化简函数的解析式，看对应关系是否相同.

例2　若函数 $y = f(x)$ 的定义域为 $M = \{x \mid -2 \leq x \leq 2\}$，值域为 $N = \{y \mid 0 \leq y \leq 2\}$，则函数 $y = f(x)$ 的图像可能是（　　　）.

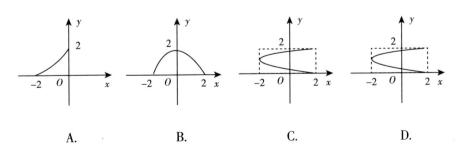

A.　　　　　　B.　　　　　　C.　　　　　　D.

师生活动：学生自主完成，教师巡视，并结合学生情况适时点评．

答案：B.

(三) 任务清单

1. 判断

（1）函数的定义域和对应关系确定后，函数的值域就确定了．（　　）

（2）函数值域中每一个数在定义域中都有唯一的数与之对应．（　　）

（3）函数的定义域和值域一定是无限集．（　　）

（4）函数就是两个集合之间的对应关系．（　　）

2. 下列各组函数中是相等函数的是（　　）．

A. $y = x + 1$ 与 $y = \dfrac{x^2 - 1}{x - 1}$

B. $y = x^2 + 1$ 与 $s = t^2 + 1$

C. $y = 2x$ 与 $y = 2x \ (x \geq 0)$

D. $y = (x + 1)^2$ 与 $y = x^2$

3. 已知集合 $P = \{x \mid 0 \leq x \leq 4\}$，$Q = \{y \mid 0 \leq y \leq 2\}$，下列从 P 到 Q 的各对应关系 f 不是函数的是＿＿＿＿＿＿．（填序号）

①$f:\ x \rightarrow y = \dfrac{1}{2}x$；②$f:\ x \rightarrow y = \dfrac{1}{3}x$；③$f:\ x \rightarrow y = \dfrac{2}{3}x$；④$f:\ x \rightarrow y = \sqrt{x}$.

答案：1.（1）√（2）×（3）×（4）×　　2. B　　3. ③

六、课堂小结

1. 引导学生回顾本节课的学习内容．

2. 与初中学习过的函数概念相比，你对函数又有什么新的认识？

《正弦定理》教学设计

一、教材分析

余弦、正弦定理及其应用的内容在新课程标准教材中没有独立设置为一章，而是放在数学必修第二册的第六章《平面向量及其应用》第四节《平面向量的应用》中，作为平面向量应用的例子，突出向量这一数学工具的重要性．为了提高学生的学习能力和创新能力，拓展思路、方法，培养创造性思维，提高学生分析问题、解决问题的能力，达到培养学生的数学学科素养的目标，本节课采用问题链教学模式，探索和证明正弦定理，并着重让学生探究多种证明的方法．

课时安排：1 个课时．

二、学情分析

（一）认知基础

学生已学习平面向量和余弦定理，积累了平面向量应用的知识和证明正弦定理要用到的方法．

（二）认知障碍

几何关系与代数关系的互化，三角形边角关系的应用，敢于提出新问题并解决．

三、学科核心素养与课程目标

（一）学科核心素养

1. 数学抽象：重视知识形成过程的教学，让学生知其然并知其所以然，形成数学方法与思想，认识数学结构与体系．通过学习体会到探索的过程与创新

191

的乐趣.

2. 逻辑推理：通过对定理证明的探究，培养学生形成扎实严谨的科学作风.让学生熟悉推理方式，探索和表述论证过程，并有逻辑地、规范地表达与交流.

3. 数学运算：让学生经历式子的推理、运算、化简过程，促进学生数学思维发展，培养学生数学运算能力，使其养成勇于探索、严谨务实的科学精神.

（二）课程目标

1. 会进行几何关系与代数关系的互化，体会数形结合的方法.

2. 了解正弦定理的多种证明方法、过程，尤其是向量法，感受向量这一工具的作用.

3. 通过对正弦定理证明方法的学习，提高学生的探究能力、思维能力及应用能力.

四、教学重难点

（一）教学重点

对正弦定理证明的方法的探索.

（二）教学难点

几何关系与代数关系相互转化，代数运算.

五、教学方法手段

（一）教学方法

问题驱动、引导探究.

（二）教学手段

PPT.

六、教学策略选择与设计

本节课通过探索正弦定理，并用多种方法证明，使学生能充分思考、理解正弦定理的推导过程，拓展学生解决问题的思路和方法．教学过程按以下主线进行：提出问题→探究问题→证明定理→深化认识．

问题链形式：复合链（图5-25）．

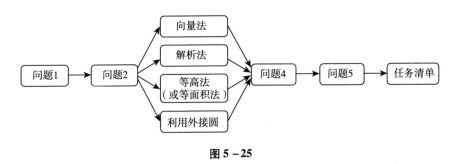

图 5-25

七、教学过程

（一）提出问题

问题1：小华的家在河岸的一侧 A 处，河的对岸 B 处有一座电视塔，现在小华想测量他的家与电视塔间的距离．但是他没有办法渡河，他的手边只有测角仪与皮尺，那么他要怎样测得 A 与 B 之间的距离？

预设问题：

（1）在测量之前应该借助什么图形来研究？

（2）在上一堂课中学习的余弦定理是否可以用于解决此类问题？

（3）在构造出的三角形中，哪些条件是已知条件？

预设答案：（1）三角形；（2）不能；（3）AC 边长，角 A 与角 C 是已知的.

设计意图：利用求河的两岸两点间的距离这一实例以及复习余弦定理，让学生感受余弦定理的局限性以及引入新的定理的必要性，激发学生学习的兴趣.

问题2：在初中阶段，怎样描述三角形中角与对边的关系？从量化角度来，

A，B，a，b 之间有何定量关系？

预设活动：回顾初中阶段的知识"大边对大角，小边对小角"，并利用直角三角形初步得出 $\dfrac{a}{\sin A} = \dfrac{b}{\sin B} = \dfrac{c}{\sin C}$ 的结论．

设计意图：通过回顾初中的知识引出正弦定理，初步了解正弦定理的含义．

问题3：此结论在一般的三角形中仍适用吗？可以用什么方法进行证明？

（二）探究证明（引导学生探究、证明）

1. 向量法

证明：如图 5 − 26 所示

（1）当 A 为锐角时，过点 A 作与 $\overrightarrow{AC}$ 垂直的单位向量 $\vec{j}$，则 $\vec{j}$ 与 $\overrightarrow{AB}$ 的夹角为 $\dfrac{\pi}{2} - \angle A$，$\vec{j}$ 与 $\overrightarrow{CB}$ 的夹角为 $\dfrac{\pi}{2} - \angle C$

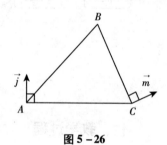

图 5 − 26

$\overrightarrow{AC} + \overrightarrow{CB} = \overrightarrow{AB}$，所以 $\vec{j} \cdot (\overrightarrow{AC} + \overrightarrow{CB}) = \vec{j} \cdot \overrightarrow{AB}$，

即 $|\vec{j}|\,|\overrightarrow{AC}|\cos\dfrac{\pi}{2} + |\vec{j}|\,|\overrightarrow{CB}|\cos\left(\dfrac{\pi}{2} - \angle C\right) = $

$|\vec{j}|\,|\overrightarrow{AB}|\cos\left(\dfrac{\pi}{2} - \angle A\right)$

也即 $a\sin C = c\sin A$，所以 $\dfrac{a}{\sin A} = \dfrac{c}{\sin C}$

同理，如图 5 − 27 所示，过点 C 作与 $\overrightarrow{CB}$ 垂直的单位向量 $\vec{m}$，可得 $\dfrac{b}{\sin B} = \dfrac{c}{\sin C}$，

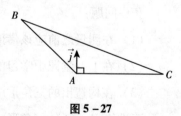

图 5 − 27

所以 $\dfrac{a}{\sin A} = \dfrac{b}{\sin B} = \dfrac{c}{\sin C}$

（2）当 A 为钝角时，过点 A 作与 $\overrightarrow{AC}$ 垂直的单位向量 $\vec{j}$，则 $\vec{j}$ 与 $\overrightarrow{AB}$ 的夹角为 $\angle A - \dfrac{\pi}{2}$，$\vec{j}$ 与 $\overrightarrow{CB}$

的夹角为 $\dfrac{\pi}{2} - \angle C$，仿照上面做法，可得 $\dfrac{a}{\sin A} = \dfrac{b}{\sin B} = \dfrac{c}{\sin C}$

（3）如图 5 – 28 所示，当 $\angle A$ 为直角时，$\sin A = 1$，所以 $\dfrac{b}{\sin B} = \dfrac{c}{\sin C} = a$，

即 $\dfrac{a}{\sin A} = \dfrac{b}{\sin B} = \dfrac{c}{\sin C}$

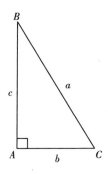

图 5 – 28

设计意图：本证法并不是最简洁的证法，但利用到的知识比较综合，通过构造角之间的互余关系，把边与角之间的余弦关系转化为正弦关系，可以考查学生知识的迁移和综合应用的能力.

2. 解析法

证明：以 A 为原点建立平面直角坐标系，如图 5 – 29 所示，点 B 在 x 轴正半轴上，则 $A(0, 0)$，$B(c, 0)$，$C(b\cos A, b\sin A)$，所以 $S_{\triangle ABC} = \dfrac{1}{2} |AB| y_C =$

$\dfrac{1}{2} cb\sin A$

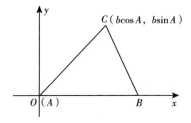

图 5 – 29

同理，$S_{\triangle ABC} = \dfrac{1}{2}ba\sin C = \dfrac{1}{2}ac\sin B$

则 $cb\sin A = ba\sin C = ac\sin B$，所以 $\dfrac{a}{\sin A} = \dfrac{b}{\sin B} = \dfrac{c}{\sin C}$

设计意图：让学生寻找等量关系列等式，学会进行类比迁移，渗透类比的数学思想.

3. 等高法（或等面积法）

证明：

（1）如图 5 – 30 所示，当 $\angle A$ 为锐角时，作 $BD \perp AC$ 交 AC 于点 D

则 $BD = c\sin A = a\sin C$，所以 $\dfrac{a}{\sin A} = \dfrac{c}{\sin C}$，同理可证 $\dfrac{b}{\sin B} = \dfrac{c}{\sin C}$.

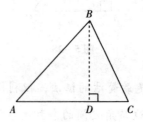

图 5 – 30

所以 $\dfrac{a}{\sin A} = \dfrac{b}{\sin B} = \dfrac{c}{\sin C}$

（2）如图 5 – 31 所示，当 $\angle A$ 为钝角时，作 $BD \perp AC$ 交 CA 的延长线于点 D

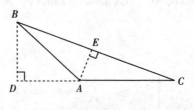

图 5 – 31

则 $BD = c\sin(\pi - A) = a\sin C$，即 $c\sin A = a\sin C$

所以 $\dfrac{a}{\sin A} = \dfrac{c}{\sin C}$.作 $AE \perp BC$ 交 BC 于点 E，可得 $\dfrac{b}{\sin B} = \dfrac{c}{\sin C}$

所以 $\dfrac{a}{\sin A} = \dfrac{b}{\sin B} = \dfrac{c}{\sin C}$

（3）如图 5 - 32 所示，当 $\angle A$ 为直角时，$a = \dfrac{c}{\sin C} = \dfrac{b}{\sin B}$ ，又 $\sin A = 1$

所以 $\dfrac{a}{\sin A} = \dfrac{b}{\sin B} = \dfrac{c}{\sin C}$

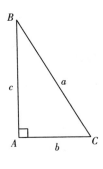

图 5 - 32

4. 利用外接圆

证明：

（1）如图 5 - 33 所示，当 $\angle A$ 为锐角或钝角时，作 $\triangle ABC$ 外接圆 O，连接 BO 并延长交圆 O 于点 D，连接 AD，则 $AB \perp AD$

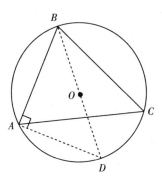

图 5 - 33

所以 $AB = 2R\sin D$ ，又 $\sin C = \sin D$ ，所以 $2R = \dfrac{AB}{\sin C} = \dfrac{c}{\sin C}$

同理，$2R = \dfrac{a}{\sin A} = \dfrac{b}{\sin B}$，所以 $\dfrac{a}{\sin A} = \dfrac{b}{\sin B} = \dfrac{c}{\sin C}$

（2）当 $\angle A$ 为直角时，见等高法（或面积法）（3）.

综上，$\dfrac{a}{\sin A} = \dfrac{b}{\sin B} = \dfrac{c}{\sin C}$

设计意图：让学生寻找等量关系列等式，学会进行类比迁移、渗透类比的数学思想. 在利用外接圆证明时，还可以得到 $\dfrac{a}{\sin A} = \dfrac{b}{\sin B} = \dfrac{c}{\sin C} = 2R$，即边与其所对角的正弦值的比值为外接圆直径.

问题 4：如何用文字语言与符号语言描述正弦定理？

教师讲授：符号语言为 $\dfrac{a}{\sin A} = \dfrac{b}{\sin B} = \dfrac{c}{\sin C} = 2R$.

文字语言：在一个三角形中，各边和它所对角的正弦的比相等.

追问 1：正弦定理有哪些变形呢？

教师讲授：$a = 2R\sin A, b = 2R\sin B, c = 2R\sin C$.

$\sin A = \dfrac{a}{2R}, \sin B = \dfrac{b}{2R}, \sin C = \dfrac{c}{2R}$.

追问 2：正弦定理适用于哪些类型的解三角形问题？

预设答案：已知两边与其中一条边的对角、已知两角与一边等问题.

设计意图：遵循从特殊到一般的思路，形成正弦定理的概念，并了解正弦定理的变形；分析得到正弦定理的适用范围，方便进行区分.

问题 5：回顾问题 1 中的题目，假设测得 $AC = 20\text{m}$，$\angle A$ 为 $60°$，$\angle C$ 为 $45°$，如何利用正弦定理求 A、B 之间的距离？

预设答案：根据 $\angle B$ 与 AC 的长度列出等式即可.

设计意图：回归情境导入问题，通过新授知识解决问题，感受正弦定理在实际生活中的应用.

（三）任务清单

1. 在 $\triangle ABC$ 中，已知 $a = 5$，$\angle B = 45°$，$\angle C = 105°$，解三角形.

答案：$\angle A = 30°$，$b = 5\sqrt{2}$，$c = \dfrac{5(\sqrt{6}+\sqrt{2})}{2}$.

2. 在 $\triangle ABC$ 中，解三角形.

（1）已知 $a=10$，$b=20$，$\angle A=80°$；

（2）已知 $b=\sqrt{6}$，$c=\sqrt{2}$，$\angle B=120°$；

（3）已知 $b=3$，$c=3\sqrt{3}$，$\angle B=30°$.

答案：（1）无解；（2）已知 $\angle C=\angle A=30°$，$a=\sqrt{2}$；（3）已知 $\angle C=60°$，$\angle A=90°$，$a=6$ 或 $\angle C=120°$，$\angle A=30°$，$a=3$.

（四）归纳小结

1. 本节课学习了什么内容？

2. 理解正弦定理的证明推理过程.

《直线与圆的位置关系》教学设计

一、教材分析

在初中的学习中学生已了解直线与圆的位置关系，并知道可以利用直线与圆的公共点的个数、圆心与直线的距离 d 与半径 r 的关系来判断直线与圆的位置关系. 但是，在初中学习时，利用圆心与直线的距离 d 与半径 r 的关系判断直线与圆的位置关系的方法都是以结论性的形式呈现的，虽然是定量的展现，但实质还是定性研究（d 与 r 都是直接给数据或者利用几何证明来得出 d 与 r 的数量关系）.

在高一学习了解析几何以后，要考虑的问题是如何由直线和圆的方程判断直线与圆的位置关系，也就是定量研究. 解决问题的方法主要是几何法和代数法. 其中几何法是在初中学习的基础上，结合高中所学的点到直线的距离公式求出圆心与直线的距离 d 后，比较与半径 r 的关系从而做出判断. 而代数法是结合直线方程与圆的方程，通过联立方程形成方程组，转化为二次方程根的判别问题从而做出判断.

在实际问题的解决中，学生可以充分体验两种方法的特点，明确代数法更具有一般性，几何法则紧扣圆的几何特性，充分利用圆的几何性质．所以在研究直线与圆的位置关系时几何法更实用一些．通过本课的教学，学生体会到：解析几何的核心就是坐标法，计算是必不可少的，提高计算能力也是必要的．但解析几何终究研究的是几何问题，深入研究几何图形的特性，再用代数方法去解决可以减少计算量从而提高解题效率．

二、教学目标与核心素养

（一）教学目标

1. 掌握直线和圆的三种位置关系以及直线和圆的关系的判定和性质．

2. 通过引导探究，在解决问题的途径中，培养借助直观解决抽象问题的能力，也就是由数到形、由形到数、由直观到抽象、由抽象到直观的转化能力，也即数形结合的思想．

3. 关注学生的学习品质，培养学生勇于探索、积极解决问题的优良品质．

（二）核心素养

1. 直观想象：由图观察直线与圆的位置关系．

2. 数学运算：定量判断直线与圆的位置关系．

3. 数学抽象：探究用方程思想判定位置关系．

4. 逻辑推理：代数法与几何法的归纳总结．

三、重点、难点分析

1. 直线与圆的位置关系的判定和性质的应用．

2. 直线和圆的位置关系的探讨及用数量关系揭示直线和圆的位置关系．

四、教学策略分析与选择

(一) 策略分析

高中教学课程追求的理念是丰富学生的学习方式，改进学生的学习方法，学生的数学学习不应只限于概念、结论和方法的记忆、模仿和接受．本节课主要内容是如何判断直线与圆的位置关系，学习过程中，不仅要使学生理解判断方法，并学会灵活应用，还要鼓励学生积极参与教学活动，包括思维的参与和行为的参与．

(二) 策略选择

本设计主要采用的教学方法是问题链教学模式，基于初中的学习基础，结合本课的教学内容与学生实际，整个新课教学过程以"问题1：能否只用几何直观判断位置关系？"→"问题2：初中阶段是怎样定量判断位置关系的？"→"问题3：用方程的思想如何定量定性判断位置关系？"→"问题4：典例分析"→"问题5：变式例题，逆向运用"→"课堂小结"这一系列的问题链为主线，在问题的探究和解答中得出结论，并达到掌握、理解、应用的效果．

问题链形式：复合链；具体流程如图 5 – 34 所示．

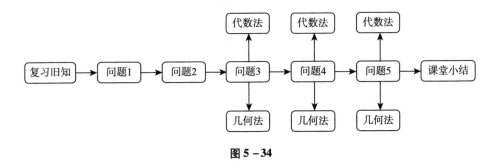

图 5 – 34

五、教学过程分析

教学过程分析见表5－7.

表5－7

教学步骤	教学内容	教师活动	学生活动	教学评价
一、复习旧知	复习点与圆的位置关系	讲授：前面我们学习了点与圆的位置关系，点和圆的位置关系有几种？ 它们的数量特征分别是什么？	答：点在圆内、圆上、圆外，共三种位置关系.数量特征可以从两个角度判断： （1）对点到圆心的距离和半径进行比较. （2）把点代入圆的一般方程，满足方程则点在圆上，＞0则点在圆外，＜0则点在圆内.	观察学生是否对旧的知识有充分的掌握.巩固知识，为引导学生把"点和圆的位置关系"研究的方法迁移到研究"直线和圆的位置关系"中
二、探究新知	1. 几何直观，难辨真假 几何直观在判断直线与圆的位置关系时具有局限性和不确定性.	讲授：我们从初中几何中得知，直线与圆有三种位置关系：相交、相切、相离. 问题1：图1和图2中，直线与圆的位置关系分别是怎样的？判断的标准是什么？ 图1 图2	答1：图1直线与圆相交，图2直线与圆相离，判断的标准是公共点的个数.	引导学生从几何直观的角度判断直线与圆的位置关系.教师故意设置陷阱让学生往下跳，接着用事实引导学生抛弃旧观念，学会从科学的角度判断事物，培养学生发现问题、分析问题、研究问题的能力.

教学步骤	教学内容	教师活动	学生活动	教学评价
二、探究新知		讲授：几何画板展示图3. 追问1：图3中，直线与圆的位置关系是怎样的？ 图3 讲授：事实是不是如大家所说的相切呢？我把图形放大之后大家再一起来观察. 当图形放大了之后我们就看到如图4所示的情况，其实直线与圆有两个公共点，它们的位置关系是相交. 图4	答2：图3直线与圆的位置关系是相切，因为只有一个公共点. 学生纷纷在惊叹之中表示不能凭借肉眼去判断位置关系，因为图形有时候会欺骗人！	此环节引出以下从定量的角度出发判断直线与圆的位置关系的必要性.
	2. 定量判断，去伪存真	讲授：在初中，我们已经学过定量判断直线与圆的位置关系，大家一起来看动画展示（图5）.		

203

教学步骤	教学内容	教师活动	学生活动	教学评价
二、探究新知	基于初中的学习，从几何画板的展示中得到定量判断的方法.	R=4.38cm d=7.25cm R=4.38cm d=4.38cm R=4.38cm d=2.64cm 图 5 问题 2：怎样定量判断直线与圆的位置关系？ 追问 2：在初中的学习中，是如何计算 d 的？	答 1：从圆心到直线的距离 d 与半径 r 进行比较得出定量判断的方法. 相交：$d < r$. 相切：$d = r$. 相离：$d > r$. 答 2：给出距离直接进行比较，或者是基于几何图形利用勾股定理计算得出 d. 在教师的引导下，分别给出以下结论： （1）从方程的角度出发，在计算 d 的时候可以运用点到直线的距离公式. （2）从公共点的角度，可以联系直线与圆的方程，形成方程组，如果方程组有两组解，则直线与圆相交，在解方程组中通过消元得到的一元二次方程根的判别式 $\Delta > 0$；以此类推，相切时有一组解，$\Delta = 0$；相离时方程组无解，$\Delta < 0$	从几何画板的动画演示中，凸显直线和圆的位置关系的数量特征，引出问题的关键. 根据位置关系变化时 d 和 r 的数量关系，得出三种位置关系定量判断的方法. 通过"数"与"形"结合，培养学生数形结合的思想

教学步骤	教学内容	教师活动	学生活动	教学评价
三、深化认识	3. 方程思想，探究新知 在高一的知识中，我们学习了解析几何，知道直线和圆这样的几何图形是可以用方程去描述的，那么我们也可以用方程的思想来判断直线与圆的位置关系	讲授：本书第三章我们学习了直线方程，在第四章第一节中学习了圆的方程，知道直线和圆是可以用方程去描述的，这也是我们学习解析几何的初步. 问题 3：在解析几何的背景下，我们能否用直线与圆的方程判断它们之间的位置关系呢？ 追问 3：在初中用 d 和 r 的关系判断，能否运用方程的思想解决问题？ 追问 4：如果从公共点的个数出发，能否用方程的思想解决问题？ 教师通过总结得出以下两种判别直线与圆位置关系的方法. 1. 几何法 相交：$d < r$. 相切：$d = r$. 相离：$d > r$. 2. 代数法 两个交点$\Leftrightarrow$方程组有两组解$\Leftrightarrow$ $\Delta > 0$ 一个交点$\Leftrightarrow$方程组有一组解$\Leftrightarrow$ $\Delta = 0$ 无交点$\Leftrightarrow$方程组没有解$\Leftrightarrow \Delta < 0$	答 1：先把圆化为标准方程，求出圆心和半径，再求点到直线的距离 d，最后比较 d 和 r 的大小. 答 2：联立直线与圆的方程形成方程组，运用消 y 法化简可以得到关于 x 的一元二次方程，再用 Δ 判断.	学生在这个过程中感受了从直观到抽象的数学思维过程，培养了善于思考、敢于发现、懂得总结的能力，这是数学核心素养的培养过程. 教师在层层递进地引导学生定量判断位置关系的基础上，引入方程思想，从方程的角度定量判断位置关系，让学生体会知识生成的过程，感受几何法和代数法的差异.

教学步骤	教学内容	教师活动	学生活动	教学评价
四、课堂小结	4. 应用新知	例 已知直线 l：$3x+y-6=0$ 与圆 $x^2+y^2-2y-4=0$ 判断直线 l 与圆的位置关系. 讲授：例题中直线和圆都以方程的形式呈现，我们先根据几何法来判断它们的位置关系. 问题4：要解决这个问题，几何法是如何操作的呢？ 追问5：现在已经用几何法判断出了位置关系为相交，那么代数法要如何实现位置关系的判断呢？ 讲授：现在我们已经从方程的角度用几何法和代数法完成了直线与圆位置关系的判断，相信大家在解决问题的过程中对于代数法和几何法都有深刻的认识. 在两种方法的对比中，几何法是基于几何图形借助代数运算完成判断的，这便是数形结合法，它能使运算过程简便很多，这是一种非常重要的数学思想方法.	在教师的引导下给出以下解题步骤： 解：（几何法） 圆转化为标准方程 $x^2+(y-1)^2=5$ 圆心 $(0,1)$ 半径 $r=\sqrt{5}$ 圆心到直线的距离为 $d=\dfrac{|1-6|}{\sqrt{9+1}}=\dfrac{5}{\sqrt{10}}<\sqrt{5}$ 所以直线与圆相交 （代数法） 联立直线与圆的方程，得 $\begin{cases} 3x+y-6=0, \\ x^2+(y-1)^2=5 \end{cases}$ 消 y，得 $x^2-3x+2=0$， 由 $\Delta=9-8=1>0$， 得方程组有两组解，所以直线与圆相交. 在变式练习中，集体运用几何法来解决问题.	学生在实际问题解决的探究过程中能更深刻地理解几何法和代数法的应用，在两种方法的对比中感受数形结合这种数学思想方法的魅力，通过对比培养学生用科学的思维辩证思考问题的能力.

续 表

教学步骤	教学内容	教师活动	学生活动	教学评价
四、课堂小结	5. 升华新知 6. 总结方法	代数法的计算步骤明显增多，计算量也多，比较复杂，但是代数法可以抛开几何图形，用"纯代数的方法"进行判断，具有一般性．如果两个图形没有特殊的几何性质我们就可以运用代数法来解决问题，它是一种通用型方法． 讲授：上一环节是直接给出直线与圆的方程判断位置关系． 问题5：如果已知圆与直线的位置关系，如何求参数呢？大家一起来看变式练习题． 变式练习： 已知圆 $x^2 + y^2 - 4x = 0$ 与直线 $y = kx + 3$ 没有公共点，求 k 的取值范围． 讲授：现在让我们一起来总结本节课所学习的数学方法与思想． （1）判断直线与圆的位置关系的方法有： ①代数方法，即方程方法（利用 Δ ）． ②几何方法（利用距离关系）． （2）方程的思想和数形结合的思想是处理解析几何的基本思想．	在教师的引导下，学生容易得出以下解题过程． 解：圆的标准方程为 $(x - 2)^2 + y^2 = 4$ ，圆心为（2，0），半径为 $r = 2$ ．由于直线与圆没有公共点，即直线与圆相离，故有 $d > r$ 直线的一般方程为 $kx - y + 3 = 0$ ， 圆心到直线的距离为 $d = \dfrac{\lvert 2k + 3 \rvert}{\sqrt{k^2 + 1}} > 2$ ， 解得 $k > -\dfrac{5}{12}$ ． 学生在教师的引导下回顾本节新知，并进行方法的总结和数学思想方法的提炼．	例题是运用方法从正向解决直线与圆位置关系的问题．正向应用是基础，但是知识的运用是灵活的，学生不仅要基础扎实，还要懂得灵活应用，因此设置变式这道题是从逆向解决问题的角度培养学生的逆向思维，提高学生灵活运用知识的能力． 知识性内容的总结能将传授的知识转化为学生的内在素质，数学思想方法的小结能让学生从更高层次上思考问题．

六、教学评价与分析

1. 本设计中从引入到探究再到应用，在问题链教学模式的引领下，让问题层层推进，能激发学生参与学习和主动求知的欲望，使大部分学生在学习过程中始终处于积极思考、探索的状态，真正成为主动学习的主体.

2. 利用计算机辅助教学，特别是数学软件几何画板的合理利用，显示了事物从静态到动态的运动过程，培养学生用运动变化这一辩证唯物主义观点分析问题、解决问题的能力，体现了数形结合的思想，使较为复杂的问题明了化.

第 六 章

问题链教学模式的反思及展望

　　问题链教学模式是一种颇有潜力与价值的教学模式，为了更好地推动高中数学问题链教学模式的实施，仍须继续做好以下三方面工作：第一，要促进教师的专业发展，毕竟教师才是教育教学活动的组织者与管理者．第二，要注重培养学生的素养与能力，若是没有学生的互动，问题链教学也难以落到实处．第三，问题链教学也需要不断发展和完善，这是问题链教学模式自身发展的要求．

第一节 教师专业能力提升的思考

教师是教学活动的组织者，也是学生成长路上的引导者．为适应教学需要，教师自身也需要不断学习，提升专业能力．教师在专业能力发展提升的过程中，既要更新教育观念，合理定位角色，又要寻找合适的专业成长路径．另外，结合问题链教学模式的需要，教师还应提高说题能力．

一、更新教育观念 合理进行角色定位

随着现代教育理念的传播与发展，新时代教师角色定位认知已经发生了巨大的变化．进入现代社会之后，知识体系化广泛传播，同时，国民的基本教育得到保障，社会文盲比例极低甚至基本消除，知识也不再是一种稀缺资源，因此教师的角色也需要进行转换与丰富，体现出新时代教育的特征，形成新的认知．对于新时代的教师而言，固然可以用传道、授业、解惑来理解自己的职业角色定位，但是绝对不能局限于或拘泥于这一角色定位，而应该根据新时代的教育理念以及时代对教育教学工作的实际要求，与时俱进，让自己的角色定位变得更加丰富，从而更好地胜任新时代教师这一角色．

（一）教学活动的组织者与实施者

教师是教学过程最直接的组织者，教师主导作用的发挥，教学过程的定向发展有赖于教师对教学活动的组织，主要包括两方面内容：教师根据教学活动的系统规划对教授过程和学习过程进行有计划地组织，促进学生自主学习活动的开展；重视学生学习过程中的自我组织能力的培养和形成，通过引导和激励，

不断提高学生学习活动的自我组织程度.

在课堂教学中,教师首先要组织学生发现、寻找、搜集和利用资源.组织学生营造教室中积极的学习氛围,创设丰富的教学情境,不但可以激发学生的学习动机,而且可以充分调动学生的学习积极性.在教学活动中,教师要引导学生设计恰当的学习活动,激发学生进一步探究所需要的动力,实现课程资源的充分利用,引导学生在自主探索和合作交流的过程中,真正理解和掌握基础知识和基本技能.

数学教学的过程应该建立在学生认知发展能力和已有的知识基础之上.教学过程是师生合作、交往互动、共同发展的过程,教师要转变原来的教学思想,遵循新课的标教育教学观念,由原来居高临下的权威讲授者转变为与学生平等合作的交流者,把学习的主动权交给学生自己,鼓励每个学生积极主动地参与教学活动.教师不应该充当演讲者,而应该成为学生学习的引导者、组织者、协调者、激励者与合作者.教师在学生合作学习讨论的过程中应给予学生恰当的引导与帮助,让学生亲身体验数学知识的形成,最后通过在实际生活中的应用来获取数学的知识和数学的能力.

(二)学生成长的陪伴者与引领者

传统教育教学模式中,教师占据着更大的主动权,甚至有些教育教学活动的主导者偏向于教师,即学生跟着教师的节奏与思维走.然而根据现代教育理念,学生才是学习的主体,学生才是教育的核心培养对象,教育的目的是立德树人,人成长的重要性超过了知识传授的重要性.从这一角度来讲,教师应该是学生学习成长路上的陪伴者与引领者.

对当代教育而言,几乎每一个学生都有接受教育的机会,教育教学本身不再是稀缺资源,然而学生的学习成长容易遇到一些现实问题,甚至部分学生会出现厌学,不愿意接受教育约束的情况.面对这种情况,当代教师则应该扮演一种陪伴者的角色,尤其是当代学生容易出现各种心理层面的问题.例如,当面对沉重的学业压力时,不少学生会出现厌学、叛逆、精神倦怠等情绪,教师这个时候应该体现出学生成长陪伴者的角色定位,从学生的角度去感受他们的情绪，把他们当朋友，用深入谈心和平等交流的方式去引导他们走出人生的低迷期和困惑期，真正实现个人成长．对很多学生而言，对其人生影响最大的教师通常不是教给了他很多知识的老师，而是真正能够关心他成长，甚至能够用心与他交流的老师．张桂梅老师之所以伟大，是因为她深切知道大山里面女孩受教育与生命成长的艰难，因此她用自己的力量与方式来陪伴她们成长，将她们送上更好的教育之路与成长之路，从而改变了诸多大山里的女孩的命运．

在现实中，教师在知识经验与人生阅历方面拥有更大的优势．"学高为师，身正为范"强调的是教师的引领与示范作用．教师在学生心中是有一种独特的地位的，尤其是基础教育领域，学生更倾向于用一种"崇拜"的眼光来看待教师，因为教师在学生眼中懂得多，而且拥有权威．作为教师，基于这一特点，更应该体现出引领者的角色．教师可以带着学生一起成长．比如，教师为了让学生更好地关注社会现实问题，就可以带着学生一起针对某个问题做社会调查，在具体实践中教给学生基础的知识与技能；再如，学生对一个研究方向感兴趣，教师就可以为他们提供更多的研究思考与帮助，引导学生更好地将兴趣与学习研究融合．即便是在一些社会道德规范教育中，教师也应该发挥更多的引领作用．以礼貌待人为例，教师要想让学生学会礼貌待人，单纯的说教是没有用的，当教师用自己的一言一行体现礼貌待人时，学生自然会跟随，这就是教师成为学生成长引领者的体现．

（三）教育教学的研究者与思考者

在历史上，推动教育教学进步与发展的主要是一些教育大家或者哲学思想家，他们提出一种新的教育思想或教学方法，然后被人们认可、学习并传播．进入新时期，随着教育事业普及程度的提高，教师作为一种职业，其人数规模迅速扩大，我国的教师数量规模已超千万．如此大规模的教师，他们的聪明才智也是不可小觑的，他们也会针对教育教学中遇到的现实问题进行研究与探索，甚至做出一些极有价值的创新，从而推动教学事业的发展．

在现代教育教学事业中，教师扮演着研究者与思考者的角色．教师是研究者这一角色定位尤为明显．不管基础教育领域，还是高等教育领域，几乎所有的教师都有或多或少参与教科研活动的经历，承担着一定的教学教研任务．教育相关部门鼓励支持教师开展教学教研活动，每一位教师都可以以个人名义或者团体成员名义申请研究课题，课题研究的范围一般是教育教学中存在的现实问题．在大规模教科研活动开展的背景下，教师的教学研究能力和专业水平得到了显著提升，并通过发表学术论文、撰写学术专著等方式来体现教研成果，将教学成果应用于教育教学实践，促使个人教学特色风格形成，或者成为学校特色办学的一部分．我国教育系统中实施的名师工作室，其主要目的：一方面是提高实际教学能力与水平；另一方面是提高教师的研究能力与水平．几乎所有的名师工作室都有专门的教科研课题，其中不乏一些非常有特色，也有较高应用价值的教学科研课题．不少学校推出了颇具特色的教育教学模式，而支撑其模式发展与应用的关键就在于其背后有相对强大稳定的教科研实力．与传统的教育相比，现代诸多教育思想与教学方法都是教师在实践中发现和发展的，并在实践中不断完善．

教师作为典型的知识分子群体，会积极思考教育教学中的问题，也会思考社会发展过程中对教育事业产生影响的有关问题．从这个角度来讲，教师也是思考者．由于职业等现实原因，教师的思考范围也更多倾向于教育教学中存在的现实问题的解决，或者思考教育教学发展的问题，如在我国，教育资源分布不平衡的问题、教师教学观念更新的问题、提升教学质量的问题，这些问题如何解决，或许就是许多教师思考的方向；还有学生的学习行为、学习习惯等如何培养，如何提升课堂效率、提高教学质量等，这些都是教师在现实工作中应该思考的问题，也是在探索、寻求解决的问题．

在当代教师职业角色定位认知中，单纯传授知识的角色定位将被逐渐淡化，虽然教师依旧承担着知识传授的职责，但是核心职责已经变成了帮助、维护学生的成长．教师不再是知识的权威，而是扮演者陪伴学生成长、引领学生发展的角色．

二、寻找合适途径　促进专业成长

（一）教师的自我学习与成长

作为教师不能只停留在"要给学生一杯水，老师就要有一桶水"的观念上，而应该是教师要有一股源源不断的长流水，而且是活水．教师只有终身学习，不断学习更新，不断提高，才能符合现代教育的要求，才能成为跟上时代的教师．因此，教师要经常研读教育教学专著，如《多元智能理论》《怎样解题——数学思维的新方法》等，及时做好读书笔记，写出学习心得，丰富和充实自身的文化素养．经常征订和翻阅权威性的教育类期刊，如《广东教育》《中学数学研究》《高中学数学教与学》等，及时了解更多专家、学者的教育教学新观点，掌握当前的教改动态．这些观点和理论都将对教师今后的工作起指导和促进作用．

教师要重视专业素质的提高，在实践中充实自我．教师要坚持教学相长，在师师、师生的交往中获得自我发展，具体如下：勤听课，通过课堂听课，与授课教师进行交流与沟通；勤质疑，勇于提出自己的问题和观点，在深入探索中共同进步；勤反思，在总结经验教训中完善自我；积极学习科学发展观的理论，坚持个人素质的全面可持续协调发展；领会理论精髓对于教育教学的指导意义，不断促进自身的可持续发展；学会思考教育问题，积极把先进的教育理念转化为教师的教育教学行为等，从反思中提升教学研究水平．

教师要充分利用业余时间多读书，认真阅读教育名著，将所得所感及时记录下来，认真撰写文章，在总结经验中磨炼．教师在"读"的基础上要学会"想"和"写"，经常把自己的思想体会写出来；及时认真撰写教育科研论文和教学反思，努力写些能多层次多方位反映课改的好文章．

教师要积极参加各种学习、培训及教研活动，善于聆听专家、学者对教育教学发展的指导意见．教师要深入学习新课改理念，并努力将新课改的思想理念贯穿在整个教育教学过程中，提高教育教学水平．

（二）积极参与教科研活动

提高教师的教育教学科学研究能力和水平，必须提高教师专业发展能力．教师在日常的教育教学工作中要注重积累，自觉地、有计划地进行教育教学理论的学习和研究，多听、多读、多思，从平常的教育教学中遇到的难题和困惑出发多进行探索性实践．

第一，明确教育科研的目的．教育科研是为自己而研究，是为解决自己在教育教学中遇到的问题进行研究，为提高教育教学能力而研究，绝不是为完成一个任务被动去做．

第二，加强教育教学理论的学习．成功的经验一般是符合教育规律的，他人的成功经验经过实践体现了一定的教育规律，教师应不断借鉴他人成功的经验，使自己在实践研究中少走弯路；同时，在他人的经验上敢于创新和探索，在他人的经验上寻求生长点．

第三，教师参与教育科研，可以提高自身的研究能力和教学业务水平．例如课题研究，整个课题研究的过程实际上是一种学习理论进行研究实践的过程，在这个过程当中，教师可以提高分析问题和发现问题的能力、收集文献资料和筛选信息整理资料的能力、归纳和概括研究资料的能力等．这些能力对教师的专业成长是十分必要的．

教师参与教育科研，不仅可以为教育科学提供大量的实践经验，为教学提供"源头活水"，是教育发展的需要，是培养人才的需要，是发展教育科学的需要，也是教师自身发展的需要．

（三）充分利用网络平台，提高专业能力

教师要充分利用网络平台，学习教育教学方面的新思想，掌握新方法，运用新理论，提高教学效果．

网络平台的一个特点是信息容量大、资源丰富、信息传播速度快，全国或全世界各地的信息都能从网上获取，如高考资源网、中学学科网等，平时教学中需要的资料，教学设计、各种试卷、课件以及各种高考备考资料、信息应有尽有．教师平时教学、教研活动都可从中获取有关信息和资源，结合本校学生

和本人的实际情况进行再加工，大大提升资源的利用和整合效率，促进教学教研能力的提高.

另外，通过网络教研平台、腾讯会议、微信群（如广东省名教师工作室群等），各地专家、教学名师、教学骨干、教研员可以在异地参与讨论并指导教师解决教学中的疑难问题，既解决了一线教师的困惑，也有利于教师发表真实的言论和见解. 通过网络教研，群策群力，教师把自己的教学困惑、教学观点、教学经验与大家一起分享，凝聚更多人的智慧，达到一种更高的学术研究层次. 网络教研对学科教研的良性发展、提高老师教科研能力的作用是不可估量的.

网络平台上的学习真正实现了师师互动、资源共享、优势互补，使得教师之间沟通方便、教学取材灵活、疑难问题得到及时解决，也能使教师有更大的自主权，拓宽了视野，取长补短. 教师们的互动、辩论及名师的指导更实际地探讨了教育教学规律，丰富了教育内涵，大大提升了教师的教学教研等专业能力和水平.

三、深刻理解题目　提高说题能力

说题就是把审题、分析、解答和回顾的思维过程按一定规律一定顺序说出来，要求教师（或学生）暴露对题目的思维过程，即"说学科思维".

说题一般有以下几个步骤：①说题目的基本情况，尤其说明题目的已知条件和结论；②说题目所涉及的知识点；③说解题的思路、方法；④说解题的步骤、过程；⑤说解法的优化和结论的推广或说其他解法；⑥说解题的总结和目的.

这六个步骤归结起来主要可以分为说原题与说原题的外围. 说原题就是要会解这道题，能够说清楚应该如何去解这道题，最好能够讲这道题目能用多种方法来解或用最优的方法来解决. 说外围就是说一说这道题的出处、题目的背景、这道题主要考查学生哪些知识以及可以如何拓展延伸.

说题能力是教师的一项重要能力，教师在说题的过程中，不仅要讲清楚题目的基本情况，而且还要展示解题思路，最重要的是还要能够拓展听众的思维，提高他们的数学素养.

下面通过具体的说题过程来展示：在讲述说题过程中，也渗透部分问题链教学模式.

【案例】

一、题目基本情况是什么？

（1）题目来源：2019 年新疆高考数学试卷（文科）（全国新课标Ⅱ）第 21 题.

（2）题目类型：解答题、证明题、高考真题.

（3）具体题目：已知函数 $f(x) = (x-1)\ln x - x - 1$. 证明：

① $f(x)$ 存在唯一的极值点；

② $f(x) = 0$ 有且仅有两个实数根，且两个实数根互为倒数.

介绍题目基本情况，有利于增加学生对题目基本情况的了解，从而在接下来的聆听与交流中更有针对性.

二、题目简单分析——题目难还是容易？

（一）题目难度

中等难度（说明：低难度为简单知识记忆考查，学生根据概念定理或简单运算即可回答，题型通常是选择题或者填空题；中等难度要求学生能够灵活、综合运用所学知识，对相对复杂一点的问题进行处理，题型通常为解答题（证明题、计算题）；高难度通常为压轴题，需要学生有较强的数学思维以及较高的解题技巧.

对于题目难题的分级，让听众（学生或教师）有一个心理的预期与了解.

（二）考查知识点和数学能力——题目考查了什么知识点？考查了哪一项数学能力？

1. 知识点

（1）函数极值点的证明.

（2）函数有且仅有两个实数根，且两个实数根互为倒数的证明.

（3）导数性质.

（4）函数的单调性、最值、极值.

2. 数学思维能力

（1）化归与转化的数学思想.

（2）数学运算能力.

（3）函数与方程数学思想.

由此可见，本题目主要涉及函数、导数和方程的一些知识和能力考查，并且是综合运用能力考查.

三、解题思路与解题过程

（一）解题思路探索

（1）根据题目已知条件推导出 $f(x)$ 的定义域为 $(0, +\infty)$，且 $f'(x) = \ln x - \dfrac{1}{x}$，这些都属于"隐性已知条件"，从而 $f'(x)$ 单调递增，进而可以推断存在唯一的 $x_0 \in (1, 2)$，使得 $f'(x_0) = 0$. 结合函数单调性，即可证明 $f'(x)$ 存在唯一的极值点.（子问题：函数的单调性与极值的关系如何判断？）

（2）根据（1）的证明结果作为已知条件，则可得 $f'(x_0) < f(1) = -2$, $f(e^2) = e^2 - 3 > 0$，从而证明 $f(x) = 0$ 在 $(x_0, +\infty)$ 内存在唯一的实数根 $x = a$.（子问题：函数方程的根有什么求解方式？）

同时由 $a > x_0 > 1$ 可得 $\dfrac{1}{a} < 1 < x_0$，结合方程可以得出 $\dfrac{1}{a}$ 是 $f(x) = 0$ 在 $(0, x_0)$ 内的唯一实数根.

综上就可以证明第二个小题，$f(x) = 0$ 有且仅有两个实数根，并且两个实数根互为倒数.

（二）解题过程展示

证明：

（1）$\because$ 函数 $f(x) = (x-1)\ln x - x - 1$

$\therefore f(x)$ 的定义域为 $(0, +\infty)$

$$f' = \frac{x-1}{x} + \ln x - 1 = \ln x - \frac{1}{x}$$

$\because y = \ln x$ 单调递增，$y = \dfrac{1}{x}$ 单调递减

$\therefore f'(x)$ 单调递增

又 $f'(1) = -1 < 0$，$f'(2) = \ln2 - \dfrac{1}{2} = \dfrac{\ln4 - 1}{2} > 0$

$\therefore$ 存在唯一的 $x \in (1, 2)$，使得 $f'(x_0) = 0$

当 $x < x_0$ 时，$f'(x) < 0$，$f(x)$ 单调递减

当 $x > x_0$ 时，$f'(x) > 0$，$f(x)$ 单调递增

$\therefore f(x)$ 存在唯一的极值点

（2）由（1）可知 $f(x_0) < f(1) = -2$

又 $f(e^2) = e^2 - 3 > 0$

所以 $f(x) = 0$ 在 $(x_0, +\infty)$ 内存在唯一的实数根 $x = a$

由 $a > x_0 > 1$，得 $\dfrac{1}{a} < 1 < x_0$

$\because f\left(\dfrac{1}{a}\right) = \left(\dfrac{1}{a} - 1\right)\ln\dfrac{1}{a} - \dfrac{1}{a} - 1 = \dfrac{f(a)}{a} = 0$

$\therefore \dfrac{1}{a}$ 是 $f(x) = 0$ 在 $(0, x_0)$ 的唯一实数根

综上，$f(x) = 0$ 有且仅有两个实数根，并且两个实数根互为倒数.

子问题：这个题目除了以上这种解法之外，是否还有其他解法？如果有，采用的又是什么知识点与数学思维？

四、指导策略——我们可以从这个说题和解题中得到什么启示？

在数学解题训练中，教师的指导应致力于学生良好解题习惯的培养，而不是局限于某一道题目的解答. 学生养成良好的解题习惯，在遇到题目的时候，才知道如何应对.

（一）审题策略——解题前

在高考特殊环境下（即使在平时考试中），许多学生都会略有紧张，不愿意花费时间审题. 实际上，每一道题目都得认真仔细审题，并找准解题目标，找出"隐性已知条件"，才能为后面的问题解答提供依据.

1. 找准题目解题目标

每一道题目都有解题目标，本案例题目的解题目标就是证明函数有"唯一极值点"以及函数方程有"互为倒数的两个实数根"，解题目标是解题方向，找准解题目标，就是正确弄清楚解题方向，这样在开始解题的时候，就能够根据这个方向，结合题中条件，去调动对应的数学知识，并且运用对应的数学思维．现实中，有些学生不愿意审题，匆匆忙忙地去解题，有可能解题方向都没有把握准．

2. 找出"隐性已知条件"

在数学题目中，尤其是有一定难度的解答题中，出题者并不会在题目中将所有已知条件都罗列出来，通常会隐藏一些"已知条件"．这些"隐性已知条件"通常是函数定义域、过定点等内容，本案例题目就是根据题目已知的条件，找出"函数定义域"这一"隐性已知条件"，结合题目中的"显性已知条件"，对题目进行证明和解答．"隐性已知条件"考查的是学生的观察力以及对于一些数学基础知识的运用能力，并且"隐性已知条件"经常会成为解题的切入点．因此，找出"隐性已知条件"也是审题目标要求之一．

（二）解题策略——解题中

在解题过程中，学生必须弄清楚题目考查的知识点（这是工具）以及所涉及的数学思想（这是运用工具的能力）．只有工具和工具运用能力两者结合起来，解题过程才会顺利推进．

1. 知识点——解题工具确定

任何一道考题的设计都必然涉及对应知识点，本案例题目所涉及的知识点在前文已有论述．实际上，在审题的过程中，就可以了解知识点，在解题中，则需要将这些知识点在纸上或者心中具体列出来，然后选择对应的知识点作为解题工具．通常一道题目会涉及数个知识点，本案例题目就涉及函数求导、函数单调性、函数极值点、函数求根等多个知识点．

2. 数学思维——解题工具运用

仅仅了解知识点是不够的，还需要涉及数学思维，数学思想的运用能力才是应用知识点解答题目的关键．尤其是中等难度或高难度的数学题，对于数学思维的运用要求更高，如可能要求学生利用化归与转化思想，将题目中已知条件转化为相对直接、相对简单清晰的形式，然后进行解答．数学思维的运用实际上是逻辑推理能力、运算能力的使用，有些情况下还会涉及建模能力等，它体现的是学生对知识点的实际运用能力的水平．

3. 推进技巧——结论作为已知条件

在解答证明题的过程中，经常会有数个小题，这些小题之间会有一定的关联，通常前一小题的结论，可以作为后一小题解答的已知条件．这是一种解题技巧，要求学生解题尽量按照小题顺序依次解答，这也更合理．本案例的第二小题解答就利用了第一小题的结论．

（三）检查策略——解题后

解题过程完成之后，需要认真检查，核对解题过程和答案．检查可以分为日常检查和考试检查两种情况．日常检查既是习惯培养，也为考试检查服务．

1. 日常解题之后的检查

在日常解题训练中，检查主要实现两个目的：第一，核对解题过程是否正确，培养快速检查的习惯和能力；第二，琢磨解题思路，熟悉解题"套路"，拓展此类题目的解题方法，在遇到类似题目的时候能给迅速找到解题切入点．

2. 考试解题之后的检查

在考试解题中，检查主要注重两方面：第一，检查解题中的数学运算是否准确，尽量避免一些粗心导致的运算错误；第二，检查解题逻辑是否合理，推理是否严密，步骤是否完整且符合逻辑．

五、拓展研究——类似的题目都有哪些？上述解题技巧是否可以应用？

在函数求导问题上，不应局限于一道题目的解答，而要合理进行相关题型的解答训练，让学生广泛见识，并且了解同一知识点背景下，不同类型的题目．

（一）题目

已知函数 $f(x) = (x+1)\ln x$.

（1）指出函数 $f(x)$ 极值点的个数，并给出证明；

（2）若关于 x 的不等式 $mf(x) > 2(x-1)$ 对于所有 $x \in (1, +\infty)$ 都成立，求实数 m 的取值.

（二）解答过程展示

（1）$\because f'(x) = \ln x + \dfrac{x-1}{x} = \dfrac{x\ln x + x + 1}{x} = 0$

$\therefore x\ln x + x + 1 = 0$

即 $\ln x = -1 - \dfrac{1}{x}$

作出 $y = \ln x$ 与 $y = -1 - \dfrac{1}{x}$ 的图像（图 6 - 1），可以看出两图像只有一个交点

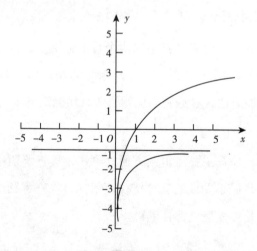

图 6 - 1

$\therefore f'(x) = 0$，有且只有一个根，函数 $f(x)$ 只有一个极值点.

（2）$\because mf(x) > 2(x-1)$ 对于所有 $x \in (1, +\infty)$ 都成立

$\therefore m(x+1)\ln x - 2(x-1) > 0$ 对于所有 $x \in (1, +\infty)$ 都成立

即 $mx\ln x + m\ln x - 2x + 2 > 0$,对于所有 $x \in (1, +\infty)$ 都成立

令 $g(x) = mx\ln x + m\ln x - 2x + 2$

则 $g'(x) = m \cdot \dfrac{x\ln x + x + 1}{x} - 2 = mf(x) - 2$

由 (1) 知当 $x > 1$ 时, $f'(x) > 2$

又 $g(0) = 0$

∴ 要使 $mx\ln x + m\ln x - 2x + 2 > 0$,对于所有 $x \in (1, +\infty)$ 都成立

只要使 $g(x)$ 在 $(1, +\infty)$ 上单调递增即可

即 $g'(x) = m \cdot \dfrac{x\ln x + x + 1}{x} - 2 = mf(x) - 2 > 0$

∵ $m > \dfrac{2}{f'(x)}$

∴ $\left(\dfrac{2}{f'(x)}\right) m > 1$

∴ 实数 m 的取值是 $(1, +\infty)$

(三) 与案例题目异同

两者都是函数求导类型的题目,都涉及极值点内容,但是解题目标有所差异,并且在解法上,本题利用了数形结合方法,也是此类题目的重要解法.

六、反思总结——解题让我们得到什么启示?

根据前文的探讨可知,要想让学生数学解题能力得到提升,需要对学生进行有针对性的训练.

(一) 三个"找准"

1. 找准解题方向

这是正确且顺利解答数学题的基本前提,这一过程通常在审题阶段完成.

2. 找准解题思路

包括确定题目考查的知识点和数学思维的运用,这一工作在解题过程中体现.

是学生学与教师教的统一，学生是学习的主体，教师是学习的组织者、引导者与合作者. 在新课程标准下，"以人为本"的教育观念得以确立和体现，学生被视为教育教学的主体. 数学教育教学活动必须根据学生的实际情况，培养学生的自主精神和主体意识，让他们自觉地投入数学学习活动，以便积极主动地探索知识.

1. "以人为本"确立教育价值取向

教育的根本目标是培养人，"以人为本"是一种正确的、符合社会发展潮流和教育发展趋势的教育价值取向. "以人为本"强调尊重人，重视人的培养，要求充分开发学生的个体潜能，让学生学习丰富的知识和优秀的学习思维，同时，要培养学生健全的人格. 每一个学生都是独一无二的受教育的主体，教师不应该采取整齐划一的教育方法和原则，而应承认和尊重个体差异，从学生的角度去思考教育教学问题，更好地引导学生学习，努力让每一个学生在原有基础上都能通过教育而得到发展.

2. "以人为本"尊重生命成长规律

教育的对象是生命，是一个个品性独特、个性鲜明的人. 每一个生命都有着独一无二的特点，"以人为本"就是在尊重和理解学生的基础上，遵循生命成长的规律，对学生进行引导和培养，找到学生的潜力和长处，帮助学生发展潜能，实现个体全面自由发展.

（二）数学课堂教学中如何体现学生的主体地位

数学课堂教学是一个系统工程，备课、上课、评价都是课堂教学的重要环节，在每一个环节的各方面都要做到"以学生为主体"去思考和设计，把握好实施过程的每一个环节，挖掘每个学生的优势潜能，在有效完成教学任务的过程中，让每一个学生在原有基础上都能得到发展，真正实现"以人为本".

1. 备课时应该从学生实际情况出发，将学生视为备课的目标主体

备课是数学课堂教学的前期准备工作，在备课的时候，教师首先要想到的就是备课的主体对象是学生，认识到学生是备课工作的目标主体. 在"以人为本"的教育理念下，教师备课时，既要关注知识结构的系统性和完整性，又要

念回归到了教育的价值原点，这也符合世界教育发展的潮流．

其次，学生主体地位的确立能够促进其生命的全面主动发展．生命成长和发展的根本动力是自我发展需求，学生主体地位的确立就正确认识到了生命成长的规律与要求．只有学生作为人的生命主体性得到认可和尊重，其才能够真正实现生命的全面主动发展．

最后，学生主体地位的确立能够促进数学课堂教学效果的提升．学生在课堂教学中主体地位的确立有利于发展学生的学习主动性，提高参与度，激发学生学习热情，从而有效提高教育教学效果和效率．

新课程标准下，高中数学课堂教育教学要"以人为本"，要面向发展，让每个学生都能够积极主动地参与到学习过程中去．教师作为课堂教育教学的组织者和引导者，应该认识到学生主体地位的重要性和必要性，通过科学的途径和方法促使学生成为学习活动的主体，实现学生健康成长和课堂效率提高的双重目标．

二、高中数学应基于思维推动学生核心素养的培养

为了更好地引导高中生学好数学，有必要有针对性地加强学生数学思维与能力素养的培养．高中数学教学可以基于方法思维培养学生的数学分析素养，基于问题思维培养学生的探索能力，基于严谨思维培养学生的运算逻辑能力，并基于拓展思维培养学生的数学认知能力．在思维导向下，高中生的数学素养与应用能力将得到更好的发展，从而使其能够在数学学习中表现更好，这对高中数学教学质量改善也是有益的．

高中数学具有承前启后的作用，它比小学、初中数学更注重逻辑思维的培养，同时，在抽象思维深度方面要略逊于高等数学．从某种意义上来讲，高中数学引导高中生由形象思维模式为主逐渐转变为抽象思维模式为主．高中数学教学注重学生能力素养的培养，促使其形成数学思维，不仅可以提高他们的数学能力与成绩，还奠定了其未来数学学习的能力思维基础．

（一）方法思维导向下学生数学分析素养的培养

进入高中以后，部分学生会觉得数学一下子变得更难了，甚至有的学生会

遭遇数学学习困难，严重的会丧失学习数学的兴趣和信心．之所以会出现这种情况，是因为高中阶段的很多数学知识在现实中找不到对应的应用场景，因此，对习惯了小学、初中数学中大部分内容都与现实生活有一定关联的学生来说，可能短期内无法适应．对高中生来说，无法有效建立对高中数学的方法思维认知，意味着他们在数学学习中可能遇到了现实难题，因此有必要对学生进行方法思维教育，提高他们的数学分析素养．

高中生掌握的数学知识和技巧相对较多，因此在遇到数学题目的时候，最重要的前提就是找准解题方法．方法找对了，或许题目就能够迎刃而解；方法没找对，就可能陷入一种错误思路，最终无法完成正确解答．从某种意义上来讲，高中数学题目的设计都应对应某种已经学过的解题方法，因此学生拿到数学题目之后不要急于下笔，而要对题目进行分析，先确定正确的解题思维方法．不管方程思维方法，还是函数思维方法，抑或是图形思维方法，每一种方法都有独特的解题步骤与特点．高中生对常见的解题思维方法应做到熟悉和熟练，遇到相关题目的时候就可以快速找到合理的解题思维方法．

例如，题目中涉及未知数求解，一般可以采用方程思维．方程思维是一种很有效的数学思想，不管是解答数学题，或者是解决现实生活中的数学问题，都比较好用．对于高中生来说，学会解方程就掌握了一种具体的数学解题思维．对解方程而言，首先要求合理设置未知数，未知数设置既要符合题目要求，也要有利于题目的顺利解答．有的学生设置未知数非常随意，这是一个错误的方式，因为很有可能设置的未知数太多太复杂，反而无法解答；另外，要求准确找到等量关系，只有找到等量关系，方程式才能够成立，才能够进一步进行解答．当然，在解方程的过程，还可能将方程与函数结合起来，这就又增加了难度．

（二）问题思维导向下学生探索能力素养的培养

问题是思考的起点，也是学习的指向．高中生在学习数学时，最怕的就是没有问题意识，因为提不出问题就意味着只是在简单接受数学知识与理论，学生自己没有进行思考．数学需要思考，没有思考，数学学习都是浅层的．当代教育要求推动学生进行深度学习，而提出问题就是深度学习的基本表现之一. 实际上，在整个数学史中，提出问题都是一项很重要的能力，世界上很多数学理论的出现最初都是某个问题引发的思考. 时至今日，依旧有很多著名数学猜想或者数学问题有待解决. 在数学领域，提出一个有价值的问题，其重要意义不亚于某一个数学理论的出现. 因此，对高中生来说，一定要有问题思维，然后才能具备数学探索能力.

　　部分高中生之所以学数学总感觉学不透，平时上课的时候，老师讲的知识都感觉听得懂，但是到了真正需要自己运用知识解答数学题目的时候，就很容易陷入束手无策的境地，根本不知道该从哪里切入. 其根本原因就在于学生在学习的时候是一种走马观花的状态，没有真正思考"为什么"，所以没有真正了解知识，更不用说知识的灵活运用了. 以一元二次函数为例，若学生连一元二次方程或函数都不清楚，不了解一元二次函数有什么具体特点，不知道解答的时候有何规律技巧等，他碰到一元二次函数或不等式的问题时，肯定容易出错. 无论是简单的概念定义学习，还是较复杂的定理、公式运用若学生多问问为什么有这样的结论、怎样得到的、有什么作用、可怎样延伸、有什么条件限制等，如此学习才是真正在思考，对数学的本质思考才会更深入，才能够抓住其核心规律，从而促进数学探究能力的提高，遇到问题也可以高效地解答出来.

　　问问题一定要有针对性，即要心中明白问这个问题是为了了解哪个知识点，是为了解决一个什么样的疑问. 同时问问题不是直接获取答案，而是先自己思考，自己想不通再与人讨论，与人讨论之后依旧没有解决，就可以向老师请教. 在问问题的时候，不要害羞，要敢于大胆说出自己的想法，即便是错的，也要知道自己错在哪儿了，如此才能在后面的学习中有效地规避错误.

（三）严谨思维导向下学生逻辑运算素养的培养

　　数学是一门严谨的学科，在数学学习中，不管运算，还是逻辑推理，都有非常严谨的要求. 高中数学中依旧有很多涉及运算的内容，在运算中若是不够严谨，在任何一个步骤或者环节出现运算错误，都可能会导致数学问题解答出现偏离，而要重新检查，则意味着浪费更多的时间和精力. 在数学题目的逻辑推理中也是如此，以数学证明题为例，其逻辑是层层递进，基于已知条件，结合数学定律公式等，一步步推向最终的结论．在数学逻辑推理过程中，任何逻辑应用不严谨，意味着整个推理过程失去意义．对高中生来说，一定要养成严谨的数学思维习惯，这对于学好高中数学是很有必要的．

在高中数学学习中有一种现象需要警惕，即某些思维活跃的学生，容易觉得自己对数学知识的掌握比较到位，因此在解答数学题目的时候，思维呈现一种跳跃状态，略显毛躁．的确，从数学知识的难度来讲，高中数学知识的整体难度并不高，有的学生学得快也不足为怪．但是经过长期观察可以发现，那些思维过度跳跃的学生，由于对数学问题的处理不够严谨，因此在数学测试时很容易因为粗心而犯错，若是将这种习惯带到后续的数学学习中，并非好现象．尤其是随着学习的推进，数学知识日趋增多，难度也会逐渐增加，若是没有一种严谨的运算或者逻辑推理习惯，数学学习的效率就会明显下降．

在数学学习中，有的高中生之所以总是犯类似的错误（同样类型的数学题，在前面犯了错之后，下一次又容易在同样的地方犯错），是因为学生没有真正严谨地去思考自己犯错的原因，对于错误总是忽略，认为自己犯错只是不小心，实际上犯错可能意味着在某个思维方式方面出现了偏差．在高中数学教学中，教师一定要引导学生养成严谨的思维模式，如此在运算、逻辑推理等方面的素养才会发展更好，并且有利于让学生养成严谨的习惯，处理数学问题非常完善．

（四）拓展思维导向下学生数学认知能力的培养

有的高中生打开数学教材，感觉书中的知识、定律都不难，并且教材后面的练习题也会做，因此会觉得自己数学已经学得不错了，数学学习也不难．然而到了测试时，很多学生表现却并不理想．当数学题目稍微出现变化，如要求学生转换一个思维来解决某一类数学题目时，很多学生就会感到数学一下子变难了．比如解决某个不等式问题的时候，很多学生习惯于按照平时的运算思路进行探索，实际上有些不等式就是函数，若是能够稍微切换一下思路，运用函数图形来解答某些特定的不等式，速度快，效果好，思路尤为清晰．高中生要想拥有更好的思考和解答数学问题的认知能力，关键就在于拓展思维，尽量在平时多接触、了解丰富的数学题型与思路.

对很多数学题目来说,其解答思路并非只有一种,有的数学题目甚至有多种解答思路.对于大部分中学生来说,通常会基于自身习惯性思维去找自己最喜欢用的解答方式,而不愿意探索其他思路.实际上,或许其他思路不仅更方便,而且拓展了解题的认知,即在以后遇到其他难题时,或许自己习惯的解题思路无法顺利解决,但是平时不愿意了解的另一种解题思路反而更适用.要想拓展解题思路,学生不妨多看看数学思维方面的书,多看看不同的解题方法分析.虽然不鼓励也不赞成学生进行刷题训练,但是学生多接触各种题型,多了解各种解题思路,对其数学能力提升还是有显著作用的.

数学思维拓展既可以在课堂教学中教师有意识地引导(如当教师讲解某个数学知识点或者讲解某道数学题目时,就可以引导学生发散思维,看看是否有多种解题思路),也可以让学生自己平时自我学习拓展,毕竟现代信息技术发达,对于某一类型题目的多个思维角度都可以在网上找到专门的解读教学视频,学生空闲的时候看一看,或许数学思维就能得到拓展,受到不一样的启示.

高中数学本身有一定难度,要学好高中数学也不容易.同时高中数学很重要,因此在高中数学教学中,教师应主动引导学生发展数学思维,并且形成一些良好的数学素养,为学好数学打下基础.

三、高中数学应注重教学质量的提升

在提倡核心素养的时代,很多教师会在教学质量的问题上变得迷茫,觉得重视核心素养和重视教学质量两者之间很难兼顾.其实,课堂教学质量很重要,毕竟课堂教学是教会学生能力,提高学生核心素养,丰富学生知识的重要方式和途径.有效提高高中数学课堂教学质量非常重要,并且要找到合适的途径,才能真正让课堂成为学生成长和进步的地方.

在新课标理念下,教师对高中数学课堂教学质量应该有更广的认识,也就是说,教学质量不应该局限于成绩的认识,而应该从学生数学思维能力的提高、数学素养的形成以及数学知识的丰富等多个方面来认识教学质量.作为教师,很有必要找到能提高数学课堂教学质量的有效途径与方式.

（一）课堂教学质量是高中数学教育的生命线

过去，我们的教育对教学质量的认识有一定的偏差，那就是过于重视成绩，而忽视了学生相关综合素质与能力的培养. 在提倡核心素养之后，反而颇有点矫枉过正的意味，认为正是因为重视教学质量而导致核心素养无法真正推行. 其实，核心素养和教学质量两者之间并不矛盾，甚至从某种意义上来说两者是互相依存与互相促进的. 在笔者看来，课堂教学质量依旧是高中数学教育的生命线.

首先，课堂教学质量的内涵在延伸与丰富，人们对于课堂教学质量的认识变得更加理性和深刻. 如果把成绩作为衡量课堂教学质量最重要甚至是唯一的标准的话，那么这种认识无疑是落后是而且是偏颇的. 真正的高中数学课堂教学质量内涵应该是丰富的，内容应该是多元的，既包括学生对数学知识的了解、理解与运用，也包括数学思维能力的提高，此外还有数学素养的养成等. 当然，帮助学生完善人格、养成学习习惯和能力等也属于课堂数学教学质量的范畴. 随着认识的深入，课堂教学质量应该是一个真正包含促进学生全面发展的价值衡量系统.

其次，课堂教学质量是社会的要求、家长的期望，也是学生自我成长的需要. 教育之所以重要，是因为教育可以帮助人成长和发展. 国家和社会重视教育，是因为教育可以培养人才，让每一个人具备独立发展的良好能力. 学校集中教育学生，重要的形式之一就是课堂教学，那么教学质量就是衡量教育效果的重要标准. 家长之所以愿意送孩子到学校学习，也是为了让孩子获得更好的发展能力，课堂教学应该帮助家长实现这个愿望，那么好的课堂教学质量也就是家长的期望. 作为教育的根本对象与主体，学生本身的发展才是最重要的，他们来到课堂接受教育，花时间花精力学习知识，如果不能保证课堂教学质量，那么教育毫无疑问就是失败的. 因此，课堂教学质量是一种需求，一种符合发展目标的需求.

（二）合理途径可以有效提高高中数学课堂教学质量

既然高中数学课堂教学质量如此重要，那么作为教师，自然要想办法提高高中数学课堂教学的质量．每一位教师根据自己的教学经验与教育认知，都会有自己的方法，笔者从自己的经验和认识出发，认为如下四个途径是非常有效的．

1. 努力构建和谐的课堂教学氛围

既然是课堂教学，那么最重要的教学活动空间就是课堂，这就需要教师努力构建一个和谐的课堂教学氛围．根据自身的教学经验，笔者认为真爱、平等对话和耐心是构建和谐课堂教学氛围最重要的三个因素．真爱是核心，教师只有真爱教育，真爱学生，心态才会好，才能够用心去经营课堂教学；平等对话是方式，教师不应该居高临下地"教训"学生，而是要和他们平等交流，才能有效沟通；耐心是态度，教师没有耐心，自然也就无法当好一名教师．

例如，在刚接触必修第一册函数内容的时候，不少高一学生都会表现出极大的不适应，思维一下子转不过来，尽管教师心里急，但是课堂上偏偏还急不得，要把节奏控制好，内容适当减少，相关知识点要讲细讲透，让学生有个适应过程．曾经笔者带过一个班，在刚开始教函数的时候学生特别不感兴趣，不愿学习，有个别学生在课堂上干脆不听课，自己学自己的．这个时候，笔者主动和他谈话，帮助他们消除对函数的情绪障碍，分析阶段性原因，帮助其树立学习信心．每看到学生若有所悟的时候，笔者就感到心里非常开心．经过这样慢慢地调整，课堂气氛变得和谐且活跃，学生都抢着主动发言．哪怕错了，笔者也鼓励他们说，但是会指出他们的错误所在．课堂氛围和谐，学生思维活跃，课堂教学质量自然就上去了．

2. 激发学生学习的兴趣与主动性

兴趣是最好的老师，它能够引领学生进入一种轻松的探索性学习状态；主动性是学习的重要推进力．高中数学知识已经具备一些初级的抽象思维特点，若是处理不好，很容易让课堂教学出现沉闷乏味、枯燥无趣的现象．一名合格的高中数学教师，一定要想办法激发学生学习的主动性，通过兴趣引领，让学生进入探索性学习的状态．

例如高中三角函数知识的应用，学生因为在平时生活中没有关注和接触到这方面的知识，所以没有相关认知背景，学习起来很容易感到枯燥无味．为了解决这一问题，笔者提前让学生收集现实生活中用到三角函数知识的故事和案例，并且根据收集到的信息设计相关的趣味题目．在课堂教学中，学生主动讲故事，然后拿出自己设计的题目互相解答．这样，采用任务驱动的形式，学生的主动性被激活了，对这样的课堂教学形式很感兴趣，于是积极性很高，效果也很好．

3. 关注学生个体学习能力差异并制定针对性策略

在教育教学中，笔者很喜欢一个词：尊重．笔者认为，尊重是教育的起点．在课堂教学中，只有尊重学生作为一个独立的个体生命，对其进行了解，在尊重生命成长规律和教育教学规律的基础上，才能够让课堂教学质量真正得到提高．每一个学生的知识建构背景和学习能力都是不一样的，如果采用一刀切的标准，强行推进教学行为，不仅伤害了学生，而且效果肯定很差．作为教师，应该尊重学生的能力差异，并且制定合理的学习目标．

例如，笔者曾经教过一个孩子，在课堂上，他不认真听课，但是相对安静，经常在课堂上睡觉．笔者跟他多次交流，不给他定成绩目标，并约定只需要他在上课的时候对有兴趣的或听得进的内容进行学习，课后让他给我讲讲这节课学到了什么，任何方面的都可以，掌握多少就复述多少，有则多无则少．通过这样的方式，笔者发现他是因为数学基础差，觉得听不懂、没意思，所以认为数学学习太难了．针对这个原因，笔者多次和他谈心，帮助他消除恐惧情绪．在数学基础方面，笔者安慰他慢慢学，不给他施加压力，课余适当给予关注或辅导，课堂上让他回答一些相对简单的问题来帮助他建立自信．通过这样的方式，他对数学有了兴趣，课堂表现大有改观，数学成绩也有了一定程度的提高．

4. 及时检验教学效果和组织有效复习

从某种意义上来讲，课堂教学因为要同时针对几十个对象，讲述同样的知识点，每个学生的学习能力、学习态度和学习兴趣都不一样，因此课堂教学效果对于每一个学生的最终表现肯定也有差异．从教以来，笔者认为要想保证课堂教学质量，必须及时检验教学效果和组织有效复习，这种方式虽然听起来很简单，但是做起来效果很不错．

曾经，笔者觉得每一次课堂教学之后，学生应该大部分都了解和掌握了，可是每次最终测试时才发现结果并不如笔者所愿．经过一段时间的摸索、分析、思考，笔者觉得在课堂教学环节要想保证质量，必须重视教学效果检验，方式可以灵活运用，笔者经常运用提问、变式训练、限时训练、作业等方式．根据检验的结果，教师可以大致了解学生的实际学习和掌握情况，在这样的基础上进行分析与解读，再酌情组织安排有针对性的复习，效果更好．

教学质量不应该是沉重的任务，而应该是教育教学追求的一种目标．为人师者，应该重视课堂教学，重视教学质量，让每一个学生都能够在课堂中学习知识，锻炼能力，提高素养．教师只有对课堂教学质量有正确的、深刻的认识，才会意识到课堂教学质量的价值与意义所在，才会去主动探索寻求提高课堂教学质量的有效途径，这样，课堂教学才会更有效，更有价值．

四、高中数学教学应注重互动

高中数学中应该注重互动教学，其中包括师生之间的互动、教师之间的互动以及学生之间的互动．互动教学不仅可以调动学生学习的主动性与积极性，而且可以提高教师之间的教学交流效益与效果，使学生之间形成互助和竞争的良好学习氛围．

互动教学可以让高中数学课堂充满活力，也可以让教师之间以及师生关系更加融洽．根据自己的教学工作经验，笔者认为，在高中数学教学中，互动教学是提升教学效率、提高教学效果的有效方法与途径．作为高中数学教师，应该积极开展互动教学，不仅要自己主动和学生进行互动，而且要和同事、同行之间互动，当然，也要鼓励学生之间积极互动，这样就可以形成一个良好的互动氛围．

（一）师生之间的互动是互动教学的关键与核心

在高中数学课堂教学中，师生之间应注重互动．师生之间的互动可以让教师更好地引导学生进入学习状态，并且教师可以更好地了解和把握学生的学习心理和知识掌握情况，从而对他们的学习效果做出一个合理的评估，然后对数学进行有针对性的调整．对学生来说，通过师生之间的互动，可以建立对教师的信任感，提高认可度，这样学生就能够在教师的引导下，更加积极主动地进行学习．

在互动教学中，师生之间的互动使得教学过程不再是单向的知识灌输，而是双向的交流，师生双方的参与度都很高．这样教师教起来轻松，学生学起来主动，教师的引导作用得到了充分发挥，而学生的积极性也得到了最大限度地调动．学生是教育教学的主体，教师是教学工作的具体执行者，两者都是教学中的根本性因素，因此，师生之间的教学互动是互动教学的关键与核心．

师生之间要想建立良好的教学互动，就必须先在师生之间建立一种平等和民主的关系．教师应该以一种平等的姿态对待学生，不要端着"师道尊严"的架子和居高临下的姿态，而应该认识到自己和学生都是独立的生命，必须彼此尊重．在课堂教学的时候，教师要有民主的精神，在课堂上努力营造一种民主和谐的氛围，鼓励学生独立思考，让学生敢于发言，将自己的想法说出来，不要轻易否定学生的想法，而是要尊重和认真对待学生的每一个想法和说法．

（二）教师之间的互动是互动教学的前提与基础

当今时代是一个知识迅速发展和变化的时代，每一位教师都应该时刻学习，主动交流，吸收时代先进的教学理念与方法．每一位教师因为知识结构和思维水平方面存在差异，因此都有自己独特的教学经验和方法．在教学方面，一位教师就有一种教学思想，两位教师就有两种独立的教学思想，两者进行互动沟通，不仅每人都会学到对方的教学思想，而且双方的思想在碰撞的过程中会产生更多的教学思想火花，从而获得更多的教学思想，可以说是彼此受益，最终实现共同提高．因此，教师想要成长为名师和教育专家，就必须积极参与教学教研交流活动，深入研究，认真总结反思，凝聚教学思想，形成独特的教学风格或方法，打造教学品牌，提高区域影响力．

现代社会要求教师终身学习，不断完善和优化自己的教学知识结构，深化和提高自己的教育教学能力，这样才可以实现教学水平的可持续发展．教师之间的互动就是指教师以彼此为学习对象的互动，这种互动建立在一种平等和互相促进的基础之上，不仅可以让教师之间的关系变得更加和谐，而且可以让教师学到很多不一样的教学知识与方法．

　　教师之间的互动，主要是指相同学科的教师之间的互动，因为这样的互动有更多共同语言，互动交流的领域更集中，更有深度，在互动中获得的经验和方法可以直接应用于教学工作．不过，教师之间的互动也应该注重不同学科教师之间的互动，这是因为很多学科本来就有内在的联系，并且很多教育教学方法存在相通之处．与不同学科的教师进行互动，能让教师的眼界更加开阔，知识领域也可以得到拓展．

（三）学生之间的互动是互动教学的发展与目标

　　现代教育非常强调学生之间的合作学习，实际上，在高中数学教学中，学生之间的互动学习就是一种非常有效的合作学习方式．每一个学生都是一个具备独立思维能力的生命，在学习中，学生之间应该建立一种良好的合作关系，这就需要教师注重培养和引导学生之间进行互动学习．学生之间互动学习的方式很多，如学习合作小组、学生互助结对等、在学生互动学习的过程中，教师应该扮演好引导者和指导者的角色．

　　大部分高中生自控能力较弱，若是在学习中任由其自由互动，在互动学习的时候就很容易偏离学习的主题，这样互动学习的效果就无法得到保证．这个时候就需要教师做好引导者，帮助学生确立互动的主题，更有目的地去互动学习，在必要的时候，还可以教给他们一些互动的具体方法．在互动学习的具体过程中可能会出现各种各样的问题，教师这个时候要做好指导工作，指导和协助他们来解决问题．

　　未来是一个需要合作的社会，学生若是在课堂教学中学会了互动学习，那么其合作意识和精神将会得到培养与强化，这样他们就可以更好地适应未来社会．在高中数学教学中，学生进行互动学习，可以让他们有一个自己熟悉的学习对比标准，让他们可以通过与自己水平类似的学生进行比较，看谁进步速度更快，这样有利于培养学生之间一种良性的学习竞争意识．

高中数学是一门基础学科，在这门学科的教学工作中，应该重视互动，让思想的火花碰撞，让知识的维度交流，共同进步，共同成长．互动教学让课堂教学更轻松，教学效果更好．

五、高中数学教学应注重数学文化的渗透

随着对于数学教育与教学认识的加深，现代教育学观点认为数学教学不应该局限于计算和解题的技巧，更重要的在于培养学生的数学核心素质．在高中数学课堂教学中，合理渗透数学文化，不仅能够让高中生对数学更感兴趣，提高数学成绩，还能够让数学课堂更有活力，更有人文气息，让学生真正领略数学的文化之美．

（一）问题的提出——高中数学为什么要重视文化教学？

很多师生可能遇到过这样的情况：尽管数学教师尽心尽力在课堂上教授数学知识，但是学生就是提不起兴趣，课堂毫无生机．很多学生虽然也在学习数学知识，但是属于一种被动的数学解题技巧训练——为了在高考中取得更好的数学成绩，进行题海战术，反反复复记忆和训练数学题目和解题方法——根本不是出于对数学的喜爱．在这样的学习背景之下，学生的数学文化和素质实际上是没有得到真正提高的．很多学生在应付完数学考试之后，根本就不愿去碰数学书，甚至有些学生还会对数学形成一种排斥心理，看到数学题目就不愿意去思考．针对这个问题，笔者曾经做过一个小调查，调查是匿名的，调查的对象是笔者所在学校的高中生，其中部分是笔者的学生，调查的内容比较简单，是四个选择题，具体如下．

问题 1：如果高考取消数学考试，你支持吗？　　A. 支持　　B. 不支持

问题 2：你认为数学学了有实际价值吗？　　A. 有　　B. 没有

问题 3：你认为高中数学学习有趣吗？　　A. 有　　B. 没有

问题 4：如果不考数学，你愿意学数学吗？　　A. 愿意　　B. 不愿意

尽管调查对象的范围较小，但是调查的结果非常不理想．调查的结果是有超过90%的学生支持高考取消数学考试，有70%的学生觉得数学学习没有实际

价值，超过 90% 的学生觉得数学学习是无趣的，还有在不考数学的前提下，愿意学数学的学生比例低于 10%.

作为高中数学教师，笔者认为上述调查是一个尴尬的结果，这说明高中数学并不受学生欢迎，更多学生是迫于高考压力而学数学. 笔者通过查询资料了解到，尽管中国学生大部分时候数学学习成绩比国外同龄人普遍要好，但是一旦进入数学研究领域，中国学生的弱点就暴露出来了，很少有学生能够成长为著名的数学家. 究其原因，就是中国数学过于偏重解题技巧训练，而忽视了数学文化的教学. 正是由于缺乏数学文化的学习，很多学生在进入数学研究之后，就会呈现出明显的不足，从而无法取得更高的成就.

因此，基于这个情况，笔者认为，新课程标准对数学核心素养培养的重视以及要求对数学文化教学的意识的加强是很有必要的.

（二）问题的分析——数学文化对于数学教学的价值

上面这个调查暴露出高中数学教学中学生对于数学学习的一种心态，那就是学习数学更多是为了升学，而不是出于喜爱或者兴趣，更谈不上研究的需要. 如果任由这种情况发展下去，高中数学教学依旧无法跳出应试教育的窠臼，一方面导致在高中数学教学中无法真正渗透和推行素质教育，另一方面无法更好地培养高中生的数学核心素养. 这对高中数学教育教学是非常不利的.

之所以在高中数学教学中要重视数学文化，是因为数学文化对于高中数学具有非常大的影响和价值的.

首先，高中数学文化对于高中数学成绩的提高有影响. 数学文化对于高中数学成绩提高的影响不是直接的，而是间接的. 根据笔者的教学经验和分析，数学文化可以激发学生的兴趣，提高课堂教学的活力，使数学学习效率显著提高，从而使学生的数学成绩提高. 高中数学教学中，成绩与升学是无法回避的问题，如果在教学中渗透数学文化能够提高成绩，帮助高中生在升学方面赢得更多的优势，就能够受到更多肯定与支持. 在笔者的教学工作中，在笔者有意识地在课堂教学中融入数学文化之后，学生的数学成绩有明显的提升，尤其是一些数学成绩中下等的学生，提升效果尤为明显.

其次，数学文化对于高中生未来的发展有长远价值．数学文化的范围较广，可以说一切有关数学的知识都可以算作数学文化，如数学发展史、数学家成长经历、著名数学题的解法、数学基本知识等．数学素质和思维对于一个人的成长是很有价值的，数学文化的丰富性可以让学生接触到一个更广阔的数学世界，从而培养科学的数学思维，这对于学生以后的发展极有好处．例如，笔者有一个学生，平时对数学不感兴趣，但是对于网络游戏很感兴趣．后来在笔者与他单独聊过几次，告诉他很多网络游戏的设计都会涉及数学，并且给他举了一些计算机专家都是数学非常厉害的例子后，慢慢地，他对计算机科学产生了浓厚兴趣，并开始自学编程等，数学成绩明显提升，最终考上了大学计算机专业．这个学生本来由于数学成绩拖后腿是无法考上大学的，就是因为了解了数学文化，逐渐改变了观念，从而改变了人生轨迹．这就是数学文化的价值所在，数学文化改变了人的素质和思维．

综上所述，数学文化对于高中数学教学最直接的价值就是提高学生数学学习成绩，间接的长远价值是培养学生的数学核心素养，对他们未来的长远发展有利．

（三）问题的解决——在高中数学教学中如何渗透数学文化？

通过上述分析可以看出，数学文化对于高中数学教学有着积极的意义，但是如何在高中数学教学中融入数学文化方面的内容，则是一个非常关键的问题．根据笔者个人的经验，笔者认为可以从如下三个方面着手．

1. 介绍数学史或关键人物

首先，在教学中渗透数学文化，可利用数学文化（如高斯小时候计算1到100之和）设置情境，利用情境教学法进行课堂导入，利用数学故事激发学生的好奇心，进而激发学生的学习兴趣，其次，在教学中渗透数学文化，重视对数学历史的讲解，向学生介绍数学知识的本源，加强学生对数学历史的了解，进而深化学生对数学的重视，如讲复数时，介绍数的发展历程；最后，在教学中渗透数学文化，应注重数学文化的启发作用，积极向学生介绍数学家的故事，宣传数学家刻苦钻研的精神和坚持不懈的意识，运用数学家的故事（如数学家欧拉）来启发学生，激发学生学习数学的热情，坚定学生学习数学的意识.

2. 展示数学美学

首先，在教学中渗透数学文化，要积极向学生展示数学的统一美，使学生深入体会数学中整体与部分的关系，使学生在学习数学的过程中能够将数学知识的整体与部分相统一，进而构建完整的数学知识体系，如圆锥曲线的第二定义；其次，在教学中渗透数学文化，要积极向学生展示数学文化的简洁美，具体讲解数学语言，引导学生体会数学语言的简洁性，并在解决数学问题的过程中，引导学生体会数学文化的简洁美，如勾股定理.

3. 渗透数学思想

首先，在教学中渗透数学文化，应积极渗透数学化归思想，使学生在遇到难以解决的数学问题时，学会将问题转化为常见问题，或转化分解为若干个问题，进而发现解题规律和解题方法，如著名的七桥问题；其次，在教学中渗透数学文化，要积极渗透数形结合思想，教会学生使用数形结合方法解题，如函数零点问题、线性规划的问题等；最后，在教学中渗透数学文化，要积极渗透分类与整合思想，引导学生对数学知识和数学规律进行分类整合，进而探索数学解题技巧，如含参数问题、绝对值问题等.

总之，在高中数学教学中，数学文化的价值从某种意义上讲，甚至比数学解题方法和技巧更加重要．教师如果能够引导高中生对数学文化产生兴趣，则不仅可以激发学生学习数学的主动性，从而提高数学成绩，而且有利于培养学生的数学核心素养，为其长远发展奠定基础.

第三节 问题链教学模式的展望

一、完善数学问题链设计技巧

在问题链教学模式中，很多教师看似提了很多问题，但是其中不少是封闭性问题，如"对不对""是不是"，这些问题没有太多价值．同时在设计问题链的过程中，也没有真正与数学知识相结合．因此，需要教师在教学中有意识地改善问题链设计．

（一）基于学生学习起点设计有针对性的问题链

有效的学习是基于原有起点进行的，因此，在高中数学教学中，教师要基于学生的学习起点为他们设计有针对性的问题链．

1. 基于生活起点来设计问题链

在高中数学课程标准中特别强调，数学教学应充分连接学生的生活，问题链的设计应当生活化，也就是说需要结合日常生活中的真实情境来实现问题的创设．基于生活的问题链有助于提高学生主动参与学习的积极性，也可以成功地将学习过程转化为学生发自内心的求知渴望，这样学生才能够在学习的过程中更好地生活，在生活中开展自主学习；这样既有效地解决了生活中的现实问题，也能够因此习得有价值的数学知识．

例如，在《直线和平面垂直的定义》教学时，就可以连接生活实际设计以下问题链：

（1）请大家观察打开教室门时门轴与地面有什么关系．

纸张变为 8 层；……

问题链：

（1）若一张纸的厚度约为 0.01mm，折多少次后纸张厚度为比你高（你的身高 1.75m）？

（2）折叠 30 次，纸张的厚度与珠穆朗玛峰哪个更高？

（3）设纸张折叠次数为 x，纸张的厚度为 y，y 与 x 有什么关系？

在以上问题链中，第一个问题因与学生自身有关，自然能够有效地激发学生的探究兴趣．第二、三个问题能够引导学生在自主分析、比较、探索的过程中，初步形成对指数函数的认识，激发探索指数函数性质的兴趣和热情．这样的问题链设计既贴合了学生的生活情境，也能够更好地激发学生参与探究的兴趣，有利于培养其创新思维能力．

（三）基于数学"原点"设计层次化问题链

所谓数学"原点"，就是指数学知识发生的本质规律．数学知识的发生过程呈现出明显的递进性特点，实际上教材内容的编排也是以简单的知识为起点，不断提升知识的难度及要求的，这样学生才能够经历一个由易到难、循序渐进的学习过程．教师必须关注知识点之间所呈现出的递进性，进而使学生亲历一个从简单到复杂的学习过程．

例如，在讲含参数的函数单调性问题时，核心问题就是对含参数的根进行讨论．教学中采用由浅入深的方式，先提问题①：如何求函数 $y = x^3 - x^2 - x$ 的单调区间？（让一名学生进行讲解．之后引入参数）．接着提问题②：求函数 $y = x^3 - \dfrac{3-a}{2}x^2 - ax$ 的单调区间（又让学生进行讲解，并引导学生思考为什么要讨论）．接下来加大难度，再抛问题③：求函数 $y = x^3 - ax^2 - x$ 的单调区间和 ④求函数 $y = x^3 - ax^2 + x$ 的单调区间，均涉及方程根的判别式分析讨论，再确定根的大小问题．这个环节关键是让学生明白为什么要对参数进行讨论，怎样讨论．当以上问题学生掌握理解后，顺水推舟地给出知识应用，最后提问题⑤：设函数 $y = ae^x + \dfrac{1}{ae^x} + b$ （$a > 0$），求该函数在 $[0, +\infty)$ 上的最小值．通过这一方式，能够将之前难以解决的问题有效地化解成一个个易于学生理解的问题．通过联系前后知识点，设计具有递进性的提问，以此作为展开探究的引导，这样既有助于实现学生思维的纵深拓展，也强化了知识点之间的相互关联及融会贯通．对于递进性问题链而言，既能够使学生有效地巩固之前所学的知识，又能够以此为基础展开对新问题的探究，既有效地解决了新问题，也实现了有效复习．

在高中数学课堂教学过程中，问题链的设计应当考虑诸多因素，其中既包括问题的难度，也包括问题的多少及问题情境的创设等，只有结合多元举措，才能够使提问更加有效，才能体现出提问的价值，从而顺利达成教学目标．这样的提问既是对学生学习兴趣的激发，也是确保其思维活跃度的有效举措．

二、问题链教学模式与信息技术的结合——以微课教学为例

教育信息化的发展要学习方式和教育模式创新为主．教师可运用基于问题链主导的微课，课前制作精美的微课，设计优质的学案，设置多层次问题链，逐步激发学生寻求答案的欲望和探索精神，不断提高学生解决问题的能力．高中数学新课标的基本理念之一是倡导探究性学习，使学生掌握正确的学习方法，转化教师职能，提升教学质量，以贯彻落实"深化教育改革，全面推进素质教育"的精神．伴随着新媒体传播和信息技术应用的日益广泛，教育信息化已是大势所趋，教学仅靠枯燥的讲解很难使学生消化理解知识，简单运用多媒体课件也达不到较好的教学效果．随着微课这一新型教学模式的出现，笔者尝试将问题链教学和微课结合，在教学内容、形式上对问题链主导的微课教学模式进行深入探究，从学生疑惑和关注的问题出发，用连环相扣的问题贯穿整个过程，从而实现理论、教材和学生之间的有机结合．

（一）问题链主导的微课教学模式实施背景

1. 新课程改革的需要

传统教学模式下学生的课堂学习方式主要是教师讲，学生听，大多数教师

以课本为主，忽视了学生的学．新课程教育改革的理念是促进每一个学生的发展，改革教学方法，倡导自主合作探究式的学习方式，实现师生角色转换，促进两者的共同发展．

2. 学生方面

高中数学严谨抽象、灵活多变、计算烦琐等几乎成了数学这门课的"属性"，于是学生对数学这门学科似乎有一种天生的恐惧感．同时，高中的学习科目较多，学习数学的时间相对减少，数学知识量及难度加大，很多学生出现了难以适应高中数学学习的状况．

3. 教师方面

面对新课程标准和教学实践要求，教师的工作是要在教的过程中让学生体会到学习数学的乐趣，激发学生学习的积极性．高中阶段的数学教学工作难度较大，不仅体现在课程的内容方面，还体现在数量方面．教学在鼓励学生自主学习，探究学习与合作学习时，学生耗时较多且很难突破重难点造成学习效益低下，达不到新课程教学改革的要求和目标．

（二）问题链主导的微课教学模式

随着教学改革的不断深化，高中数学问题链主导的微课教学是指立足于学生自身发展，以微课为载体，以问题为导向，以链为纽带，有重心、有层次、有顺序、相对独立又相互关联的教学模式．它锁定的问题主要是教学重点、难点和易错点等，是在问题链的设计中合理嵌入微课，用问题链去引导学生发现问题、分析问题和解决问题，其主旨是以微课作为切入点，重在解惑，有助于把传统的课堂教学模式转化为"提出问题—解决问题—感悟问题"的教学过程，从而改革教学手段单一的现状．

问题链主导的微课教学模式从当前高中数学的学科发展和教学内容等特点出发，对课程内容进行分类，对课程中重难点、易错点进行分析，将课程中的各个模块进行整合规划，提炼出课堂教学内容和结合学生实际情况的问题链，构建出坚实的知识框架，完善微课教学内容．

（三）问题链主导的微课教学结构

按课前、课中和课后问题链主导的微课可分为三个教学环节：确定主题，制作微课；微课助学，解决问题；微课复习，专练巩固．

（1）确定主题，制作微课．教师结合教学过程中的疑难点或易错点制作成条理清晰、趣味性强的微课提供给学生，将微专题以问题链的方式呈现，让学生及时利用微课解决完成微学案中的问题，突破教学难点，实现课前自学，提高课堂教学效率．

（2）微课助学，解决问题．"微课助学，解决问题"是问题链主导的微课教学中的重要环节，教师要对每个学生微学案的完成情况进行分析，总结学生在自主学习中遇到的难点和不足，教学中采用小组合作的方式，对学案上遇到的疑难问题，通过小组讨论，合作探究，相互协作得出结论，利用小组的合作探究实现大班教学小班化．

学习过程中，学生可提出自己的观点或见解，师生、生生共同研究学习．教师不仅仅是知识的传授者，更重要的任务是培养学生的自学能力和自学习惯，让学生学会思考、学会质疑，提高学生分析问题、解决问题的能力．由学生总结对本节课学习的收获、不足和努力方向，通过汇报讨论交流帮助学生完成对知识的自我构建，使学生养成良好的学习习惯，培养学生独立思考、集体讨论、合作研讨的能力．

（3）微课复习，专练巩固．微课具有容易被存档、复制和重复利用的特点，所以学生若不理解课堂上教师讲解的知识点，可以在课后利用教师制作的微课视频进行学习．同时，教师要设计一些针对教学重难点的练习，让学生通过微课进行有效复习，并得到及时的巩固和提升．

（四）问题链主导的微课教学案例

函数单调性是高中数学函数一个非常重要的性质，是高中数学教学的重难点，也是高考的重要考点．下文以高中数学"函数单调性"为例说明问题链主导的微课教学模式在高中数学中的应用．

1. 确定主题，制作微课

本节课的学习目标是让学生学习减函数的定义和性质特征，进而实现对函数单调性的学习和应用．根据本节课的学习目标设计如下问题链．

问题1：观察图 6 - 2 函数的图像，从左到右有什么变化趋势？图像中 y 随 x 的增大有何变化？

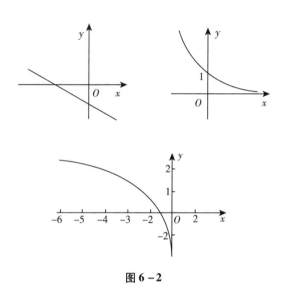

图 6 - 2

问题2：作出函数 $f(x) = -2x + 1$ 的图像．

问题3：对于上述函数 $f(x) = -2x + 1$，比较 $f\left(-\dfrac{5}{2}\right)$，$f(1)$，$f(\pi)$ 的大小，猜一猜当自变量 $x_1 < x_2$ 时，函数值 $f(x_1)$，$f(x_2)$ 的大小关系．

问题4：请你试着说出减函数的定义．

问题5：请尝试用减函数的定义判断函数 $f(x) = x^2 + 1$ 在区间 $(-\infty，0)$ 上是不是减函数．

对于减函数的学习，通过设计符合学生学习基础、学习能力和学习规律的问题，以上述问题链的形式呈现，让学生在利用微课自主学习的过程中体会知识的形成过程．

2. 微课助学，解决问题

教师对学生自主学习情况进行总结，让学生进行讨论展示，激发学生的学习兴趣.

问题1：请说出减函数的图像特征及定义.

问题2：利用减函数的定义解不等式. 已知定义在 **R** 上的函数单调递减，解关于 x 的不等式 $f(x-1) \geqslant f(2x+3)$.

问题3：请利用减函数的定义证明函数 $f(x) = x + \dfrac{1}{x}$ 在 $(0,1)$ 上的单调性.

接下来，结合本节课的重难点、易错点，给出函数单调性的判断和应用的变式题和拓展题，题目分层设置，难度适宜，满足各个层次的学生学习需求.

（1）下列四个函数中，在 $(-\infty,0)$ 上为增函数的是（　　）.

A. $y = 3 - x$ 　　　　　　　　　　B. $y = x^2 - 3$

C. $y = -\dfrac{1}{x+1}$ 　　　　　　　　D. $y = -|x|$

（2）已知函数 $f(x)\begin{cases} \dfrac{1}{3}x, x > 1, \\ -x^2 - 2x + 3, x \leqslant 1, \end{cases}$ 　　则 $f(f(3)) = $ _____,

$f(x)$ 的单调递减区间是 _____.

（3）已知函数 $f(x) = \begin{cases} x^2 + 1, x \geqslant 0, \\ x + a, x < 0 \end{cases}$ 是 $(-\infty, +\infty)$ 上的增函数，求 a 的取值范围.

3. 微课复习，专练巩固

教师在课后要对自己制作的问题链和微课进行总结反思，找出不足之处加以改进. 学生通过完成课后微练习，巩固这节课所学知识，通过观看微课视频进行复习提升，加深对所学知识的理解和运用. 同时，为了充分利用问题链主导的微课教学这种全新的课堂教学模式，教师可以建立精品微课资源库和问题链题库，把问题链教学和微课教学有效结合起来，引导学生进行有效学习和复习，提高数学课堂教学效率，促进学生学习方式和教师教学方式的共同改革.

面对新媒体带来的巨大改变，以教育信息化促进教育现代化，问题链主导的微课教学模式显得尤为重要．学生通过问题链，借助微课，答疑解惑，必将极大地激发学生学习高中数学的热情，使学生更好地掌握各个方面的重难点，不断提升学生的自信心．问题链主导的微课教学模式将可能改变以往高中数学复习课的枯燥和低效，给复习课堂带来新的生机和活力，促使学生主动有效地复习，提高高中数学复习课的有效性．

三、问题链教学模式问题链设计需要注意的地方

在问题链教学模式下，为了提高问题链设计的质量，问题链设计需要注意以下一些地方．

（一）目的明确

任何一个问题都是有目的的，这是教学的本质特征．教育是一种有目的的行为，任何教学活动都有具体的目标指向性．为了保证课堂教学的有效性，教师必须明确提出问题的目的．高中数学课堂问题链的设计首先以本节课的教学目标为前提，因为教学目标是衡量教学质量的标准，是一切教学设计的依据；其次要明确每一个问题的具体目的是激发学生的学习兴趣、检查学生对已有知识的记忆，还是启发学生进一步思考等．教师要在备课时做出充分的考虑，否则在课堂上随机地发问，就会出现一些无效的问题，浪费宝贵的课堂时间．如果问题链设计没有明确的目的，则意味着问题链设计是不够合理的，需要进行重新调整与思考．

不管采用何种问题链设计模式，都必须有清晰的指向性，都要有利于教学目的的最终实现．

（二）表述准确

问题表述是否准确直接影响学生对于问题的理解和做出的回答的质量．如果教师提出的问题是不清晰的，学生在短时间内就不能领会教师的意图，就会根据不准确的信息进行一次次的试误，直到接近教师预测的答案．因此教师提出的问题首先应该用词准确、通俗易懂．教师不能为了显示自己知识的渊博而在问题中使用学生不熟悉的专业术语或生活背景，如高中常提到的"复合函

数"一词学生就理解不了，虽然简洁但用了会增加学生理解的困难．其次表述要简洁到位，包含所要思考的内容和思维操作的提示．比如，"观察上面的几个例子，比较它们之间有哪些不同点"指明思维方法是观察、比较，使学生把注意力集中在观察上，并通过比较找到它们的不同点．要减少教师口头问答中经常出现的"对不对""会不会"这样的机械式问题，少问仅需回答"是"或"不是"的封闭性问题，教师应设计开放性的问题，以"为什么""有哪些?"这样的句子开头，才有可能获得更丰富的回答．教学中若出现表述不清的问题，教师应迅速组织语言，对问题进行重新加工聚焦，避免对同一表述不清问题的简单重复．

表述准确是一项基本能力，教师如果平时在表达能力方面有所不足，则需要利用空余时间加强训练，通过有效的训练，提高自己准确表达事物的能力．

（三）深刻有效

高中数学具有较强的逻辑性和抽象性，问题链的设计要体现数学的本质，这样才不会失去数学自身的魅力．在新授课中，问题链的设计要体现数学知识的发生、发展过程，通过有层次的问题链，引导学生进行有意义的发现学习，自主建构数学知识，避免为了体现数学与实际生活的联系，搭空架子，秀形式化，失去了数学本源的思考．在习题课中问题链的设计除了要体现数学知识的内部联系，还要向学生揭示数学解题的关键思想方法，通过长期渗透，让学生学会自己提出问题帮助自己独立完成数学问题解决．

在高中数学中，有的教师为了让学生有回答问题的积极性，在设计问题链时，往往偏容易，甚至故意设计一些简单的数学问题链．实际上，真正的问题设计，要激活学生的思维，要引导他们去发现数学中的逻辑．问题链若是不够深刻有效，则无法达到这一效果．因此问题链设计一定要注重其深刻有效．即便学生思考的时间会长一点，思考得会更加辛苦一点，但是对于问题链教学而言，也是很有价值的．

（四）难度适当

教师备课时不能只备教材，更重要的是备学生．新知识的学习是建立在学生已有认知结构的基础之上的，教师只有充分了解学生已有的知识、心理发展水平及学习心理的特征，才能通过有价值的问题，帮助学生创建一个良好的、有利于知识建构的学习环境．有的教师在课堂中提出问题的随意性较大：问题太难，会使学生丧失信心，失去学习兴趣；问题太简单，学生不用思考就能回答，久而久之会使学生养成思维的惰性，不利于高水平思维的发展．维果茨基的"最近发展区"理论告诉我们，问题的难度要适中，要把问题设置在学生的"最近发展区"内，要让学生既有学习的压力又有解决问题的信心，让学生"跳一跳摘到桃子"．

太难和太容易的问题链都是不合适的，然而想要设计难度适当的问题链，就要求教师对学生的学情有深刻且全面的了解．只有教师对学生的实际情况有深刻的了解，才能够让问题链设计出来难易得当．

（五）层次分明

首先，抽象性是数学典型的特征之一，高中生具有一定的抽象思维能力，但面对新知识的学习、陌生的任务，他们常常还是要借助具体事物的支撑．所以教师设计的问题要有层次性，应该体现思维发展的要求，从具体到抽象，从简单到复杂，让学生的认识通过问题链的解决逐渐深化，螺旋上升．但要注意把问题层次化并不是单纯地把复杂的问题分解成简单问题的组合，而是要从整体上考虑生成系统化的问题链．其次，学生是学习的主体，由于智力发展水平及个性特征的差异，不同的学生对同一事物的理解角度和深度必然有明显的差异．有很多教师偏向于设置有一定难度的问题，常提问成绩较好的学生，这样学习能力弱的学生就会感到被冷落，久而久之，就会失去学习的兴趣与信心．因此，在课堂教学中，教师必须考虑学生的差异，在问题设计方面要考虑学生水平的层次性，对不同程度、不同学习能力的学生提出不同的问题，这样既符合学生的思维特点，又能让每一个学生都有机会参与到课堂学习中．

由上可见，层次分明有两方面含义：一方面，由于数学问题链本身就有递进特征，既有难易的递进，也有认知的深入，这种层次分明是针对知识学习本身的；另一方面，由于学生本身的能力与水平存在差异，因此层次分明的问题链设计，能够给不同的学生都提供学习和了解的机会，最终推动所有学生的成长与进步．

（六）激趣启发

兴趣是个体对某人或某物的选择性注意的倾向，当人们从事与自己兴趣一致的活动时便感到轻松与愉快，从事与自己的兴趣不一致的活动时则感到厌烦和劳累．随着新课改的大力推行，教师比较重视在新课引入时创设问题情境，可有些教师选取的问题，看似能引起学生的热闹参与，实则缺乏触动本质的思考，这不是真正意义上的数学问题情境．数学问题情境中的问题可以来源于生活，也可以来自数学本身或其他学科，通过问题呈现刺激性的信息，激发学生的学习兴趣，引发认知冲突，诱发质疑猜想．教师必须意识到合适的问题不但要激发学生的学习兴趣，更重要的是能启发学生的思维，让学生经历数学化的过程．

在信息科技背景下，问题链的设计可以更多地采用信息技术手段，如此可以展示更加丰富具体的内容，这对于学生而言会更有吸引力．当然，社会上也会出现一些热点问题，学生的关注程度高，也有一定的兴趣，若是将其融入问题链设计，也可以让学生的参与度提高．当然，问题链设计要注意趣味性，但是不能完全为了趣味性而采用，如此对于问题链教学的发展反而是不利的．

（七）开放创新

数学课堂中教师提出问题的数量不少，但是其中封闭性问题占大部分，开放性问题较少．设计开放性的问题，一方面可以满足不同水平学生能力的差异，另一方面可以使问题解答从多方面来考虑，引导学生多角度思维，有利于拓展学生思维的深度和广度，培养学生的创新能力．实际上，在当代数学教育与教学中，开放性特征非常明显，这是因为数学本身就是一门不断发展的科学，并且高中生已经具备一定的独立思考与探索能力，开放性的问题链设计，可以引导学生在更广阔的数学世界中探索与思考，这对于数学教学品质改进是有效的．

同时，数学问题链的设计也要采用创新手段．比如，通过微课方式来设计问题链，采用交互式微课设计，学生每学习一个知识点，就通过微课系统回答对应的问题，一段微课围绕某一个知识点设计一系列问题链，当学生学习完整个微课时，也就将所有的问题链都思考和解答了一遍，也就意味着学生真正在问题链的推动下，完成了学习与思考任务．开放与创新对于问题链设计本身而言，也颇有价值，毕竟当代数学要发展，也需要注重培养学生的创新思维与开放性视野．